保険法

金澤　理 ［著］

成文堂

はしがき

　本書は，わたくしの旧著『保険法上巻〔改訂版〕』（成文堂・2001 年）と『保険法下巻』（同・2005 年）を合冊して筆を加え，2008 年に商法から独立した単行法として制定された保険法（平成 20 年法律第 56 号，平成 22 年 4 月 1 日施行）及び関係法令の改正を反映した体系書として公刊するものである。

　わたくしが本格的に保険法の勉強に取り組むに至ったのは，早稲田大学商学部の葛城照三教授のお導きによる。1953 年に早稲田大学大学院法学研究科博士課程（商法専攻）に進学した際に，主たる研究対象として保険法を選択したものの，独学での研究に行き詰まっていたわたくしに声をかけ，関与されていた損害保険事業総合研究所を紹介して下さった。同研究所図書館の豊富な外国文献を活用して研究に励んだ結果，航空保険や原子力保険等に関する数編の論文を発表することができた。1964 年には，同研究所に設けられた損害保険法制研究会（会長・鈴木竹雄東京大学教授）に若手研究者の 1 人として招集され，保険法制の根本的見直し作業に参加した。以後約 30 年にわたり，鈴木竹雄教授，大森忠夫京都大学教授をはじめとする諸先生から親しくご指導を受けたことは，わたくしの保険法研究にとって極めて有益であった。

　本務校の早稲田大学においては，1962 年の助教授昇任以来 1998 年に定年退職するまで，38 年にわたり法学部の保険法の講義と演習の授業を担当した。その教材として，研究の成果を盛り込んだ学生諸君にとってはやや厚めの上記 2 冊の教科書を作成し，頻繁に改訂を繰り返して来た。このたび，保険法に関するわたしの見解を 1 冊の体系書にまとめて公刊し，後世に伝える機会を得たことを深謝したい。

　本書を刊行するに当たり，資料収集については，生命保険業界及び損害保険業界の多くの実務家の方々から多大なご助力を頂いた。とりわけ損害保険料率算出機構からは，植草桂子氏を通じて，火災・自動車・傷害保険の標準約款（最新版）の提供を頂いた。また，本書の出版に当たっては，成文堂阿部成一社長及び同社編集部の篠崎雄彦氏にたいへんお世話になった。わたくし

の教え子である赤津貞人氏（元あいおいニッセイ同和損害保険株式会社），加瀬幸喜教授（大東文化大学法学部），肥塚肇雄教授（香川大学法学部），桜沢隆哉准教授（京都女子大学法学部）の4氏からもひとかたならぬご協力を頂いた。これらの方々に，衷心より感謝申し上げる次第である。

　本書が，今後のICT（Information and Communication Technology）の発展に伴い，新しく喚起される保険需要に基づいて開発が希求される保険商品の理論的基礎を提供することになれば，望外の幸いである。

　2018年1月20日
　　　　　　　　　　　　　　青山高樹町の書斎にて
　　　　　　　　　　　　　　　　　　　金　澤　　理

凡　例

1　法令名の略記例は次のとおりである。

仮登担　　→　仮登記担保法
会　　　　→　会社法
旧商　　　→　商法（明治 23 年法律第 32 号）
商　　　　→　商法（明治 32 年法律第 48 号）
消契　　　→　消費者契約法
自賠　　　→　自動車損害賠償保障法
破　　　　→　破産法
保　　　　→　保険法
保業　　　→　保険業法（平成 7 年法律第 105 号，平成 29 年改正）
保業令　　→　保険業法施行令（平成 7 年 12 月 22 日政令第 425 号，平成 29 年改正）
保業規　　→　保険業法施行規則（平成 8 年大蔵省令第 5 号，平成 29 年改正）
募取　　　→　保険募集の取締に関する法律（平成 7 年廃止）
民　　　　→　民法（明治 29 年法律 89 号，平成 29 年改正）
旧民　　　→　旧民法（明治 23 年法律第 28 号）（明治 23 年法律第 98 号）
民執　　　→　民事執行法
民訴　　　→　民事訴訟法
民保　　　→　民事保全法
料団　　　→　損害保険料率算出団体に関する法律
労保徴　　→　労働保険の保険料の徴収等に関する法律

2　標準約款の略記例は次のとおりである。

自保標準約款　　→　自動車保険普通保険標準約款（2016 年 3 月版，損害保険料率算出機構作成）
住火保標準約款　→　住宅火災保険普通保険標準約款（同上）
傷保標準約款　　→　傷害保険普通保険標準約款（同上）
海旅保標準約款　→　海外旅行傷害保険標準約款（同上）

3　参照条文の略記例は次のとおりである。

保業 309 I ⑥　→　保険業法第 309 条第 1 項第 6 号
保 25 I ②　　→　保険法 25 条第 1 項 2 号

4　判例の引用略記例は次のとおりである。

最 2 小判平 6・7・18 民集 48・5・1233　→　最高裁判所平成 6 年 7 月 18 日第二小法廷判決民事判例集 48 巻 5 号 1233 頁

iv 凡 例

大判大 6・12・13 民録 23・2103	→	大審院大正 6 年 12 月 13 日民事判決録 23 輯 2103 頁
高民集	→	高等裁判所民事裁判例集
下民集	→	下級裁判所民事裁判例集
東高時報	→	東京高等裁判所判決時報
生保判例集	→	文研生命保険判例集第 1 巻～第 7 巻（生命保険文化研究所） 生命保険判例集第 8 巻～20 巻（生命保険文化センター）
変額判例集	→	文研変額保険判例集（生命保険文化研究所）
新聞	→	法律新聞
判時	→	判例時報
判タ	→	判例タイムズ
金判	→	金融・商事判例

5 本書でしばしば引用する文献の引用略記例は次のとおりである。

(1) 書籍（刊行順）

松本・保険法	→	松本烝治・保険法〔第 11 版〕（中央大学，1922 年）
野津・契約法論	→	野津務・新保険契約法論（有斐閣，1942 年）
大森・構造	→	大森忠夫・保険契約の法的構造（有斐閣，1952 年）
伊沢・保険法	→	伊沢孝平・保険法（青林書院，1957 年）
西原・商行為法	→	西原寛一・商行為法（有斐閣，1960 年）
江頭・商取引法〔2 版〕	→	江頭憲治郎・商取引法〔第 2 版〕（弘文堂，1996 年）
金澤・民事責任	→	金澤理・保険と民事責任の法理（成文堂，1967 年）
大森・研究	→	大森忠夫・保険契約法の研究（有斐閣，1969 年）
金澤・責任保険	→	金澤理・交通事故と責任保険（成文堂，1974 年）
倉澤・法理	→	倉澤康一郎・保険契約の法理（慶應通信，1982 年）
石井＝鴻・海商法・保険法	→	石井照久＝鴻常夫増補・海商法・保険法（勁草書房，1976 年）
倉澤・課題	→	倉澤康一郎・保険契約法の現代的課題（成文堂，1978 年）
金澤・保険給付	→	金澤理・交通事故と保険給付（成文堂，1981 年）
倉澤・通論	→	倉澤康一郎・保険法通論〔初版〕（三嶺書房，1982 年）

凡　例　*v*

大森・保険法	→	大森忠夫・保険法〔補訂版〕（有斐閣，1985 年）
田中＝原茂・保険法	→	田中誠二＝原茂太一・新版保険法〔全訂版〕（千倉書房，1987 年）
中西・法理	→	中西正明・傷害保険契約の法理（有斐閣，1992 年）
坂口・保険法	→	坂口光男・保険法（文眞堂，1995 年）
田辺・保険法	→	田辺康平・新版現代保険法（文眞堂，1995 年）
石田・保険法	→	石田満・保険法Ⅳ（保険法）〔改訂版〕（青林書院，1997 年）
加藤＝金澤編・保険法要説	→	加藤勝郎＝金澤理編・保険法・海商法要説（青林書院，1996 年）
西島・保険法	→	西島梅治・保険法〔第 3 版〕（悠々社，1998 年）
山下（友）・生命・傷害保険	→	山下友信・現代の生命・傷害保険法（弘文堂，1999 年）
金澤・補償	→	金澤理・保険と補償の法理（成文堂，1999 年）
山野他・傷害保険	→	山野嘉朗他・傷害保険の法理（損害保険事業総合研究所，2000 年）
山下（孝）・生保財産	→	山下孝之・生命保険の財産法的側面（商事法務，2003 年）
金澤・保険法上巻	→	金澤理・保険法上巻〔改訂版〕（成文堂，2003 年）
岡田・保険法	→	岡田豊基・保険法（中央経済社，2003 年）
山野＝山田・30 講	→	山野嘉朗＝山田泰彦編著・現代保険・海商法 30 講〔6 版〕（中央経済社，2004）。
山下（友）他・アルマ〔2 版〕	→	山下友信＝竹濱修＝洲崎博史＝山本哲生・保険法〔第 2 版〕（有斐閣アルマ，2004 年）
山下（友）・保険法	→	山下友信・保険法（有斐閣，2005 年）
今井他・保険法	→	今井薫＝岡田豊基＝梅津昭彦・レクチャー保険法〔第 2 版〕（法律文化社，2005 年）
江頭・商取引法〔4 版〕	→	江頭憲治郎・商取引法〔第 4 版〕（弘文堂，2005 年）
金澤・保険法下巻	→	金澤理・保険法下巻（成文堂，2005 年）
落合＝山下（典）編・理論と実務	→	落合誠一＝山下典孝編・新しい保険法の理論と実務（経済法令研究会，2008 年）
大串他編・保険法	→	大串淳子＝日本生命保険生命保険研究会編・解説保険法（弘文堂，2008 年）
福田＝古笛編・保険法	→	福田弥夫＝古笛恵子編・逐条解説 改正保険法（ぎょうせい，2008 年）
金澤監修他編・保険契約法理	→	金澤理監修・大塚英明＝児玉康夫編・新保険法と保険契約法理の新たな展開（ぎょうせい，2009 年）

vi 凡 例

竹濱他編・改正の論点　　　　　→　竹濱修＝木下孝治＝新井修司編・保険法改正の
　　　　　　　　　　　　　　　　　論点（中西正明先生喜寿記念論文集）（法律文
　　　　　　　　　　　　　　　　　化社，2009 年）

萩本編著・保険法　　　　　　　→　萩本修編著・一問一答保険法（商事法務，2009
　　　　　　　　　　　　　　　　　年）

落合監修・編著・コンメ　　　　→　落合誠一監修・編著・保険法コンメンタール（損
　　　　　　　　　　　　　　　　　害保険・傷害疾病保険）（損害保険事業総合研
　　　　　　　　　　　　　　　　　究所，2009 年）

甘利＝山本編・論点と展望　　　→　甘利公人＝山本哲生編・保険法の論点と展望
　　　　　　　　　　　　　　　　　（商事法務，2009 年）

山下（友)＝米山編・保険法解説　→　山下友信＝米山高生編・保険法解説—生命保
　　　　　　　　　　　　　　　　　険・傷害疾病定額保険（有斐閣，2010 年）

潘・保険法　　　　　　　　　　→　潘阿憲・保険法概説 205 頁（中央経済社，2010
　　　　　　　　　　　　　　　　　年）

江頭・商取引法〔7 版〕　　　　→　江頭憲治郎・商取引法〔第 7 版〕(弘文堂，2013
　　　　　　　　　　　　　　　　　年）

山下（友）他・アルマ〔3 版補訂版〕→　山下友信＝竹濱修＝洲崎博史＝山本哲生・保険
　　　　　　　　　　　　　　　　　法〔第 3 版補訂版〕（有斐閣アルマ，2015 年）

(2) **雑　誌**

損保　→　損害保険研究
生保　→　生命保険論集
保学　→　保険学雑誌
民商　→　民商法雑誌
ジュリ　→　ジュリスト
商事　→　商事法務
論叢　→　法学論叢
香経　→　香川大学経済論叢
香法　→　香川法学

(3) **判例百選**

損保百選　　　　　　　→　鴻常夫ほか編・損害保険判例百選〔第 2 版〕（有斐閣，1996 年）
生保百選　　　　　　　→　鴻常夫ほか編・生命保険判例百選〔増補版〕（有斐閣，1988 年）
保険海商百選　　　　　→　鴻常夫ほか編・商法（保険・海商）判例百選（第 2 版）（有斐閣，
　　　　　　　　　　　　1993 年）
交通事故百選〔4 版〕　→　宮原守男＝森島昭夫＝野村好弘編・交通事故判例百選〔第 4 版〕
　　　　　　　　　　　　（有斐閣，1999 年）
民法百選 I　　　　　　→　中田裕康＝潮見佳男＝道垣内弘人編・民法判例百選 1〔第 6 版〕
　　　　　　　　　　　　（有斐閣，2009 年）
保険百選　　　　　　　→　山下友信＝洲崎博史編・保険法判例百選（有斐閣，2010 年）
交通事故百選〔5 版〕　→　新美育文＝山本豊＝古笛恵子編・交通事故判例百選〔第 5 版〕
　　　　　　　　　　　　（有斐閣，2017 年）

なお，岡田豊基『保険法〔2版〕』（中央経済社，2017年），甘利公人＝福田弥夫＝遠山聡『ポイントレクチャー保険法〔2版〕』（有斐閣，2017年），潘阿憲『保険法概説〔2版〕』（中央経済社，2018年）及び山下友信『保険法（上）』（有斐閣，2018年）等が公刊されたが，引用できなかった。

目　次

はしがき

序　章

Ⅰ　保険の概念————————————————————————————————1

1　保険制度···1
(1)　制度目的 (1)　　(2)　危険管理(リスク・マネージメント)と保険制度 (1)

(3)　保険制度のシステム (2)

2　保険契約···3
(1)　保険契約の意義 (3)　　(2)　保険法上の定義 (3)

(3)　保険業法上の定義 (5)

Ⅱ　保険の類似概念————————————————————————————6

1　貯蓄··6

2　自家保険···7

3　賭博・富くじ···8

4　金銭無尽···9

5　保証··9
(1)　意義 (9)　　(2)　保険との違い (10)　　(3)　機関保証 (11)

6　共済制度··11

Ⅲ　保険の種類——————————————————————————————12

1　私営保険と公営保険···12

2　公保険と私保険···13

3　任意保険と義務保険···13

4　営利保険と相互保険···14

5　人保険と物保険···15

6　損害 (不定額) 保険と定額保険··15

x　目　次

　　7　損害保険と生命保険………………………………………………*17*

　　8　陸上保険・海上保険・航空保険………………………………*17*

　　9　個別保険と集合保険………………………………………………*18*

　10　特定保険と総括保険………………………………………………*18*

　11　元受保険と再保険…………………………………………………*19*

　12　企業保険と家計保険………………………………………………*20*

第1章　保険法総説

Ⅰ　保険法の意義及び内容————————————*21*

　　1　保険法の意義………………………………………………………*21*

　　2　保険法上の典型保険契約…………………………………………*22*

　　3　広義の保険法の内容………………………………………………*23*

　　　(1) 保険監督法 (*23*)　　(2) 保険組織法 (*23*)　　(3) 保険契約法 (*24*)

　　4　保険契約法の法的性質……………………………………………*25*

Ⅱ　保険契約法の法源————————————*26*

　　1　法源適用の順序と範囲……………………………………………*26*

　　2　各種の法源…………………………………………………………*27*

　　　(1) 制定法 (*27*)　　(2) 不文法 (*28*)　　(3) 普通保険約款 (*28*)

Ⅲ　普通保険約款————————————————*29*

　　1　普通保険約款の意義………………………………………………*29*

　　2　普通保険約款の存在理由…………………………………………*29*

　　3　普通保険約款の規範性とその根拠………………………………*30*

　　　(1) 法的拘束力とその根拠 (*30*)　　(2) 合理性の基準 (*34*)

　　4　普通保険約款の効力………………………………………………*35*

　　5　普通保険約款の使用と認可………………………………………*36*

　　　(1) 普通保険約款の使用と記載事項 (*36*)　　(2) 普通保険約款の変更 (*36*)

　　6　普通保険約款の平明化……………………………………………*36*

　　　(1) わが国における損害保険用語平易化の状況 (*36*)

　　　(2) 諸外国における自動車保険約款平明化の状況 (*37*)

(3) 保険約款平明化の問題点 (38)

Ⅳ　保険契約法の特質 ——————————————39

　1　保険契約法の公共性（社会性）……………………………… 39

　2　保険契約の技術性…………………………………………… 39

　3　保険契約法の団体性………………………………………… 40

　4　保険契約法の強行法性……………………………………… 40

第2章　保険契約総論

Ⅰ　保険契約の概念 ——————————————43

　1　保険契約の意義……………………………………………… 43

　2　保険契約の性質……………………………………………… 43

　(1)　諾成契約性 (43)　　(2)　不要式契約性 (43)　　(3)　有償契約性 (44)

　(4)　双務契約性 (44)　　(5)　射倖契約性 (44)　　(6)　善意契約性 (45)

　(7)　商行為性 (45)　　(8)　附合契約性 (46)　　(9)　継続的契約性 (46)

　⑽　その他 (46)

Ⅱ　保険契約の当事者及び関係者 ————————47

　1　保険者………………………………………………………… 48

　(1)　保険者の意義 (48)　　(2)　保険業の免許の要件 (48)

　2　保険者の補助者……………………………………………… 50

　(1)　保険代理商（生命保険代理店・損害保険代理店）(51)

　(2)　保険外務員 (53)　　(3)　保険仲立人 (54)　　(4)　診査医（保険医）(56)

　(5)　生命保険面接士 (57)　　(6)　その他の補助者 (57)

　3　保険契約者…………………………………………………… 58

　4　保険契約者の関係者………………………………………… 58

　(1)　被保険者 (58)　　(2)　保険金受取人 (59)

　(3)　責任保険における被害者 (61)

　5　第三者のためにする保険契約……………………………… 62

Ⅲ　保険契約の締結 ——————————————63

　1　保険契約の成立……………………………………………… 63

xii 目 次

(1) 保険契約の成立過程 (*63*)　　(2) 保険契約の成立要件及び時期 (*67*)

2 保険期間と保険料期間……………………………………………… *68*

(1) 保険期間 (*68*)　　(2) 保険料期間 (*70*)

3 告知義務…………………………………………………………… *74*

(1) 告知義務制度 (*74*)　　(2) 告知義務制度の根拠 (*74*)

(3) 告知義務者及び相手方 (*76*)　　(4) 告知の時期及び方法 (*77*)

(5) 告知事項 (*78*)　　(6) 告知義務違反の要件 (*79*)

(7) 告知義務違反の効果 (*80*)　　(8) 告知義務違反と詐欺・錯誤 (*82*)

4 保険証券…………………………………………………………… *87*

(1) 意義及び交付 (*87*)　　(2) 保険証券の記載事項 (*87*)

(3) 保険証券の法的性質 (*88*)　　(4) 保険証券の喪失・滅失 (*89*)

第3章　損害保険契約

第1節　損害保険契約総論―――――――――――――――――――――*91*

Ⅰ　損害保険契約の概念――――――――――――――――――――――*91*

1 損害保険契約の意義……………………………………………… *91*

(1) 損害保険契約の定義 (*91*)　　(2) 損害てん補の意義 (*92*)

(3) 損害保険契約とモラル・ハザード (*92*)　　(4) 不正請求の抑止措置 (*93*)

2 損害保険契約の特色……………………………………………… *93*

(1) 不定額保険性 (*94*)　　(2) 保険事故 (*94*)

Ⅱ　保険事故―――――――――――――――――――――――――――*94*

1 保険事故の概念…………………………………………………… *94*

2 保険事故の要件…………………………………………………… *95*

(1) 偶然性 (不確定性) (*95*)　　(2) 特定性 (保険事故の限定) (*98*)

3 保険者の免責事由………………………………………………… *98*

(1) 保険事故と免責事由 (*98*)　　(2) 法定免責事由 (*98*)

(3) 約定免責事由 (*99*)

Ⅲ　被保険利益――――――――――――――――――――――――――*100*

1 被保険利益の概念………………………………………………… *100*

目　次　*xiii*

　　　(1)　被保険利益の意義（*100*）　　(2)　被保険利益の地位（*101*）

　2　被保険利益の要件………………………………………………… *103*

　　　(1)　適法性（*103*）　　(2)　経済的利益（*103*）　　(3)　確定可能性（*104*）

　3　被保険利益の機能………………………………………………… *105*

　　　(1)　賭博保険の防止（*105*）　　(2)　保険契約の同一性を区別する基準（*105*）

Ⅳ　てん補損害額・保険価額と保険金額

　　（一部保険・超過保険）──────────────────*106*

　1　てん補損害額…………………………………………………… *106*

　　　(1)　てん補損害額の意義（*106*）　　(2)　てん補損害額の性質（*107*）

　2　保険価額………………………………………………………… *107*

　　　(1)　保険価額の意義（*107*）　　(2)　保険価額の性質（*107*）

　　　(3)　約定（協定）保険価額（*108*）　　(4)　保険価額の機能（*109*）

　3　保険金額（の意義）…………………………………………… *111*

Ⅴ　重複保険────────────────────────*111*

　1　重複保険の意義等……………………………………………… *111*

　　　(1)　重複保険の意義（*111*）　　(2)　重複保険における保険契約（*112*）

　　　(3)　重複保険と利得禁止の原則（*112*）

　2　重複保険の実務等……………………………………………… *113*

第2節　損害保険関係───────────────────*114*

Ⅰ　総説──────────────────────────*114*

Ⅱ　保険者の義務──────────────────────*115*

　1　保険金支払義務（損害てん補義務）………………………… *115*

　　　(1)　保険事故と保険金支払義務（*115*）　　(2)　保険事故の発生（*115*）

　　　(3)　損害の発生（*116*）　　(4)　損害査定手続（*117*）

　　　(5)　支払保険金の額（てん補損害額）の算定（*118*）

　　　(6)　保険金支払義務履行の時期及び場所（*119*）

　　　(7)　保険金支払義務の時効（*120*）

　2　保険料返還義務（保険料積立金の払戻しを除く）………………… *124*

　　　(1)　保険料不可分の原則の不採用（*124*）　　(2)　保険料の返還義務（*124*）

　　　(3)　保険料返還の特則（*125*）　　(4)　保険料返還義務の時効（*126*）

xiv 目　次

3　契約締結時交付書面の交付義務………………………………126

Ⅲ　保険契約者及び被保険者の義務────────126

1　保険料支払義務……………………………………………126
(1) 保険料支払義務の基礎 (126)　(2) 支払うべき保険料の額 (127)
(3) 保険料支払の方法・時期・場所 (128)
(4) 保険料支払義務の時効 (129)

2　通知義務……………………………………………………130
(1) 告知事項についての変更の事実の通知義務 (130)
(2) 損害発生の通知義務 (130)

3　損害発生拡大防止努力義務………………………………131
(1) 根拠 (131)　(2) 義務の帰属主体 (132)　(3) 内容 (132)
(4) 効果 (132)　(5) 損害発生拡大防止費用 (133)

Ⅳ　第三者のためにする損害保険契約────────134

1　意義及び目的………………………………………………134
2　契約の成立要件……………………………………………134
3　契約の効果…………………………………………………135

Ⅴ　保険金債権の譲渡・強制執行───────────136

1　保険金債権の譲渡と被保険者……………………………136
2　保険金債権譲渡・強制執行の態様………………………136
(1) 保険事故発生後の譲渡・強制執行 (136)
(2) 保険事故発生前の譲渡・強制執行 (137)

Ⅵ　被保険者の債権者による債権保全方法──────138

1　総説…………………………………………………………138
2　保険金に対する担保権者の権利…………………………138
3　保険金請求権上の債権質…………………………………140
4　保険金請求権の譲渡担保 (抵当権者特約条項)…………………140
5　抵当保険 (債権保全火災保険) と建物の譲渡担保…………………141

Ⅶ　保険者の代位──────────────────143

1　総論──代位の制度趣旨…………………………………143
(1) 被保険者の利得禁止 (143)　(2) 合理的調整 (144)

目　次　*xv*

　　2　保険の目的に関する代位──残存物代位····················· *144*

　　(1)　意義 (*144*)　　(2)　要件及び効果 (*145*)

　　3　第三者に対する権利に関する代位──請求権代位················ *145*

　　(1)　請求権代位の根拠 (*145*)　　(2)　現行制度 (*149*)

　　(3)　現行制度の批判及び立法論 (*153*)

Ⅷ　危険の変動──────────────────────*155*

　　1　総説·· *155*

　　2　危険の減少·· *156*

　　3　危険の増加·· *157*

　　(1)　意義 (*157*)　　(2)　保険者の引受の範囲 (*157*)

　　(3)　通知義務 (*159*)　　(4)　追加保険料 (*159*)

Ⅸ　損害保険契約の消滅─────────────────*160*

　　1　総説·· *160*

　　2　当然の消滅原因·· *160*

　　(1)　保険期間の満了 (*160*)　　(2)　被保険利益及び保険の目的物の消滅 (*160*)

　　(3)　保険金額全額の支払 (*160*)　　(4)　保険の目的物 (対象) の譲渡 (*161*)

　　(5)　保険者の破産後3箇月を経過したとき (*162*)

　　3　当事者の意思による解除·· *162*

　　(1)　保険契約者の任意解除 (*162*)　　(2)　保険者の破産による解除 (*162*)

　　(3)　告知義務違反による解除 (*162*)　　(4)　危険増加による解除 (*163*)

　　(5)　重大事由解除 (*163*)

　　4　損害保険契約の無効・取消し·· *164*

第3節　責任保険契約───────────────────*165*

Ⅰ　責任保険制度の目的と機能────────────────*165*

　　1　企業責任の強化と無過失責任制度の誕生······························ *165*

　　2　履行確保措置としての責任保険······································ *165*

　　(1)　責任保険制度の機能 (*166*)　　(2)　責任の意義 (*167*)

Ⅱ　責任保険契約の意義─────────────────────*167*

　　1　定義·· *167*

　　2　種類·· *167*

Ⅲ　被保険利益と保険価額━━━━━━━━━━━━━━168

 1　被保険利益……………………………………………… 168

 2　保険価額………………………………………………… 169

Ⅳ　保険事故━━━━━━━━━━━━━━━━━━━━━169

 1　保険事故に関する諸学説……………………………… 169

  (1)　損害事故（約定事故）説（*170*） (2)　責任負担説（*171*）

  (3)　請求説（*173*）

 2　保険事故に関する私見………………………………… 174

  (1)　偶然性（*175*） (2)　消滅時効期間の始期（*175*）

  (3)　損害事故説の課題（*176*） (4)　保険実務（*177*）

Ⅴ　保険金の支払━━━━━━━━━━━━━━━━━━177

 1　保険金支払義務の確定………………………………… 177

 2　義務的（一部）不担保（découvert obligatoire）……………… 178

 3　重過失の場合の免責…………………………………… 179

Ⅵ　保険金請求権の発生及び行使━━━━━━━━━━━179

 1　保険金請求権発生の要件……………………………… 179

 2　保険金請求権行使の要件……………………………… 179

Ⅶ　被害者の直接請求権━━━━━━━━━━━━━━━180

 1　責任保険契約における被害第三者の地位…………… 180

 2　保険法の下における直接請求権……………………… 181

  (1)　保険法と直接請求権（*181*） (2)　直接請求権肯定の論理（*182*）

 3　自賠法16条1項の直接請求権 ………………………… 182

  (1)　沿革（*182*） (2)　特色（*183*）

  (3)　直接請求権，保険金請求権と先取特権との関係（*183*）

 4　任意自動車保険契約の直接請求権…………………… 184

  (1)　沿革（*184*） (2)　特色（*185*）

目　次　*xvii*

第4章　生命保険契約

Ⅰ　生命保険契約の意義————————————————*187*
　1　生命保険契約の特色 ……………………………………………… *187*
　2　定義……………………………………………………………………… *188*
　　(1)　保険法上の定義（*188*）　　(2)　保険監督法上の定義（*189*）
　3　要素…………………………………………………………………… *189*
　　(1)　当事者及び関係者（*189*）　　(2)　保険事故（*190*）
　　(3)　保険金額（*191*）　　(4)　生命保険契約の種類（*192*）

Ⅱ　生命保険契約の成立と保険料の支払————————————*194*
　1　生命保険契約の募集 ……………………………………………… *194*
　　(1)　総説（*194*）　　(2)　生命保険募集人（*194*）　　(3)　保険仲立人（*195*）
　2　保険者の責任開始時 ……………………………………………… *196*
　　(1)　契約の締結（*196*）　　(2)　保険者の責任の開始時（*196*）
　　(3)　承諾前死亡（*198*）
　3　保険料の支払……………………………………………………… *200*
　　(1)　意義（*200*）　　(2)　支払方法・支払場所（*200*）
　　(3)　生命保険契約の失効と復活（*201*）
　4　告知義務………………………………………………………… *202*
　　(1)　意義（*202*）　　(2)　告知義務者及び相手方（*203*）
　　(3)　告知義務違反の要件（*205*）　　(4)　告知義務違反の効果（*208*）

Ⅲ　他人の死亡の保険契約————————————————————*210*
　1　総説………………………………………………………………… *210*
　　(1)　意義・趣旨（*210*）　　(2)　法的性質（*211*）
　2　被保険者の同意を必要とする場合 …………………………… *212*
　　(1)　他人の死亡を保険事故とする保険契約の締結（*212*）
　　(2)　保険金受取人の指定・変更（*215*）
　　(3)　保険金請求権の譲渡・質入（*215*）
　3　被保険者の同意の方式及び確認方法・時期・撤回 ……………… *216*

xviii　目　次

　　(1)　同意の方式及び確認の方法（*216*）　　(2)　同意の時期（*216*）

　　(3)　同意の撤回（*216*）

　4　未成年者が被保険者の場合の同意の取り方 ……………………… *217*

　5　被保険者の保険契約者に対する解除請求 …………………………… *218*

　　(1)　意義（*218*）　　(2)　解除請求ができる場面の具体的内容とその趣旨（*219*）

　　(3)　手続（*220*）

Ⅳ　第三者のためにする生命保険契約─────────*220*

　1　総説 ……………………………………………………………………… *220*

　　(1)　意義・法的性質（*220*）　　(2)　保険金受取人の権利・義務（*221*）

　2　保険金受取人の指定 ……………………………………………………… *223*

　　(1)　保険金受取人の指定の方法（*223*）

　　(2)　保険金受取人の指定の法的性質（*223*）

　　(3)　保険金受取人の指定の解釈問題（*224*）　　(4)　保険金請求権と相続（*226*）

　3　保険金受取人の変更 ……………………………………………………… *229*

　　(1)　保険金受取人の変更の意義・趣旨（*229*）

　　(2)　保険金受取人の変更の意思表示の方式と効力発生（*229*）

　　(3)　遺言による保険金受取人の変更（*230*）

　4　保険金受取人先死亡と保険金請求権の帰属 ………………………… *231*

　　(1)　総説（*231*）　　(2)　相続人の範囲（*232*）

　　(3)　保険金請求権の取得割合（*235*）

Ⅴ　生命保険関係────────────────────*235*

　1　解約又は解除 …………………………………………………………… *235*

　　(1)　保険契約者側からの解約（*235*）　　(2)　保険者側からの解除（*236*）

　2　保険契約者貸付け ……………………………………………………… *242*

　3　生命保険契約に基づく権利の処分及び差押え ……………………… *243*

　　(1)　総説（*243*）　　(2)　保険契約上の権利の処分（*246*）

　　(3)　保険契約上の権利の差押え（*247*）

　　(4)　保険契約者以外の者による解除──介入権（*248*）

　4　生命保険事故の発生と保険金の支払 ………………………………… *250*

　　(1)　保険事故の発生（*250*）　　(2)　保険金の支払（*251*）

目　次　*xix*

(3) 保険者免責事由（*253*）

第 5 章　傷害保険契約

Ⅰ　傷害保険契約の概念────────────────*259*

　1　定義‥‥‥‥‥‥‥‥‥‥‥‥‥‥‥‥‥‥‥‥‥‥‥‥‥ *259*

　　(1) 傷害保険契約法試案上の定義（*259*）　　(2) 保険契約法上の定義（*263*）

　　(3) 保険監督法上の定義（*264*）　　(4) 普通保険約款上の定義（*265*）

　2　法源‥‥‥‥‥‥‥‥‥‥‥‥‥‥‥‥‥‥‥‥‥‥‥‥‥ *266*

　　(1) 保険法制定前（*266*）　　(2) 保険法制定後（*267*）

　3　特色‥‥‥‥‥‥‥‥‥‥‥‥‥‥‥‥‥‥‥‥‥‥‥‥‥ *267*

　　(1) 人保険契約性（*267*）　　(2) 保険事故（*267*）　　(3) 保険給付（*270*）

　4　傷害保険契約の法体系上の地位‥‥‥‥‥‥‥‥‥‥‥‥‥ *271*

　　(1) 保険契約法上の地位（*271*）　　(2) 保険業法上の地位（*275*）

Ⅱ　当事者及び関係者────────────────*275*

　1　当事者‥‥‥‥‥‥‥‥‥‥‥‥‥‥‥‥‥‥‥‥‥‥‥‥ *275*

　　(1) 保険者（*275*）　　(2) 保険契約者（*276*）

　2　関係者‥‥‥‥‥‥‥‥‥‥‥‥‥‥‥‥‥‥‥‥‥‥‥‥ *277*

　　(1) 被保険者（*277*）　　(2) 保険金受取人（*277*）

Ⅲ　被保険利益とモラル・ハザードの誘発の防止─────*278*

　1　傷害定額保険契約の場合‥‥‥‥‥‥‥‥‥‥‥‥‥‥‥‥ *278*

　　(1) 定額給付の許容性（*278*）　　(2) 被保険者の同意（*279*）

　2　傷害損害保険契約・傷害準損害保険契約の場合‥‥‥‥‥‥ *281*

　　(1) 保険法下における合法性（*281*）

　　(2) モラル・ハザード抑止の必要性（*282*）

　　(3) 保険金請求権者の範囲の制限（*283*）

Ⅳ　保険者の支払責任────────────────*285*

　1　総説‥‥‥‥‥‥‥‥‥‥‥‥‥‥‥‥‥‥‥‥‥‥‥‥‥ *285*

　2　原因事故──急激かつ偶然な外来の事故‥‥‥‥‥‥‥‥‥ *286*

　　(1)「急激」性（*286*）　　(2)「偶然」性（*286*）　　(3)「外来」性（*287*）

xx 目 次

3 身体の傷害 (損傷)………………………………………………… 288

4 急性中毒……………………………………………………………… 289

5 疾病又は内的要因との競合……………………………………… 289

　⑴ 問題の所在 (289)

　⑵ 保険事故発生以前から既に疾病が存在する場合 (289)

　⑶ 保険事故が疾病より先に発生した場合 (290)

Ⅴ　保険給付の内容────────────────291

1 傷害定額保険契約の保険給付…………………………………… 291

　⑴ 保険給付の種類 (291)　　⑵ 給付相互の関係 (293)

2 傷害不定額保険契約の保険給付………………………………… 293

　⑴ 傷害損害保険契約の保険給付 (293)

　⑵ 傷害準損害保険契約の保険給付 (295)

Ⅵ　保険者の請求権代位──────────────296

1 問題の所在 ……………………………………………………… 296

2 法理論 …………………………………………………………… 297

Ⅶ　傷害保険給付と損害賠償────────────298

1 傷害定額保険契約の保険金の受領と損益相殺等 ……………… 298

2 傷害保険金の受領と慰謝料斟酌………………………………… 302

序　章

I　保険の概念

1　保険制度

(1)　制度目的

　保険とは，わが国のように，資本主義社会で生活を営む人々が，常にさらされているいろいろな事故（地震や暴風雨，人の生死などの自然の出来事や，殺人，盗難，放火，交通事故などの他人の行為，失業，戦争，ストライキ等の社会的な出来事）が発生する危険によって脅かされている経済生活の不安定を取り除き，又は軽減することを目的とする経済上の制度である。

(2)　危険管理（リスク・マネージメント）と保険制度

　このような予期しない事故が発生すると，人の経済生活の秩序は破壊されたり乱されたりする。その対策としては，まず，事故の発生自体を予防する措置（交通事故を例にとれば，歩道と車道の分離，信号機の設置等）を講じることが必要となる［事前予防］。次に，事故が発生してしまった場合には，事故による損害を積極的に軽減する手段を講じる（火災に対する化学消防等）と同時に，その拡大の防止（傷害・疾病の悪化の防止を含む）に努めなければならない［鎮圧］。さらに，それでもなお避けることのできない損害が発生することを予測して，事前の経済的準備，すなわち保険や共済等を活用して，危険を他に転嫁する措置をとることが必要になる［危険の転嫁］。もっとも，危険の性質上，転嫁の難しいものについては，自分の手許においてその対応策（貯蓄や自家保険等）をとらなければならない［危険の保有］。そして，これらの危険に対処する民間の自主的な諸制度を支援する公的制度として，社会保険や公的扶助等の制度があり［社会保障］，また，地方自治体の救護活動や，国による各種災害保障法の

適用が行われる場合もある［事後対策］。

このように，保険制度は，危険管理の観点からは，危険の転嫁の手段として位置付けられるが，最大の特色は，その独特の仕組みにある。すなわち，保険制度は，その特有のシステムにより，比較的少額の負担をもって経済的に，かつ比較的確実に，経済生活の不安定を取り除き又は軽減することのできる唯一の制度である。

(3) 保険制度のシステム

保険制度はその特有のシステムによって，経済生活の不安定を除去又は軽減しようとするものであり，技術的特質を有する。すなわち，同質的な経済上の危険にさらされている多数の人々（保険団体又は危険団体）が，その全体について「大数の法則」を応用した確率計算に基づいて算出された，将来の事故発生の際の支出に備えるために必要な総金額を，各人の危険率に応じて公平に分担し（保険料の出捐），これをもって共同のファンド（保険基金）を形成しておいて，ある構成メンバーが現実にその事故に遭った場合に，これに対応するために必要な金額をそのファンドから受け取る（保険金の支払）のが，保険制度のシステムである。

①保険団体の構成

保険は，同質的な経済上の危険にさらされている多数の人々の集合によって構成される団体の存在を前提とする。このような危険の担い手としての多数人の集合を，保険団体又は危険団体という。

保険はこのように団体性を基礎とするものであるから，各人が孤立的に単独で行う貯蓄や，いわゆる「自家保険」による単独の備蓄とは異なる。

②「大数の法則」の応用

「大数の法則」によれば，ある偶然に発生しているように見える事件でも，これを大量的統計的に観察すると，その発生には一定の規則性，すなわち，蓋然性（probability）が存在することを知ることができる。これを保険について考察すれば，多数の同様な事件（例えば，自動車事故による人の死亡，車両の損壊等）についてこれを大量的に観察するとき，一定の危険の確率が見出され，これに基づいて保険料率の算出をすることができる。保険は，このように「大

数の法則」を前提とし，これを応用することによって成立する特質を有する。

③保険ファンドの形成と分配

保険はそれに加入する多数の人々が，各人の危険率に応じて保険料を分担して共同のファンドを形成し，加入者の中で現実に事故に遭った者に対して，これに対応するために必要な金額をファンドから給付することを目的とするものである。保険はこのように多数人の拠出によって一定の準備財産を構成し，その拠出金の払戻しが自由でない点で貯蓄及び自家保険と異なり，社会的性格を有するものといえよう。

④経済的制度

保険は単に偶然的な事故が発生した際にとられる善後措置（事後対策）ではなく，偶然的な事故の発生及びその結果を予測して，事前に準備する経済上の制度である。

2　保険契約

(1)　保険契約の意義

上記のような全体としての保険制度の構成要素となるのが，保険会社（保険者）と個々の保険加入者（保険契約者）との間で締結される「保険契約」である。

(2)　保険法上の定義

①改正前商法上の定義と保険法上の定義

保険法は，保険契約を「保険契約，共済契約その他いかなる名称であるかを問わず，当事者の一方が一定の事由が生じたことを条件として財産上の給付（生命保険契約及び傷害疾病定額保険契約にあっては，金銭の支払に限る。以下「保険給付」という。）を行うことを約し，相手方がこれに対して当該一定の事由の発生の可能性に応じたものとして保険料（共済掛金を含む。以下同じ。）を支払うことを約する契約」と定義している（保2①）。保険法制定前の「商法第十章保険」（商法（明治32年法律第48号））（以下単に「商法」と表記する場合と保険法と対比するために「改正前商法」と表記する場合がある。なお，商法（明治23年法律第32号）を「旧商法」と表記する）には，保険契約を，保険者が保険事故によって生じた損害

をてん補することを約し，これに対して保険契約者が保険料を支払うことを約することによって成立する損害保険契約（商629）と，保険者が人の生死に関して一定の金額を支払うことを約し，これに対して保険契約者が保険料を支払うことを約することによって成立する生命保険契約（商673）とに2大別して定義されていた。損害保険の各論として，火災保険契約，運送保険契約及び海上保険契約に関する規定がおかれていた。

保険法では，損害保険契約と生命保険契約との定義を統一した保険契約の定義がなされた（保2①）ほか，損害保険契約（保2⑥）及び生命保険契約（保2⑧）が定義され，改正前商法には規律されていなかった傷害疾病損害保険契約（保2⑦）及び傷害疾病定額保険契約（保2⑨）も定義された。しかし，保険法上の典型保険契約は，損害保険契約，生命保険契約のほか，傷害疾病定額保険契約の3類型とされ（いずれも「保険契約のうち」（保2⑥⑧⑨）とされている），傷害疾病損害保険契約は損害保険契約の1種に含まれ，独立した，保険法上の典型保険契約としての類型を認められていない（保2⑦「損害保険契約のうち」という文言）。

②新種保険の発展

およそ100年前の1899年（明治32年）に制定された改正前商法の規定する保険契約の種類は，生命保険契約のほか，損害保険契約各論としての火災保険契約，運送保険契約及び海上保険契約の4種に限られていた。この伝統的な損害保険契約3種類を除いて，産業の近代化にともなって発生するようになった新しい災害に備えるために創設された，各種の責任保険契約，自動車保険契約，傷害保険契約，疾病・介護保険契約等のいわゆる新種保険契約が誕生して，めざましく発展している（ちなみに，2015年度の国内会社の損害保険元受正味引受保険料種目別構成比は，自動車・自賠責保険合計で60.2％を占め，傷害保険の8.2％及びこれ以外の新種保険12.4％を併せると，80.8％となり，伝統的な保険契約の割合を圧倒している〔図〕）。それにもかかわらず，商法にはこれらに関するなんらの規定もおかれていなかった（とくに傷害保険契約は，生命保険契約とならんで，また疾病保険契約や介護保険契約とともに「人保険契約」の中心的存在である。さらに，傷害保険契約には，契約当事者が契約に定めることによって定額給付方式と不定額給付方式のいずれをも選択できるという特質がある。かつて1884年に司法省から公表されたロエス

〔図〕損害保険の正味収入保険料の保険種目別構成比（2016年）

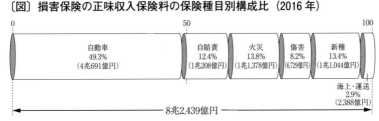

〔出所〕日本損害保険協会『日本の損害保険　ファクトブック2017』（2017年）69頁．

レル氏起稿・商法草案では，740条以下数条の中に傷害保険契約に関連する規定がおかれていたにもかかわらず，旧商法と改正前商法のいずれにも規定がおかれていなかった）。

　保険法の制定により，損害保険契約，生命保険契約及び傷害疾病保険契約に対し規律がなされたが，保険法の各条文により保険契約のすべての内容が網羅されるわけではない。実際に保険契約を締結する場合には，保険者が作成し内閣総理大臣の認可を受けた普通保険約款（保411③）によって契約の内容が定められているのが通例で，普通保険約款が保険取引において事実上支配的な役割を果たしている。保険消費者保護の観点からは，普通保険約款に対して，消費者契約法による規律がなされてきたが，近時，民法が改正され「定型約款」（民548の2以下）に関する規定が新設された[1]。

(3) 保険業法上の定義

　保険業法3条は，保険業免許の対象となる「保険の引受け」の内容となる「保険」の種類という形式ではあるが，次の数種類の「保険」につき実質的には「保険契約の定義」ともいうべき規定を設けている。そのうち主要なものは次のとおりである。

　生命保険とは，「人の生存又は死亡（当該人の余命が一定の期間以内であると医師により診断された身体の状況を含む……）に関し，一定額の保険金を支払うことを

---

[1]　民法に定められた「定型約款」（民548の2）の規定は，「定型約款」に関しての規律であり，約款一般に適用されるルールではない。「定型約款」とは，民法548条の2第1項の規定から，定型取引に用いられる当該定型取引の当事者の一方により契約の内容とすることを目的として準備されたものの条項の総体と定義できる。保険約款も「定型約款」に該当する。

約し，保険料を収受する保険」（後述する傷害死亡保険を除く）をいう（保業3Ⅳ①）。当該人の余命が一定の期間以内であると医師により診断された身体の状況に関し一定額の保険金を支払うとは，いわゆる「リビング・ニーズ特約」のことを意味する。

　損害保険とは，「一定の偶然の事故によって生ずることのある損害をてん補することを約し，保険料を収受する保険」（傷害疾病保険を除く）をいう（保業3Ⅴ①）。

　傷害保険とは，「傷害を受けたことを直接の原因とする人の死亡」（保業3Ⅳ②ハ），「傷害を受けたこと……を原因とする人の状態」［＝後遺障害］（同号ロ），「ロ，ニに掲げるものに関し，治療（治療に類する行為として内閣府令で定めるものを含む。）を受けたこと」（同号ホ）「に関し，一定額の保険金を支払うこと又はこれらによって生ずることのある当該人の損害をてん補することを約し，保険料を収受する保険」（同Ⅳ②柱書）をいう。

　疾病保険とは，「人が疾病にかかったこと」（保業3Ⅳ②イ）「……疾病にかかったことを原因とする人の状態」［＝後遺障害］（同号ロ）「イ，ロに掲げるものに関し，治療（治療に類する行為として内閣府令で定めるものを含む。）を受けたこと」（同号ホ）「に関し，一定額の保険金を支払うこと又はこれらによって生ずることのある当該人の損害をてん補することを約し，保険料を収受する保険」（保業3Ⅳ②柱書）をいう。

　その他　産児保険・不妊治療保険・介護保険・骨髄提供保険（保業3Ⅳ②ニ，保業規4①②③④），生命保険・傷害保険・産児保険・介護保険の再保険（保業3Ⅳ③），海外旅行傷害（疾病死亡担保）保険（保業3Ⅴ③）について，直接又は間接的な定義が設けられている。また，保険そのものではないが，保証証券業務についてのみなし規定がおかれている（保業3Ⅵ）。

Ⅱ　保険の類似概念

1　貯蓄

　貯蓄は，個人が単独に金銭を積み立てて経済生活の不安定に対処する制度であるから，保険と類似の目的を有するものであるが，保険が多数の人が集

合して（保険団体の構成），特定の偶然な事故によって生じるかもしれない資力の弱化を補正することを目的とするのに対し，貯蓄は各人が単独で行うものであり，必ずしも特定の偶然な事故に対する準備でない点で，根本的に異なる。その結果，貯蓄においては，元利金は貯蓄者個人の債権として，事故発生の有無やその大小とは無関係に任意に払戻しを受け，これを本来の目的以外に使用することができる（個人的・任意的）のに対して，純粋な保険の場合は，加入者は，保険期間中，拠出した金銭の受戻しは自由ではなく（契約の解除となる），また，保険期間中に事故が発生しなければ，拠出した金銭は返還を受けることができない（社会的・強制的）。

　もっとも，保険と貯蓄の結合した形態も存在する。例えば，生命保険契約では，生存保険金（満期保険金）や生存給付金（例・入学祝金）の給付を約してこれに見合う保険料を徴収し，また，一時払養老保険契約や変額保険契約[2]のように，保険と投資又は投資信託と結合したりした形態もある。損害保険契約の分野でも，標準的な「保険料掛捨て・1年契約」の住宅火災保険契約等のほかに，損害のてん補以外に満期払戻金の支払を約束して積立保険料を徴収する貯蓄型の長期総合（火災）保険契約が一時流行した時期もあった。しかし，ここ数年の保険会社の予定利率の引下げの結果，顧客のニーズに適合しなくなり，契約高は減少傾向にある。

2　自家保険

　自家保険とは，多数の外航船を有する海運会社や，各地に多数の営業所・工場・倉庫等を有する企業が，海難・火災・風水雪害等の事故によってその財産に生じる損失を補正するため，毎年その財産の減失毀損の危険を予測して一定割合の金銭を積立てる制度である。保険料算定の基礎となる損害発生

---

[2]　変額保険契約は，その保険契約にかかわる資産（特別勘定）の運用実績に応じて保険金額，解約返戻金額が変動する生命保険契約である。したがって，運用次第で，支払われる保険金額，解約返戻金額が増加する魅力もあるが，逆に減少するリスクもかかえている。なお，変額保険契約は，生命保険契約としての死亡保障機能を活かすために，死亡保険金・高度障害保険金については，契約時に定めた基本保険金額が，最低保証として支払われることになっている。変額保険には，一生涯保障が継続する「終身型」と満期のある「有期型」とがあるが，終身型が主流である。有期型の場合の満期保険金には，最低保証はない。

8　序　章

の蓋然率（probability）に基づいて積立を行う点で単純な貯蓄と異なり，むしろ保険に類似するが，多数人が集合して危険を分担するという要素を欠く点で，保険とは根本的に異なる。

　また，損害保険において，付保の態様が一部保険となっている場合には，被保険者は保険者からは損害の一部についてしか保険給付を受けられないので，損害の残余の部分は自己負担しなければならないが，この「保険されていない部分」を示す場合にも「自家保険」という用語が使用されることがある。

3　賭博・富くじ

　賭博とは「金銭・物品を賭けて勝負を争う遊戯」をいう（広辞苑。なお，刑法185条旧規定は，賭博を「偶然ノ輸贏ニ関シ財物ヲ以テ博戯又ハ賭事ヲ為」すことと定義している）。すなわち，当事者がともに財産の得喪の危険を負担し，偶然の勝負によってこれを決定することであり，わが国では刑法で禁止されている行為であって，その罪を犯した者は50万円以下の罰金又は科料に処せられる（刑185）。富くじとは，発売者が多数の富札（番号札）を販売し，抽選その他の方法で購買者間に不平等な金額の分配を行うことである。

　これらはいずれも偶然の出来事により当事者間の給付反対給付の均衡関係が左右されることを本質とする射倖契約である点では，保険契約と共通性を有する。殊に富くじの場合には，多数人の拠金により成立する点で保険契約に酷似する。しかし，これは保険と賭博・富くじとを単に技術的観点から一面的に考察した結果に過ぎず，保険が経済生活の不安定に対処する経済的準備として社会的有用性を有する制度であるのに対し，賭博・富くじはこのような機能や目的を持つものではなく，偶然な出来事の発生によって金銭その他の財産を取得することそれ自体を目的とする点で，保険とは本質的に異なる。

　なお，射倖契約については，旧民法（1890年＝明治23年に制定されたが，施行されることなく1896年廃止された）に，「第7章　射倖契約」という章が設けられ，その157条〜159条において「射倖契約」の定義等に関する次のような総則規定がおかれていた。

第157条　射倖契約トハ当事者ノ双方若シクハ一方ノ損益ニ付キ其効力力将来ノ不確定ナル事件ニ繋ル合意ヲ謂ウ

第158条　①射倖契約ニハ其性質ニ因ルモノ有リ当事者ノ意思ニ因ルモノ有リ

②博戯，賭事，終身年金権其ノ他終身権利ノ設定，陸上，海上ノ保険及上冒険貸借ハ性質ニ因ル射倖ノモノナリ

③此他成立又ハ効力ヲ停止又ハ解除ノ偶成ノ条件ニ繋ラシムル契約ハ当事者ノ意思ニ因ル射倖ノモノナリ

第159条　陸上，海上ノ保険及上冒険貸借ハ商法ノ規定ヲ以テ之ヲ規定ス

4　金銭無尽

金銭無尽は，多数の人が集合して各人が一定額の金銭を拠出し，その総額のうちから抽選又は入札 (せり) の方法によって金銭の給付を受ける1種の相互金融制度である。この貸付の条件である抽選や当りくじを買い取るための入札それ自体は，たとえ偶然の出来事であっても，加入者の経済生活の不安定の原因ではない。また，保険においては，いわゆる「収支相等の原則」は保険者 (保険団体全体) の収支についてのみ見られるのに対し，無尽においては各加入者についても個別的に見られる。要するに無尽は，積立てと払戻しについて特殊な条件の付せられた1種の貯蓄と見るべきであって，保険におけるような危険の分担という要素は存在しない。

5　保証

(1)　意義

保証は，債務者の債務不履行によって，債権者が損害を被る危険に対処するための制度である。保証は，人的保証，物的保証，機関保証の3種に大別される。

人的保証とは，主債務者の債務の履行を担保するために，第三者 (保証人) に保証債務を負担させる方法である。物的保証には，債権者が担保物を提供し，これに債権者のために抵当権，質権等の担保物権を設定する伝統的な方法のほか，譲渡担保，売渡抵当，さらには第三者が担保物を提供する物上保

証などがある。人的保証と物的保証を比較すると，物的保証の方が確実性は高いが，抵当権の設定手続には時間と労力，経費がかかるなどの短所もあり，また，債務者によっては適当な担保物を提供できない場合も少なくない。この両者の短所を補い，長所を活かした制度が機関保証である。機関保証とは，専門的に信用保証業務を営む機関や企業が，債務者の委託を受け，一定の保証料を徴して（有償で），金融機関からの借入等に際し保証人となり，債務者の債務不履行等の保証事故が発生した時は，債務者に代わって弁済を行うことにより，金融機関の迅速かつ確実な債権回収を可能とする制度である。代表的なものとして信用保証協会があり，同協会は中小企業金融の円滑化をはかるための特殊法人であって，協会が中小企業の保証人となることによって低利の借入が可能となり，その対価として協会は保証料を徴収する。保証事故の発生に備えて，中小企業信用保険公庫は協会との間で信用保険事業を実施しており，公庫は協会を支援する体制を整えている。信用保証協会以外にも，例えば，マンションの青写真売買の際に買主が支払った前渡金の返還請求権の履行を保証する東日本前金保証株式会社等多数の信用保証機関が存在する。

(2) 保険との違い

保証と保険は，ともに将来における損害の発生を予想して，これに対処しようとする制度ではあるが，以下の点で本質的に異なる。

保証が，保証事故，すなわち主債務者の債務不履行が発生しないことを建前とする制度であるのに対し，保険は，必ず一定割合で保険事故が発生することを前提とする制度である。保険では，保険期間が経過すれば保険者の責任は消滅するのに対し，保証の場合は，保証期間が経過しても主債務者の弁済が完了しない限り，保証人の責任は消滅しない。民法上，保証料は無償であることが原則とされているのに対し，保険料の支払のない保険はありえない。また，保証料が支払われる場合でも，その保証料は保証債務の金額や保証事故発生の蓋然性に対応するものとはされないのを通例とする。保険は，「大数の法則」の適用が可能な保険団体（同質的な経済上の危険にさらされている多数の人々の集合）の存在を前提とする制度であるのに対し，保証は，1件だけ，

かつ，孤立してでも行うことができる。

(3) 機関保証

　上述したように，保証と保険の間には本質的な差異が存在するが，その接点ともいうべきものとして，機関保証がある。例えば，信用保証協会の行う事業（信用保証）は，多数の中小企業者を対象とする集団的・組織的な保証制度であり，信用保証協会と中小企業者との間の保証委託契約，協会と金融機関との間の保証契約の2つをセットとして把握すれば，損害保険会社の販売している信用保険契約や保証保険契約に類似する。さらに，協会の保証債務の履行により被る損害をてん補するための中小企業信用保険公庫の信用保険制度は，上述した保証契約の再保険的機能を果しており，これらの全体像からみると，協会の保証は保険制度的色彩が濃いものということができる。

6　共済制度

　その団体構成員が火災，死亡，傷害，交通事故などの一定の事故に遭遇したときにあらかじめ定められたある種の給付を行うことを目的として，多数人が団体的に結合して拠出を行う制度として，各種の共済制度がある。これらの共済団体の中には，扱う共済の種類（例えば，自賠責共済も扱っている）や，全国規模のネットワーク，団体の資産規模，加入者数等の点からみて，実質的には「保険」と見ることができ，保険市場で保険会社と競争できる実力を十分に備えている JA 共済（全共連＝全国農業協同組合連合会）や，全労済（全国労働者共済）等の大規模共済も存在する。

　これらの制度が実質的に「保険」に該当するか否かの一応の判断基準としては，(ア)その制度の目的ないし機能として，経済生活の不安定の除去・軽減が主たる目的とされているか否か，(イ)加入者の拠出する金額が，いわゆる「給付反対給付均等の原則」にしたがって合理的かつ公正に定められているか否か，(ウ)大数の法則を合理的に利用できる程度に広域的に加入者を集めることのできる仕組みになっているか否か，の諸要素があげられていた。

　この基準によれば，JA 共済は明らかに実質的な「保険」に該当するが，反面，加入者が 100 人程度で加入資格も限定され，拠出額も年齢にかかわらず

一律月額 100 円で，給付額も入院見舞金 2 万円，定年退職祝い金 10 万円程度の給付を行う「早稲田大学法学部教員互助会」の事業が，「保険」に該当しないことは当然である。ところが，両者を両極とすればその中間の幅はかなり広く，これらの諸要素の有無は程度問題であり，それだけでは決め手とはならない場合が多いので，これらの諸要素を総合的に検討して判断するほかはなかった[3]。

しかし，保険法が制定され，「保険契約，共済契約その他いかなる名称であるかを問わず，当事者の一方が一定の事由が生じたことを条件として財産上の給付（……〔略〕……）を行うことを約し，相手方がこれに対して当該一定の事由の発生の可能性に応じたものとして保険料（共済掛金を含む。……）を支払うことを約する契約」（保 2 ①）であれば，保険契約として保険法の適用を受けることになった。保険法の定義規定によれば，保険事故発生の可能性と無関係に拠出金を支払う慶弔見舞金は保険法上「保険契約」に該当しない。

Ⅲ　保険の種類

1　私営保険と公営保険

個人・組合・株式会社・相互会社等の私人又は私法人によって経営される保険を私営保険といい，国や都道府県・市町村等の公法人によって経営される保険を公営保険という。これは保険事業の主体による分類である。

公保険は，国が公共の利益をはかる政策を実現するための 1 方法として保険のシステムを利用するもので，社会保険等の社会政策的色彩の濃厚なものと，産業の保護助成のための経済政策的目的に基づくものとがある。今日わが国において行われている社会政策的なものとしては，社会保障制度の一環を担う健康保険・国民健康保険・厚生年金保険・船員保険・労働者災害補償保険（労災保険）・雇用保険と簡易生命保険があり，経済政策的なものとしては，輸出振興のための各種の輸出保険，中小企業の金融難を緩和するための中小企業信用保険，森林火災国営保険，農業共済相互保険・漁船保険の再保

---

[3]　大森・保険法 6 頁。

険等をあげることができる。

公営保険には，直接国その他の公法人が経営にあたらず，他の機関にこれを委ねる場合がある。例えば，健康保険法により健康保険組合の運営する健康保険，又は，農業災害補償法に基き農業共済組合連合会の運営する農業共済相互保険等がこの例である。公営保険は次に述べる公保険であるのが通例であるし，私営保険は私保険であるのが通例である。ただ，自賠責保険は，私営保険でありながら公保険である点には注意を要する。

2 公保険と私保険

公保険とは，国又は地方公共団体が実現しようとする政策の手段として用いられているものをいう。例えば，自賠責保険は，自賠法1条に定める，人身損害賠償保障制度を確立することにより「被害者の保護」と「自動車運送の健全な発展」という政策の実現手段として創設されたものであるから，公保険の一種である。また，地震保険も，地震保険に関する法律1条に定める「地震保険の普及を図り，もって地震等による被災者の生活の安定に寄与すること」を目的とすることから，公保険の1種と考えられる。このように，公保険は政策保険ともいわれる。そのほか，公保険の典型として，社会保険と経済政策保険とがある。社会保険は，社会政策的見地から実施される健康保険，国民健康保険，厚生年金保険，労災保険及び雇用保険等がある。経済政策保険には，産業の保護・育成を目的として経済政策的見地から行われる農業保険，漁業保険，漁船保険及び貿易保険等がある。産業政策保険は産業保険とも称される。

3 任意保険と義務保険

任意保険 (assurances facultatives) は，保険の加入・非加入を個人の自由意思に委ねるものであり，これに対して，義務保険 (assurances obligatoires) は，国や公共団体が一定の条件をそなえる者に対し保険加入の義務を課しているものである。前者は契約保険ともいわれ私営保険の大部分はこれに属するが，公営保険の大部分は後者に属する。なぜならば，公営保険は主として社会政策的目的で創設されることが多いから，その実効をあげるためには，被保

険者たる資格を有する者のすべてを，保険に加入させることが必要だからである。健康保険などの社会保険のほか，被害者保護が強く要請される自動車事故による人身損害の補償を目的とする自動車損害賠償責任保険（自賠責保険）・共済（自賠5）や，原子力災害の補償を目的とする原子力損害賠償責任保険などは特に義務保険とされている（原賠6，71）。

　なお，世間では一般に，その加入が強制されていることに着目して，自賠責保険を義務保険ではなく「強制保険」と呼ぶ場合が多い。しかし強制保険（Zwangsversicherung）とは，法定の例外の場合を除き労働者を使用するすべて事業を適用対象とし（労災3Ⅰ），加入の申込の有無にかかわらず，その事業が開始された日にその事業に労災保険に係る労働保険の保険関係が自動的に成立し，事業主に保険料支払義務の生じる（労保徴3・10以下）労働者災害補償保険等を指すと解する説が有力である。これに対し，自賠責保険では自動車保有者等の保険契約の申込みにより初めて保険関係が成立するわけであり，「義務保険」のほうが実態に即した呼び名であると思う。

4　営利保険と相互保険

　私営保険は保険経営の主義により，営利のために保険を営む営利保険（株式会社組織による保険＝保険9～17の7，保業令3，4，保業規15～19の4）と，加入者相互の保険を目的とする非営利目的の相互保険（相互会社組織による保険＝保業19～97，保業令5～10の3，保業規20～46の3）とに分類することができる。営利保険は，企業者たる保険者が保険の募集を行い，保険の引受けを営業とするものであって（商502⑨），保険団体の形成とこれによる危険の分散とが，保険契約者とは別な経済主体である保険者の計算と責任において行われるものである。これに対して相互保険は，保険に加入する者の構成する保険団体自身が企業主体であって，保険契約者は一方においては保険者の相手方であると同時に，他方において保険者たる相互会社の構成員（社員）となるものであり，保険事業から生じる損益は，結局はその社員たる保険契約者の計算に帰属するものである。健康保険組合は私営保険ではないが，公法上の相互保険組織である。

　上述のごとく，営利保険が純債権的・個人法的法律関係であるのに対して，

相互保険は社団法人とその社員との関係を伴うものであるから（ただし，保険業法63条は，「剰余金の分配のない保険契約」について，当該保険契約に係る保険契約者を社員としない旨を定款で定めることができるとして，例外的に「非社員契約」の存在を認めている＜保業63Ⅰ，保業規33＞），その法的性質はかなり異なるが，経済的作用の面から考察すれば両者はほとんど変らない。なお，営利保険の保険者が保険契約者に対して利益配当を行う仕組を混合保険組織というが，これは相互保険の長所を営利保険にとり入れたものである。

現在は，大手の生命保険企業は相互会社組織をとっているものが多いが，近時新設された損保子会社や外資系生命保険企業は，すべて株式会社組織を採用している[4]。これに対し，現在，損害保険事業はすべて株式会社形態で運営されている。

5　人保険と物保険

保険事故発生の客体となるものを標準として，物保険と人保険に分れる。人保険には生命保険・傷害保険・疾病保険・介護保険等があり，物保険に属するものとしては火災保険・運送保険・海上保険・盗難保険等をあげることができる。ところで，以上の人・物両保険のいずれにも属さない保険がある。すなわち責任保険・再保険等で，これは間接には一定の物又は人に関する損害を保険事故とするものではあるが，直接の保険事故は被保険者が法律上又は契約上の責任を負担したことであり，加入者の全財産の上にある種の負担が加わったことである。これを財産保険という場合もある。例えば，債務者の不履行により債権者が損害を被った場合に保険金を支払う信用保険や，各種の保証保険，原子力第三者賠償責任保険等がこれに属する。物保険と責任保険をあわせて財産保険（加入者の財産について生じる事故を保険事故とするもの）という場合もある。

6　損害（不定額）保険と定額保険

保険は，保険事故発生に際して支払われる保険金の額の決定方法を標準として，損害保険（不定額保険）と定額保険に分けられる。講学上，損害保険とは，保険事故発生の場合に支払うべき最高額のみを定め，保険金の支払額は

16 序章

実際の損害額に応じて決定されるものをいい，物保険及び責任保険等の財産保険は原則として損害保険である。これに対し，講学上，定額保険とは，保険事故発生の際に実損害の発生の有無又はその額の如何にかかわらず，保険契約の締結の際に約定された一定額を支払う保険をいい，人保険の多くはこ

---

4 ところで，かつて生命保険業界の動きとして，相互会社という会社形態を見直し，株式会社に転換（組織変更）する検討が活発化した。相互会社が株式会社へ転換するには，社員総会又は総代会において，保険業法 86 条に基づき，相互会社から株式会社への組織変更決議を行い，保険業法 87 条に基づき組織変更計画の内容に関する書類等を備置き，同法 82 条に基づき「公告」する必要がある。生命保険会社では，太陽生命（2003 年〔平成 15 年〕4 月 1 日に移行）及び第一生命（2010 年〔平成 22 年〕4 月 1 日に移行）等数社が相互会社形態から株式会社形態へ組織変更した。その直接の動機は，保有株式や不動産の減価による財務体質の悪化対策として，より有利な方法による外部資金調達の途を求めることにあるが（相互会社では，資金調達はコストの高い保険料収入や劣後ローンに頼らなければならないが，株式会社であれば株式＜優先株＞，転換社債，新株引受権付社債，CP 等多様な手段が利用できる），2001 年（平成 13 年）をメドに本格化する銀行・証券・保険等相互参入にそなえ，持株会社による異業態間でのグループ化戦略や，外資との資本提携をも視野に入れた動きであった（1998 年〔平成 10 年〕7 月 17 日・24 日付日経朝刊参照）。

相互会社の株式会社への組織変更の方法については，保険業法に規定が設けられているが（保業 85～96 の 16，保業令 12 の 5～8，保業規 41 の 4～46 の 3），その実施にあたっては，多くの検討課題があった。例えば，(ア)契約者がそのまま株主になるとすると，最大の日本生命では 1,800 万人となり，現在最も株主数の多い NTT の 14 倍を超えることになり，もし全員に 1 株を割り当てると株主総会の運営（招集や定足数の充足等），株主管理に困難が生じる。(イ)会社法制定以前は，株式会社設立時の 1 株の最低発行価額は 5 万円（額面株・無額面株とも—会社法制定により額面株式は廃止された）であったため，全契約者に 1 株を割り当てるとすれば日本生命で 1 兆円近い資本が必要だが，大部分の契約者は株主総会で議決権を持たない「端株」主になってしまうことが懸念され，大株主がいない状態になる（1 株に満たない端数に係る部分につき新たに発行する株式を売却に関しては，保業 86 Ⅳ⑨・96 の 7 ④，保業規 41 の 4 参照）。③株式の割当ては，社員の寄与分（カッコ内省略）に応じて，しなければならない（保業 90 Ⅱ，保業規 44），とされており，一応の計算基礎は与えられているものの，現実には各契約者が満足するような株式の割り当てを行うことは難しい等の問題点があった。

株式会社への転換は，三井生命，安田生命でその実現に向けて検討がなされた（1998 年〔平成 10 年〕7 月 17 日付日経新聞朝刊参照）。その後，三井生命は，2004 年（平成 16 年）4 月 1 日に株式会社化され，安田生命は，同年 1 月 1 日に，明治生命と合併し，明治安田生命保険相互会社が発足したが，その後も，株式会社化に向けて検討が継続されているようである。

大同生命は各社に先駆け，2001 年（平成 13 年）7 月 12 日開催の定時総代会において，保険業法 86 条に基づき，2002 年（平成 14 年）4 月 1 日付の相互会社から株式会社への組織変更決議を行い，保険業法 87 条に基づく「組織変更の公告計画に関する書面等の備え置き等」を行い，同法 82 条に基づき「公告」を行った（2001 年〔平成 13 年〕7 月 13 日付日経新聞朝刊参照）。

れに属する。しかし人保険の場合でも海外旅行傷害保険のように，被った傷害によって生じた死亡又は後遺障害については定額又は準定額（死亡保険金額のX%）の給付を行うとともに，傷害の治療については治療費用を支払う（つまり不定額給付を行う）保険も存在する。

7　損害保険と生命保険

改正前商法は，保険を損害保険と生命保険に2大別し，保険業法も損害保険と生命保険の兼営を禁止（保業3Ⅲ）することにより，大筋ではこの分類にしたがっている。損害保険とは，「一定の偶然の事故によって生ずることのある損害をてん補すること」（保2⑥）を目的とする保険をいい，生命保険は人の生存又は死亡に関し「一定の保険給付を行うこと」（保2⑧）を目的とする保険である。

損害保険について，改正前商法は火災保険・運送保険・海上保険の3種のみについて規定をしているにすぎないが，時代の変遷や実際上の必要性から，自動車保険，航空保険，盗難保険，動物保険，原子力保険や各種の責任保険，費用保険などの多数の新種保険の発生をみており，一方，生命保険にも死亡保険・生存保険・生死混合保険（養老保険）の3種がある。

この損害保険・生命保険の分類もまた完全なものではない。契約的規律を定める保険法は，契約的視点から，支払われるべき保険金の額の算定方法が，定額給付方式であれば，傷害疾病定額保険契約と定め（保2⑨），損害てん補方式であれば，損害保険契約の一種である傷害疾病損害保険契約と定めた（保2⑦）。しかし，法理論上，傷害保険や疾病保険は，人の生死が保険事故ではないからから生命保険と異なる。また，傷害保険や疾病保険の契約当事者は，約款作成の際には，支払われるべき保険金の額の定め方を定額給付方式か，不定額給付方式（損害てん補型又は中間型）かのいずれかを自由に選択することができる。傷害疾病保険契約の本質は，保険法上生命保険にも損害保険にも属さないという無名保険契約（「第3種の保険契約」）というべきであって，支払われるべき保険金の額の算定方式か定額給付方式か不定額給付方式かは次の段階での分類の結果である（本書271頁以下参照）。

8　陸上保険・海上保険・航空保険

　陸上保険とは陸上の各種の保険の総称であり，海上保険とは，船舶を用いて行われる海上企業の運営に際し，その用具である船舶や積荷について，航海に関する事故によって生じる損害に関する保険をいう。この場合における「海上」とは，運送の場合における海上・陸上の区別と同様に（商569），内水（平水）すなわち湖川・港湾等を含まないので，内水航路専用の船舶や積荷は陸上保険の対象とされるが，他方，場合によっては倉庫に陸揚げされた積荷の火災が海上保険の保険事故となることもある。航空保険には，運送用具たる航空機の機体保険やその行方不明等の場合の捜索救難保険，航空運送中の事故による乗客の死傷についての乗客賠償責任保険，航空機の墜落等により地上第三者に生じる人的・物的損害の賠償責任を担保する責任保険等があるが，これに特有な法規をそなえている国は少く，わが国もこの領域における立法をもたない。

　陸上保険，海上保険及び航空保険とは，保険される危険の性質その他の点でかなり異なる面をそなえているため，その法的規制や約款の解釈等において，必ずしも同一の原則を適用するのが適当でない場合が少くない。陸上保険は，主として一般大衆をその対象としている結果，公共性が強く主張され，また経済的優者である保険者に対し保険契約者を保護する必要がある。これに対し，海上保険及び航空保険の保険契約者はほとんど企業であり，保険に関する知識経験の豊かな者を対象とするため，このような配慮を要しないといえよう。

9　個別保険と集合保険

　個別保険とは，保険の目的たる人又は物のそれぞれについて1個の保険契約が存する場合であって，単一保険ともいい，特定の1人を被保険者とする生命保険，特定の1家屋を保険物件とする火災保険等がこれにあたる。集合保険とは，1個の保険契約によって，多数の人又は物の集団に対し保険を付する場合であって，1家屋内に存在する動産全部を目的とする動産火災保険，1事業場の全従業員を被保険者とする団体傷害保険等はその典型的なものである。生命保険の団体扱いのように，保険料徴収の際には集団として扱うが，

保険契約は個々の被保険者ごとに締結するものは集合保険ではない。

10 特定保険と総括保険

特定保険とは，特定の人又は物を目的とする保険をいう。これに対し，総括保険とは，保険の目的の範囲だけを定め，一定の枠内で内容の変動する多数の人又は物の集団を包括的に1個の保険契約の対象とするもので，概定保険ともいわれる。

上記の集合保険との相違点は，集団を構成する内容の交替性の有無による。例えば，1倉庫内の特定の受寄物全体を保険の目的とする1個の火災保険は集合保険であるが，倉庫業者が特定倉庫に出入するであろう受寄物全体についてあらかじめ概括的に火災保険契約を締結し，各受寄物の倉庫寄託ごとに保険の目的が特定する在庫品保険は総括保険である。このほか，特定の事業場に勤務する場合には当然に被保険者となり，その事業場を退職すれば自動的に被保険者でなくなるような共通団体傷害保険，海上運送人が今後一定期間内（契約の終期は確定していなくともよい）に自己が運送するであろう積荷について，目的物の特定を条件としてあらかじめ概括的に1個の貨物海上保険契約を締結する継続的予定保険等がこれに属する。

11 元受保険と再保険

元受保険とは，被保険者又は保険金受取人に対し保険事故発生の際に保険金給付の責任を1次的に負担すべき保険をいい，再保険とは，1次の保険金給付義務の発生により保険者の被る損害の全部又は一部を他の保険者に保険することをいう。再保険には，元受保険者が引受けた個々の危険について付保する個別再保険と，元受保険者が引受けたある種の危険を一括して付保する包括的再保険とがある。

再保険は，経済的には元受保険の保険者が引き受ける危険を再保険者に分担させるのと同じ作用を営むが，法的には元受保険とは別個独立の保険であり，元受保険が損害保険であるときはもとより，生命保険である場合であっても，再保険は1種の責任保険であり，したがって損害保険である。

ただし，実際上の取扱いにおいては，生命保険の再保険には，危険の同質

性に鑑み,生命保険の規定が損害保険総則を排除して適用される場合がある。保険業法は,同一保険会社が損害保険と生命保険を兼営することを禁止しているが(保業3Ⅲ),生命保険会社に生命保険の再保険経営を認めている(保業3Ⅳ③)。

12 企業保険と家計保険

企業保険とは,主として企業者の企業経済生活の不安定を除去・軽減するために利用される保険で,保険料が企業収入によって負担されるものであり,海上保険・運送保険,工場や機械の火災保険等が主要なものである。家計保険[5]とは,主として非企業者が家計経済生活の不安定を除去・軽減するために利用する保険をいい,一旦家計に入った所得から保険料が負担されるものであり,普通の生命保険,住宅や家財の火災保険等がこれに属する。

企業保険の利用者が企業者であって,保険に関する知識経験が豊富であるのに反して,家計保険の利用者は一般大衆であるという点において,保険契約者の保護その他の法的規制に際して若干の異なる取扱いが必要とされよう。

---

[5] 保険加入者が個人ないし保険者である保険は,消費者保険と呼ぶのが適当であろうとする見解がある。山下(友)・保険法43頁。

第1章　保険法総説

Ⅰ　保険法の意義及び内容

1　保険法の意義

保険法（平成20年6月6日法律第56号）とは，2008年（平成20年）に成立し2010年（平成22年）4月1日に施行された，保険に係わる契約の成立，効力，履行及び終了について，一般的に定める法律の名称である。保険法とは，広義には，保険企業に特有な生活関係に適用されるべき法の総称であるが，保険法が対象とするのは，保険企業取引，すなわち保険契約に関する特有の法規のみであり，いわゆる保険契約法とよばれるものであって，一般に，これを狭義の保険法と呼ぶ。

しかし，現代の商法が実定法としての商法典にとらわれることなく，実質的には企業に特有な生活関係を対象とする私法であり，企業の生成発展と消滅，その活動の規律，企業の有すべき人的・物的組織，企業目的達成のための手段方法を規制する法であると定義される以上，広義の保険法もまた企業法として，保険契約法のみでなく，保険企業の運営に関する公的な監督・取締法及び保険企業の組織法を包摂した1個の完結した体系として把握すべきであろう。

もっとも，公保険制度は，社会保障又は国民経済的見地から行われる政策遂行の手段として位置づけられるから，これに関する法則は私保険制度に関する法則とは多くの点で著しく異なる性格を帯びることは当然であり（例えば，社会保険に属する健康保険においては，私保険における基本原則の1つである「給付反対給付均等の原則」の適用が排除されている），この種の保険は企業法とは別個の領域に属するものとして，これを除外して考察する必要がある。

2 保険法上の典型保険契約

保険法では，まず，保険契約が定義されている。すなわち，保険契約とは，「保険契約，共済契約その他いかなる名称であるかを問わず，当事者の一方が一定の事由が生じたことを条件として財産上の給付（……）を行うことを約し，相手方がこれに対して当該一定の事由の発生の可能性に応じたものとして保険料（……）を支払うことを約する契約」（2①）と定められた。保険法の立法担当者は，保険契約は損害保険契約の定義と生命保険契約の定義を併記して定義するほかないという二元説に依拠せず，保険事故発生の可能性と保険料との間に一定の関連性があることが保険契約の本質的要請であるという立場に立つと考えられる[1]。

次に，保険法上3つの保険契約が典型として定義された。すなわち，損害保険契約，生命保険契約及び傷害疾病定額保険契約である。損害保険契約とは，「保険契約のうち，保険者が一定の偶然の事故によって生ずることのある損害をてん補することを約するもの」（2⑥）と定められ，生命保険契約とは，「保険契約のうち，保険者が人の生存又は死亡に関し一定の保険給付を行うことを約するもの」（2⑧）と定められた。傷害疾病定額保険契約とは，「保険契約のうち，保険者が人の傷害疾病に基づき一定の保険給付を行うことを約するもの」（2⑨）と定義されたのである。これらが保険法上の典型保険契約である（これらの定義規定（保2⑥⑧⑨）には「保険契約のうち」と明記されている）。保険法上，傷害疾病損害保険契約も「損害保険契約のうち，保険者が人の傷害疾病によって生ずることのある損害（……）をてん補することを約するもの」（2⑦）と定義されたが，これは確かに損害保険契約の中の典型契約の1つであるが，典型保険契約ではなく，損害保険契約の1種と位置づけられている（保険法2条7号にいう「損害保険契約のうち」）。

---

[1] 萩本修編著・保険法29頁。共済契約の中には，危険の測定やそれに応じた保険料の算定をせずに，団体の構成員から一律の低額費用を徴収し，それを原資として構成員に慶弔見舞金を支払うものがあるが，これは「保険契約」に該当せず，保険法は適用されない。また，「一定の事由の発生の可能性に応じたものとして」保険料を支払わない公保険にも保険法は適用されない。萩本編著・保険法29頁～30頁。

3　広義の保険法の内容

(1)　保険監督法

保険業の公共性に鑑み，保険業を行う者（保険企業，生命保険募集人，損害保険募集人，保険仲立人等）の業務の健全かつ適切な運営及び保険募集の公正を確保することにより，保険契約者等の保護を図り，もって国民生活の安定及び国民経済の健全な発展に資することを目的として，保険業法（平成7年法律第105号）が1995年（平成7年）に全面改正され，1996年（平成8年）4月1日から施行されたが，その後数回にわたって改正され今日に至っている。

保険業法は，同法によって廃止された「旧保険業法」「外国保険事業者に関する法律」及び「保険募集の取締に関する法律」の適用対象をすべて包含する，私保険事業に関する監督の基本法である。その内容は，広汎で，第1編総則，第2編保険会社等の通則，保険業を営む株式会社・相互会社，業務，子会社等，経理，監督，保険契約の移転，事業の譲渡又は譲受け並びに業務及び財産の管理の委託，解散・合併・会社分割及び清算，外国保険業者，保険契約者等の保護のための特別の措置等，株主，少額短期保険業者の特例，第3編保険募集の通則，保険募集人及び所属保険会社等，保険仲立人，業務，監督，第4編指定紛争解決機関の通則，業務，監督，第5編雑則，第6編罰則，第7編没収に関する手続等の特例の合計340条にも及ぶ大法典である。これに，詳細な施行令及び施行規則が付されている。

なお，損害保険業界に参考となる保険料率に関するデータを提供する損害保険料率算出団体の業務の適正な運営を確保させ，これにより損害保険業の健全な発達を図り保険契約者等の利益を保護することを目的とする「損害保険料率算出団体に関する法律」が定められている（料団1）。

このほか，やや異色なものとして，新潟大地震の災害を教訓として生まれた，保険会社が負担する地震保険責任を政府が再保険することにより，地震保険の普及を図り，もって地震等による被災者の生活の安定に寄与することを目的とする「地震保険に関する法律」がある（地震保険1）。

(2)　保険組織法

保険組織法は，私営保険業の主体である企業の組織に関する法であって，

24 第1章 保険法総説

株式会社に関する会社法及び保険業法の一部及びその施行令・施行規則がこれに相当する。営利保険事業は株式会社のみがこれを営むことができるが，保険株式会社も会社法上の株式会社であり，したがって，会社としての組織・運営については会社法及びその施行令・施行規則の適用を受けるのは当然である。しかし，保険事業を営む点で特別の法規制を必要とする問題があり，これについては保険業法（保業9～17の7）に会社法の一般原則に対する例外規定が定められている。

その主要なものは，基準株主の行使し得る権利の対象期間の一部伸長（保業11），取締役等の資格等制限の拡張等（保業12），株主総会参考書類及び議決権行使書面に関する法令の読み替え（保業13），株主等の会計帳簿閲覧請求権の排除（保業14），準備金の積み立て金額と積立率の加重（保業15），資本金等の減少手続の厳格化（保業16～17），資本金等の額の減少の効力発生時（保業17の2），登記に関する特例（保業17の3），資本金等の額の減少に関する書面等の備置き及び閲覧等（保業17の4），資本金等の額の減少についての債権者の異議の適用除外（保業17の5），株主に対する剰余金の配当の制限等（保業17の6），設立の登記に係わる追加的登記事項（保業17の7）である。

相互保険事業を営む相互会社は，会社法上の会社に属さない非営利法人であるので，保険業法21条及び各条の明文規定により会社法が準用される場合を除き，会社法の適用がなく，その組織及び運営については，もっぱら保険業法18条ないし67の2条において網羅的に規定されている。

その内容は，通則，設立，社員の権利義務，機関（社員総会，総代会，社員総会及び総代会以外の機関の設置等，取締役及び取締役会，会計参与，監査役及び監査役会，会計監査人，監査等委員会，指名委員会及び執行役，役員等の損害賠償責任），相互会社の計算等，基金の募集，相互会社の社債を引き受ける者の募集，定款の変更，事業の譲渡等及び雑則である。

上記のほか，保険株式会社と保険相互会社との相互の組織変更に関する特別規定が設けられている（保業68～96の16）。

(3) **保険契約法**

営利保険においては，保険者は営利を目的とする株式会社であって，商人

である。保険者と保険契約者の保険関係は債権契約関係であって，これを保険契約といい，これを規律する法が保険契約法である。営利保険の引受けは，保険者にとって商法502条9号の定める「営業的商行為」となる行為であり，したがって，保険契約法は商法の1分野を構成するものである。保険契約に関する法律レベルの規定としては，(ア)保険法に1条〜96条までが，(イ)同第4編海商第6章保険の項に同815条〜841条の2が設けられているほか，適用範囲が限定されているものではあるが，(ウ)自動車損害賠償保障法第3章自動車損害賠償責任保険及び自動車損害賠償責任共済の第2節自動車損害賠償責任保険契約及び自動車損害賠償責任共済契約の項において11条〜23条の3までが，(エ)原子力損害の賠償に関する法律第3章損害賠償措置の第2節原子力損害賠償責任保険契約の項において8条，9条の2までがそれぞれ定められている。

　相互会社の営む相互保険における相互会社と保険加入者との関係は，営利保険契約に見られるような個人法的な債権契約関係ではなく，社員相互の保険を目的とする非営利団体とその社員との間の団体法的な社員関係の1面である。したがって，相互保険契約は営業的商行為ではなく，これについては商法の保険契約に関する規定は当然には適用されないが，これらの規定は私営保険に関して普遍性を有するので，相互保険の性質上それが許されない場合を除いて，すべて相互保険関係にも準用すべきものとされていた（商664）。商法664条は廃止されたが，保険法2条1号に「保険契約」の定義規定が設けられたことによって，相互保険契約も「保険契約」に該当するので，保険法の規定が適用される。

　本書では，保険契約法に重点をおいて述べることとし，必要に応じて保険監督法及び保険組織法にふれることにする。

4　保険契約法の法的性質

　保険契約法は保険を業とする企業に関する法として，企業法であることはいうまでもない。保険契約は条文の形式的地位からしても商行為の一部を構成しているとともに，保険事業は企業者たる保険者の側からみれば，経済生活の安全保障という1つの商取引を目的とする営業的商行為であり，また企

業保険の場合には保険契約者の側からも附属的商行為となるので，商行為た
る性質をも有するといえよう。さらに，保険契約を法律行為の1つとして把
握するときは，有償・双務的な債権契約であって，保険契約法は民法上の債
権契約の特則をなす債権法である。

　しかし，上述したような保険契約法の法的性質の指摘だけでは，経済上の
制度としての保険を十分に理解することはできない。保険を経済的側面から
考察するならば，共通の経済上の危険にさらされている多数の人による，間
接的（営利保険）又は直接的（相互保険）な保険団体の構成が，保険制度を成り
立たせる不可欠の前提条件なのであるが，保険契約法は，保険契約の当事者
及び関係者間の関係を債権的法律関係として孤立的なものとして把えている
にすぎず，経済的側面についての考慮は，まったく学説に委ねている。保険
契約法の一面性とはこのような事情を指摘するものである。

II　保険契約法の法源

1　法源適用の順序と範囲

　保険契約法は保険法に属するから，商法一般に共通する順序で法源を適用
する。すなわち，保険法，商法，商慣習法及び民法の順序である（商1I・II）。
もちろん，特別法があるときは一般法に優先し（例えば，告知義務違反による契約
解除の効力に関する自賠法20条と保険法4条との関係を見よ），また，（片面的）強行規
定や公序良俗に反しない限り，当事者自治（私法自治）の原則が尊重され，契
約を通じて表明された当事者の意思にしたがうものである。

　保険法制定前は，保険契約に関する商法の規定は条文数が少ないだけでは
なく，時代離れしていて，保険契約者等の要請に応じ切れない状況にあった。
商法は，損害保険総則のほか，火災・運送・生命及び海上の4種の保険契約
について規定を設けているにすぎなかったので，これら以外の自動車保険契
約，動産総合保険契約，盗難保険契約，各種の責任保険契約，傷害保険契約，
疾病保険契約，介護保険契約等の新種保険に対する商法の規定の適用が問題
となった。一応の指針としては，火災・運送・海上保険以外の損害保険契約
は，原則として，まず，普通保険約款の規定が適用され，約款に定めのない

場合には損害保険総則の規定を適用することになるとされた。商法に傷害保険契約や疾病保険契約の規定は定められていなかったので，普通保険約款に規定のないときは，事柄の性質に応じて生命保険及び損害保険総則の規定を類推適用すべきとされた。今日，保険契約一般を規律する保険法が制定され，傷害疾病保険契約についても規律され，これらの問題はおよそ解決されるに至った。

2 各種の法源

(1) 制定法

保険契約法の法源として，最も重要かつ基本的なものは，いうまでもなく保険法の諸規定，すなわち形式的意義における保険法である。

保険法が制定された意義は，次のとおりである[2]。

(ア)現代的な保険取引に適合した規律の整備

商法に規定されていない傷害疾病保険契約の新たな契約類型としての規定を新設する。超過保険及び重複保険への合理的なニーズに対する柔軟的対応を可能とする。

(イ)保険契約者保護の強化

告知義務に関する合理化等保険契約者の保護のための規定を整備する。

(ウ)片面的強行規定の導入

保険契約者保護の必要性が高い規定は，保険契約者側に不利な内容の合意をしても無効とする片面的強行規定を導入する。

(エ)保険契約当事者以外の第三者との法律関係の規定の整備

責任保険契約の被害者は保険契約外の第三者であるが，この被害者の加害者に対する保険金請求権に特別先取特権を付与し優先的な弁済を受けることを可能にする規定を整備する。

(オ)保険契約と共済契約の一元的な規律

保険契約か共済契約化の形式的名称を問わず，その実質が保険を契約で行うものであれば，一元的に保険法を適用できるようにし，保険契約者を保護

---

[2] 2008年（平成20年）4月22日開催の衆議院法務委員会における山下友信参考人（保険法部会長）答弁。福田＝古笛編・保険法2頁〜7頁〔福田＝古笛執筆〕。

28 第1章 保険法総説

する。

(2) 不文法

　保険契約法においても，慣習法は重要な法源であって，商法典その他の制定法令に対する補充的効力のみならず，任意規定に対する保険慣習法の変更力を認めることができる。

　判例法もまた，これを保険契約法の法源と解するのが妥当である。特に，各種の普通保険約款の規定の解釈については，多数の裁判例が集積されており，立法作業の遅れているこの分野では，制定法に代わる裁判所による司法的規制の果たす役割は極めて大きい。かつては，保険契約に関する裁判例といえば，生命保険の告知義務に関する事件を扱ったものが注目を浴びていたが，現在では，損害保険契約・生命保険契約のいずれを問わず，興味深い裁判例が判例集に溢れている状況である。

　例えば，総論部分では，大幅な超過保険の場合につき，保険契約者に保険金不正利得の目的を推認し公序良俗に違反するとして契約の全部無効を認める判決[3]や，自動車追突事故による医療給付金請求事件につき，事故の整合性が説明できない点等を総合的に判断して保険契約者の故意による事故招致を推認し，保険者からの詐欺を理由とする解除を認める判決[4]等がある。各論部分では，自動車保険契約，責任保険契約（特に医師賠償責任保険契約，学校賠償責任保険関係契約），傷害保険契約，生命保険契約関係では変額保険契約[5]や団体定期保険契約をめぐる理論的にも実務的にも重要な裁判例が目立っている。

(3) 普通保険約款

　保険法施行前の保険契約に関する商法の規定が，たんに条文数が少ないだけではなく，新しく生まれたリスクや予測を超えるトラブルに対応できないこと，保険に関する商法の規定のほとんどが任意規定であること等の理由から，今日の保険取引においては，普通保険約款が当事者の意思に基づいて保

---

[3]　名古屋地判平 9・3・26 判時 1609・144。

[4]　東京地判平 7・9・18 判タ 907・264。

[5]　変額保険訴訟については，文研変額判例集 1 巻〜3 巻参照。

険契約の内容に取り入れられることにより規範性を持つに至っており，比喩的表現を用いることが許されれば，いわば1種の間接的な法源として，重要な役割を果たしてきた。このような普通保険約款の重要性は，保険法施行後においても，変わらないといえよう。

Ⅲ　普通保険約款

1　普通保険約款の意義

普通保険約款（conditions générales）とは，保険者が同一類型に属するすべての保険契約（例えば，住宅総合保険契約，自動車保険契約，生命保険契約及びガン保険契約）に共通な標準的事項をあらかじめ定めた，保険契約の内容をなす定型的な契約事項をいう。

保険契約の内容は，一定の条件を満たしている場合には，普通保険約款の条項によって定められることになる。したがって，通常の場合には，保険契約にはまず普通保険約款の条項が適用され，約款に規定のない問題についてのみ保険法の規定が補充的に適用されることになる。その意味で，普通保険約款が保険取引において有する支配力は極めて大きい。

個々の保険契約締結の際に，保険契約者の需要に応じて，普通保険約款の内容を変更し，又はこれに新たな約定を追加する条項を付加する場合がある。これを特約条項又は特別保険約款（conditions spcéiales）という。また，契約締結の際に保険契約申込書等をもって具体的に約定された事項（保険証券に記載すべき事項＜保業6Ⅰ・40Ⅰ・69Ⅰ＞や免責金額，特約条項の適用・不適用等）を，個別契約条項（conditions particuliéres）とよぶ場合がある。

2　普通保険約款の存在理由

保険契約を法的に見れば，保険者と保険契約者との間の孤立的な債権債務関係に過ぎないが，経済的には，保険事業を運営する企業としての保険者の立場からすれば，保険契約者はできる限り多数である必要がある。技術的見地からしても，大量の保険取引にかかわる事務を迅速に処理するためには，個々の契約の締結にあたり，それぞれの相手方（保険契約申込人）と契約内容の

細目にわたり個別的に協議することは，現実には不可能に近い。さらに，保険は共通の危険にさらされている多数人の集合（保険団体）の存在を前提とし，合理的な計算の基礎に立脚することを要するものであって，それを可能とするためには保険契約の内容が各契約者にとって共通に定められなければならず，この契約内容の定型化の要請が普通保険約款を生んだのである。

さらに，経済的に優越的地位にある保険者を監督し，経済力でも保険知識の面においても劣ることの多い保険契約者（特に家計保険における一般消費者）を保護するためには，国の後見的機能を適時かつ適切に発動する必要があるが，その手段として最も効果的な方法は，普通保険約款の使用を，内閣総理大臣の認可事項とすることである（保業4Ⅱ③）。そのためにも，普通保険約款はその存在意義があるといえよう。

3 普通保険約款の規範性とその根拠

(1) 法的拘束力とその根拠

保険契約法の法源としての制定法であった商法は，条文数も少なく，また商法制定当時（1899年＝明治32年）からの時代の変遷にともなって，新たに発生した危険に対処すべく開発された多種多様な新種保険数の増加に対応する改正も行われることなく，現代の保険実務に対する具体性を失いつつあったところ，普通保険約款が保険取引において事実上支配的な役割を果たしてきたが，保険法を制定し，保険契約を規律することとなった点は，すでに述べたとおりである。さらに，民法も改正され，「定型約款」（民548の2～548の4）に該当する普通保険約款は民法の規律を受け，普通保険約款の適正化が図られる。

ところで，普通保険約款の内容を構成している各条項が，契約当事者を拘束する法的拘束力（規範性）を有するか否か，またその根拠をどう理解するかの点については，鋭い見解の対立がある。すなわち，普通保険約款は保険者が作成するものであり，契約締結に際して契約当事者間に約款の内容を契約の内容とする旨の明示ないし黙示の合意があれば，それは契約の内容として契約当事者を拘束するが，しかし実際にはこのような具体的な合意が契約当事者間で行われることはまれであるからである（民548の2）。保険者は約款の

作成者であるから，約款をもって契約内容としようとする意思を有するものと考えてもさしつかえないが，保険契約者は必ずしも約款の内容を知っているわけではないし，また，これを契約内容とする意思を有すると考えることはできないからである（民548の3）。

他方，このような具体的合意がない限り，約款が契約当事者を拘束する効力を有しないと解することは，普通保険約款の使用を不可欠とする保険取引の現実に照し，可能な限り避けたいというのが保険者側の強い要請である。

①意思理論

もっとも当初は，保険契約についても，一般の契約と同様に，契約当事者（保険契約者）が約款の各条項を明らかに知り，これによることに異議がない場合に初めて保険約款が契約の内容として拘束力を生じるとする学説（意思理論）が有力であった[6]。しかし，この理論によるときは，約款の内容を保険契約者が知って契約を締結したことを保険者が証明しなければ，約款の拘束力を主張できなくなるおそれがある。このような結果は，あらかじめ契約締結前に，又は遅くとも締結時において，約款の提示も説明もなく保険契約の申込・承諾が行われていることの多い保険取引の実情にそぐわない。そこで，約款を利用して締結される大量的かつ非個性的な保険契約の効力を安定的なものにしたいという立場から，一応法律行為論に立脚しつつ反対の結論を導く理論（意思推定理論）が，判例によって展開されることになった。

②意思推定理論

リーデイング・ケースである大審院大正4年12月24日判決[7]は，外国保険会社との間で締結された火災保険契約の普通保険約款に挿入されていた森林火災免責条項の効力が争われた事案に関するものである。大審院は，「当事者双方が特に普通保険約款によらない旨の意思を表示しないで契約したときは，反証のない限りその約款による意思をもって契約したものと推定すべきである」旨を判示した。その意思推定の根拠としては，「その会社の普通保険約款による旨を記載した申込書に保険契約者が任意調印して申込をした」事

---

[6] 水口吉蔵・保険法論240頁（清水書店，1922年版），青谷衆司・保険契約法133頁以下（現代法学全集21巻・1929年版）。同旨・東京控判大4・3・17新聞1011・21。

[7] 大判大4・12・24民録21・2182。

32 第1章 保険法総説

実を挙げ、「たとえ契約の当時その約款の内容を知らなかったときでも、一応これによる意思をもって契約したものと推定するのが当然である」と結んだ。この判例の立場は、それ以後引き続き現在まで踏襲されている[8]。しかし、保険契約者の意思推定の根拠とされる「申込書への任意調印」や「普通保険約款の記載された保険証券の受領後11ヵ月間もなんら異議を述べなかった[9]」という事実は、極めて説得力に乏しいだけでなく、約款のある条項の不知又は約款による意思の不存在が証明されたときは、その拘束力が否定されるという危険性をはらんでいる。そこで学説は、法律行為論的構成を放棄して新しい理論構成に踏み切ることになる。

③自治法理論

この見解は、「社会あるところに法あり」という法諺を援用して、団体が自主的に制定する法規に法源性を認め、普通保険約款を会社の定款と同様な自治法として位置づけようとするものである[10]。すなわち、約款は「約款による契約」の前提要件である法規であり、約款によって取引が行われるその取引圏という部分社会における自治法である。自治法は、必ずしも法律上認められた団体の組織規制のみには限られない[11]。また、約款による取引が普遍的になっている現在においては、取引社会から企業又は第三者に自治法の制定が委ねられているとされる[12]。

しかし、普通保険約款は、経済的優位にある保険者によって一方的に作成されるものであり、取引の相手方である保険契約者の団体や消費者代表との協議を経て、又は少なくとも学識経験者などの中立的第三者機関の意見を容れて作成されるものでもないというその作成過程からみても（たとえ主務大臣である内閣総理大臣＜実質的には金融庁長官に委任されている。保業313Ⅰ＞の認可を受けるとしても）、会社の定款と比較すると自治法とはいいがたい。のみならず、

---

[8] 例えば、大審判大5・4・1大判民録22・748等多数。比較的新しい裁判例としては、東京地判昭48・12・25判タ307・244がある。

[9] 東京地判大13・5・31評論13商247。

[10] 田中耕太郎・改正商法総則概論193頁（有斐閣、1941年）、西原・商行為法52頁、服部榮三・商法総則〔3版〕30頁（青林書院、1983年）。同旨・甲府地判昭29・9・24下民5・9・1583、福岡高判昭38・1・11判時355・67。

[11] 西原・商行為法52頁。

[12] 坂口・保険法32頁参照。

保険取引圏という法的団体の存在を承認できるかどうかは問題である。

④商慣習法理論

この理論にも，個々の普通保険約款が，保険取引において長年にわたって反覆して使用されることにより，約款の内容自体が商慣習法となって拘束力を持つと解する見解と，保険取引圏においては，「取引は約款を用いて行う」という商慣習が成立しているから，約款は一括して商慣習法の内容に取り込まれ，間接的に保険契約法の法源となり，拘束力を生じるとする見解（白地商慣習法説）とがある。

前者のように解すると，長年反覆して使用された約款でなければ拘束力を生じないが，後者のように解すれば，できたばかりの新しい約款でも拘束力を有する点で優れている。かつ，理論構成も巧妙で説得力が有り，約款に強い拘束力を認めて欲しい保険者側の要請にも応えられる理論として，最近まで通説とされてきた[13]。

しかし，白地商慣習法説も，消費者保護を目的として掲げる近時の法政策の傾向からみて，約款の拘束力を全面的に肯定する点で，経済的優位にある保険者の保護に偏っているのではないか，との批判にさらされることになった[14]。

⑤新契約理論

上記の白地商慣習法説に対する批判として，拾頭してきたのが新しい契約理論である。その内容は多様であるが，いずれも約款を契約内容とするについての相手方（保険契約者）の同意という法律行為に約款の拘束力の根拠をおくべきであるとする点では共通しており，かつ，議論の焦点は，「約款の事前開示」と「約款内容の合理性（公正妥当性）」が，約款が拘束力をもつための要件であるか否かの点に絞られている[15]。

わたくしも，基本的には消費者としての保険契約者保護という視座に立ち，少なくとも家計保険契約の分野（例えば，個人加入の生命保険契約・傷害保険契約，

---

[13] 大森・保険法 53 頁～54 頁，石井＝鴻・海商法・保険法 177 頁，石田・保険法 28 頁等。

[14] 坂口・保険法 32 頁参照。

[15] 山下友信「約款による取引」竹内昭夫＝龍田節編・現代企業法講座(4)23 頁～24 頁（東京大学出版会，1985 年），吉田明・生命保険約款の基礎 115 頁（東京経済新報社，1989年）。

34 第1章 保険法総説

住宅の火災保険契約・地震保険契約，動産総合保険契約，自賠責保険契約，ノン・フリートの自動車保険契約，個人賠償責任保険契約）における新規契約締結の際には，「約款の事前開示」（民548の3参照）並びに「ご契約のしおり」等の文書やパンフレットを用いた保険約款及び個別の保険契約の重要事項の説明が行われることを，約款が拘束力を持つための要件と考える。これに対し，企業保険契約の場合は，保険契約者の有する保険に関する専門的知識のレベルに応じて重要事項の説明義務が緩和されてよく，また，家計保険契約の場合でも，同種の保険契約の更新の際には，保険約款や保険契約の要素（保険金額・保険料等）の変更箇所以外の説明を省略することが許されよう。

「約款内容の合理性」の保持も，約款が拘束力を有するための要件と考えるべきである。

(2) 合理性の基準

合理性の基準については，もちろん保険法の制定によって明快にその指針が示されることが望ましい[16]。しかし，その効力が争われている約款の条項が基準に適合しているか否かの検証は，当面は，事前的には行政的規制[17]，事後的には司法的規制に委ねることとせざるを得ないであろう。認可を受けた保険約款の内容が常に合理的とはいいきれず，制限的に解される例[18]も少なくないからである[19]。

「約款内容の合理性」をはかる目安としては，まず，保険法の定める片面的強行法規に明白に抵触する約款条項は認可が通らないであろう。したがって，そのような約款条項以外については，保険法の片面的強行規定及び任意規定

---

[16] 保険法には，約款内容の合理性の指針は示されなかった。なお，消費者契約法10条参照。

[17] 保険業法5条1項3号は，内閣総理大臣は，保険業免許の申請があったときは，普通保険約款等に記載された事項が保険契約者等の保護に欠けるおそれのないものであること（同号イ），保険契約者等の権利義務その他の契約の内容が，保険契約者等にとって明確かつ平易に定められたものであること（同号ニ）等の基準に適合しているかどうかを審査しなければならない旨を定めている。また，保険会社が普通保険約款等を変更しようとするときは，内閣総理大臣の認可を受けなければならず（保業123），内閣総理大臣は上記と同様な基準に適合するかどうかを審査しなければならないものとしている（保業124）。

を基準として用い[20]，それがないときは「一般人の理解（＝社会通念）[21]」に照らして判断することになろう。

4 普通保険約款の効力

普通保険約款が改定された場合は，改定約款は将来に向ってのみその効力を有する。すなわち，遡及効を有しないから，普通保険約款の変更が内閣総理大臣によって認可された日を基準として，それ以前に締結された保険契約に対しては旧約款が，それ以後の保険契約に対しては新約款が適用される（民548の4 II参照）。新約款が保険契約者等にとって不利益な場合はもちろん，有利な場合でも特にその旨の合意がない限り，新約款の効力は改定前の保険契約に及ばない[22]（民548の4参照 I）。ただし，主務大臣が保険契約者・被保険者・保険金受取人の保護のために特に必要と認めるときは，普通保険約款の変更を認可する際に，現に存する保険契約についても，将来に向ってその変更の効力がおよぶものとすることができる（保業10 III旧規定）。判例は，個々の保険契約者の利益よりも保険契約者全体の利益を考慮し，保険団体を維持する必要上，既に締結されている保険契約の契約者に対して，その同意がなくとも増額保険料の支払義務があることを認めている[23]。

内閣総理大臣による認可を得ていない普通保険約款が保険者によって使用された場合，それに私法上の効力が認められるか否かが問題となるが，それが強行規定や公益に反するようなものである場合を除き，私法上の効力は妨

---

[18] 「保険契約者又は被保険者が保険者に対してすべき対人事故の通知を懈怠したときには保険者は原則として事故に係わる損害をてん補しない旨の普通保険約款の規定（PAP一般条項16条＜当時の14条＞）は，当該対人事故の通知義務の懈怠につき約款所定の例外的事由がない場合でも，保険契約者又は被保険者が保険金の詐取等保険契約上における信義誠実の原則上許されない目的のもとに通知を懈怠したときを除き，保険者においててん補責任を免れうるのは通知を受けなかったため取得することのあるべき損害賠償請求権の限度においてであることを定めたものと解すべきである」最2小判昭62・2・20民集4・1・159（保険百選32頁）。

[19] 江頭・商取引法〔4版〕349頁参照。

[20] 盛岡地判昭45・2・13下民集21・1＝2・314参照。

[21] 秋田地判昭31・5・22下民集7・5・1345。

[22] 大判大6・12・13民録23・2103。

[23] 最大判昭34・7・8民集13・7・911。

36 第1章 保険法総説

げられないものと解するのが妥当であろう[24]。もっとも，認可を受けない約款を使用した保険者は，保険監督法（業法）上の制裁を受けることになろう。

5 普通保険約款の使用と認可

(1) 普通保険約款の使用と記載事項

普通保険約款は，保険業の免許申請書の添付書類であり，その使用には内閣総理大臣の認可を受けることを要する（保業4Ⅱ③）。

普通保険約款の必要的記載事項は，次のとおりである。保険金の支払事由，保険契約の無効原因，保険者としての保険契約に基づく義務を免れるべき事由，保険者としての義務の範囲を定める方法及び履行の時期，保険契約者又は被保険者が保険約款に基づく義務の不履行のために受けるべき不利益，保険契約の全部又は一部の解除の原因及び当該解除の場合における当事者の有する権利及び義務，契約者配当又は社員に対する剰余金の分配を受ける利を有する者がいる場合においては，その権利の範囲の各事項である（保業規9）。

(2) 普通保険約款の変更

保険者は，普通保険約款の変更の場合にも，原則として内閣総理大臣の認可を受けることを要する（保業123Ⅰ）。しかし，例外として，保険契約者がきわめて限定されている保険契約（例えば，確定給付企業年金法に基づく企業年金基金を保険契約者とする保険契約基金型確定給付企業年金保険契約」）に係わる普通保険約款（保業規83①チ）や，特定分野の企業保険契約（例えば，海上保険契約）に係わる普通保険約款（保業規83③ホ）等については，その変更は内閣総理大臣に対する届出で足りることになった（保業23Ⅱ）。そして，届出受理の日の翌日から起算して90日を経過した日に，当該届出に係わる変更があったものとされる（保業125Ⅰ。なお，保険業法125条2項〜4項は，1項に定める期間の内閣総理大臣による短縮，延長，変更命令，撤回命令について定めている）。

---

[24] 最1小判昭45・12・24民集24・13・2187（保険百選8頁）。

6　普通保険約款の平明化

(1)　わが国における損害保険用語平易化の状況

　1991 年（平成 3 年）7 月に，（社）日本損害保険協会は，国民生活審議会の答申を踏まえ，消費者・社会一般の保険事業に対する理解が深まり，親しまれるものとなるよう，コミュニケーションの基本要素である損害保険用語を見直し，難解と思われる 77 語について，言い換えや説明を付することによって平易化をはかるため，「損害保険用語の平易化について」と題する文書を発表した。同協会はこの文書を業界の「ガイドライン」として位置づけ，今後同協会や損害保険各社が消費者向けに発行するパンフレット，申込書，広告宣伝に使用する場合に，言い換えや説明例を使用することにしている。

　もっとも，損害保険業界全体では，普通保険約款や特約条項の数はおそらく数千におよぶであろうから，即時かつ一斉に保険約款や特約を改定することは困難であるとされていた。しかし，業界の努力により，保険約款改定のたびごとに用語の平易化が急速に進められ，現在では，国民生活に最も関係の深い住宅火災保険標準約款（1998 年 12 月届出以降），自動車保険標準約款（2000 年 7 月届出以降）などの家計保険契約分野では，ほぼ全面的に新しい用語に書き換えられている。

　その後，上記「損害保険用語の平易化について」の改訂版が，（一社）日本損害保険協会から，2017 年（平成 29 年）4 月に，「保険約款及び募集文書等の用語に関するガイドライン」として公表された。

(2)　諸外国における自動車保険約款平明化の状況

　ところで，外国をみると，アメリカでは，すでに 1974 年に，平易な英語表現を用いて保険契約者に読み易く書き直された自動車保険約款（Your Plain Talk Car Policy）が使用されている[25]。また，フランスでも，1985 年の UAP 社，1987 年の AGF 社及び PFA 社の自動車保険約款をみると，約款表現面では，契約内容の正確さの追求を至上命令とする伝統的な法文口調の記述方式から脱皮して，消費者の理解を得易いような平明な口語調を採用している。また，

---

[25]　坂本聖一「自動車保険普通保険約款の平明化について」自動車保険料率算定会調査資料(B)No. 4 参照。

約款構成面でも，法体系に沿った論理的かつ演繹的な理路整然とした構成を捨て，消費者である保険契約者や被保険者の立場からみて必要な項目をできるだけ容易に探せるような新しい構成が試みられている[26]。

(3) 保険約款平明化の問題点
①約款文言の平明化

保険約款の平明化というと，まず，約款文言の平明化を思いつくが，言葉を易しく言い換えるだけでは，約款は分かり易くならない。言い換えは，従来，学問的にはっきりと内容の定まっている用語（例えば，「一部保険」「保険価額」等）の使用をやめて，意味の漠然としているかもしれない新しい説明的用語と取り換えるのであるから，新しい用語の使用者は，言い換えによって当然生じるであろう以前の用語の意味するところとの非連続性を覚悟しなければならない（その意味で，「言い換え」は両刃の剣である）。用語の言い換えだけでは，保険約款は分かり易くなるとは限らない。むしろ，約款内容の簡素化，平明化が大切である。

②約款内容の平明化

約款内容の簡素化，平明化とはなにを意味するか。保険約款がなぜ条文数が多く，しかも各条がなぜ長文になるのかといえば，保険約款規定によって保険法の任意規定を保険者に有利に変更している部分が少なくないからである。その典型的なものは「免責事由」であり，保険約款によって定められている約定免責事由は，保険法の定める法定免責事由よりもはるかに範囲が広い。したがって，条文数を減らして保険約款の簡素化，平明化をはかるには，約定免責事由の整理が必要となり，その結果，免責範囲の縮小，すなわち担保内容の拡大を避けることができなくなる（「危険普遍の原則」＝商665参照）。そのため，保険約款内容の簡素化，平明化を目指す保険者は，割増保険料なしで新しい危険を負担することを覚悟しなければならない。

---

[26] 金澤・補償207頁以下参照。

IV　保険契約法の特質

1　保険契約法の公共性（社会性）

　保険企業は，その経済的性質から，金融機関として銀行業，信託業と同じく強度の公共性を有し，契約当事者間の個人的利害関係を超えた存在である。けだし，保険企業は多数人から出捐された保険料を以て運営されるものであり，また，保険契約の対象とされるものが，生命，財産等のように重要性をもつものだからである。したがって，資金運用面に関する国家の干渉のほか，個々の保険契約の具体的な権利関係についても，保険の技術性及び保険者の経済的地位の優越性を考慮して，大衆の利益保護の観点から，国家による行政的監督が要請されるのであり，一方，法令・約款の解釈にあたっても保険契約の公共性や社会性を無視することは許されない。もちろん，生命保険契約や住宅の火災保険契約のように家計保険に属し大衆性を有するものと，企業を取引先とする海上保険契約等の企業保険契約の場合とでは，その公共性にかなりの差異が存在することは当然である。

2　保険契約の技術性

　保険は偶然の事故によっておびやかされている経済生活の不安定に対処する手段であるが，その方法として，保険事故発生の蓋然率を測定し，これを基礎として支払の予想される保険金の総額と徴収すべき純保険料の総額とがバランスを保つような仕組で，共同のファンドを形成することによって運営される制度である。すなわち，保険は，数理的計算を前提とする計画的基礎の上に立つところの，極めて技術的な構造を有する制度である。したがって，これを成立たせる保険関係を支配する法則もまた，必ずしも関係者の通常の意思とか常識的な意味での正義衡平の観念だけでは理解できず，保険に特有な技術的構造に即して理解しなければならないことが多い。保険契約法はかかる意味において技術法的色彩が濃厚であるといえる。そして，このような保険制度の合理的運営に必要な技術上の要請に応じるためには，業務の運営についての公法的諸規整の必要があるだけではなく，当事者間の私法上の関

40　第1章　保険法総説

係についても，ある種の問題については，たとえ当事者の合意によっても自由に変更し得ない強行規定をもって規律する必要も生じることがある。例えば，特定の保険契約者に対してほしいままに義務の免除又は軽減を行ったり，保険料を増額しないで負担すべき危険の範囲を拡張したりする等，数理的計算の前提をくつがえすような諸条件は，これを排除しなければならないのである。

3　保険契約法の団体性

　営利保険であると相互保険であるとを問わず，保険制度の性質上，多数の保険契約の存在が保険企業成立の不可欠の前提条件である。相互保険の場合にはその団体性は法律的にも顕著であるが，営利保険の場合においては団体性は潜在的なものとして経済的に把握されるにとどまり，個々の多数の保険契約は法律的にはそれぞれ孤立した債権契約関係としての側面から考察されているにすぎない。しかし，保険制度は，多数人を集め，これらの者についての危険を総合平均化して危険分散を行うことを目的とするから，経済的には保険契約者は相互に1種の団体，すなわち，保険団体を形成するものであり，したがって，個々の保険契約もその1構成要素として，危険の総合平均化の要請からする各種の制約に服しなければならない。それゆえ，個々の保険契約の法的規制に際しても，これを各個独立のものとしてのみ理解するのではなく，保険団体に対する影響をも考慮する必要がある。

　なお，ここでいう団体性とは，あくまで保険制度の前提となる数理的な計算の基礎を確保するための技術上のものとして考察されるべきものである。保険制度は，保険契約者群が，「不幸に襲われる者を助けるために互に一致協力しなければならない」という，相互扶助的精神に立脚した共同体的な相互救済制度であり，保険契約もこのような理念に合致するように解釈しなければならないという意味に理解してはならない。

4　保険契約法の強行法性

　保険契約法は契約法の一部であるから，「契約自由の原則」は保険契約についても妥当し，公序良俗に反しない限り，当事者は保険法の規定と異な内容

の保険契約を締結することができる。すなわち，保険法は，基本的に任意規定がおかれている。しかし，保険契約者保護の必要性の高い規定は片面的強行規定として定められ，保険契約者側に不利な内容の合意は無効とされる。保険法の片面的強行規定により保険契約者側に不利な内容の合意は，「契約自由の原則」をそのまま適用することは認められず，この原則の適用は制限されるのである。保険契約の附合契約化にともない，保険法は，立法的規制として，その後見的機能を発揮して保険契約者を不当に害するような保険約款が作成・使用されないよう監督しなければならないし，また，保険制度の前提となる数理的計算の基礎が破壊されることを防止する役割をも果たすことを要請されているのである。

第2章　保険契約総論

Ⅰ　保険契約の概念

1　保険契約の意義

保険契約とは,「保険契約,共済契約その他いかなる名称であるかを問わず,当事者の一方が一定の事由が生じたことを条件として財産上の給付（生命保険契約及び傷害疾病定額保険契約にあっては，金銭の支払に限る。以下「保険給付」という。）を行うことを約し，相手方がこれに対して当該一定の事由の発生の可能性に応じたものとして保険料（共済掛金を含む。以下同じ。）を支払うことを約する契約」をいう（保2①）。

この規定は，保険契約のそれぞれの当事者が負担する最も基本的な義務に着目し，保険契約を定義したものであり，保険法の適用範囲を定めるものである。損害保険契約，傷害疾病損害保険契約，生命保険契約及び傷害疾病定額保険契約については，この定義を前提として，それぞれ定義されている（保2⑥〜⑨）。

2　保険契約の性質

(1)　諾成契約性

保険契約は，当事者の意思の合致のみによって成立する諾成契約である。普通保険約款において保険者の責任開始の始期を保険料払込みの時からとする場合にも，保険料の授受は契約の成立要件ではなく，保険者の責任開始の要件にすぎず，要物契約ではない。

(2)　不要式契約性

保険契約は，その成立のために必要な合意には格別の方式を必要としない

不要式契約である。保険実務では，保険契約の申込みは，一定の方式を有する申込書（保険契約申込書の記載事項は，保険業法3条1項の保険業の免許申請書に添付すべき事業方法書＜保業4Ⅱ②＞に記載することを要する。保業規8Ⅰ⑤）によるのが通例であるが，このために保険契約が法律上要式契約となることはない。また，保険者は保険契約成立後，法定の事項を記載した書面（保険証券）を交付しなければならないが（保6，40，69），保険証券は既に成立した契約の効果として発行される証拠証券にすぎず，保険契約は保険証券の交付を成立要件とする要式契約ではない。

(3) 有償契約性

　保険契約は，保険者が一定の不確定な事故の発生に際してある一定の財産的給付を行うことを約し，保険契約者はこれに対して保険料を支払うことを約するのであるから，有償契約である。この場合，保険契約者の行う給付は保険料の支払という確定したものであるが，これと対価関係に立つ保険者の反対給付は，保険事故不発生のときは履行されなかったかのように見え，保険料を不当に利得したかのように思われやすいが，危険負担，つまり被保険者の経済生活の不安を除去・軽減しその安定を保障するという1つの経済的給付である。

(4) 双務契約性

　保険契約は，保険事故発生に際して保険者が保険金を支払うべき義務を負担し，これに対して保険契約者は保険料支払義務を負い，この両者が相互に対立する関係にある双務契約である。この両義務は，上記のような経済的有償性のために，相互に交換条件づけられているのである。この場合，注意すべきことは，保険契約者の保険料支払義務に対する保険者の反対給付は不確定な保険金支払義務であって，危険負担をなすべき義務を負うものではないことである。

(5) 射倖契約性

　射倖契約とは，実定契約（売買，賃貸借等）に対立する概念であって，有償契

約の中で，当事者の一方又は双方が実際上給付の請求をなし得るか否か，及び請求をなし得る場合においてその請求し得る給付の範囲の決定が不確実な偶然の事実にかかっており，したがって，当事者のなす具体的な給付相互の間の均衡関係が偶然によって左右される契約をいう。保険契約は，保険者の給付義務の発生は不確定な事故の到来にかかっているものであるから射倖契約性を有するものであるといわなければならない。

　射倖契約は，偶然による不労の利得それ自体を目的とする富くじや競馬等の賭博的行為をも含む概念ではあるが，公序良俗に反しない限り契約に関する一般原則にしたがって有効とされる。しかし，その悪用を防止するため，他の契約にみられない特殊の法規制の必要性が生じてくる。例えば，告知義務違反や危険の著変・著増の場合に保険者に契約解除権が与えられているのは，射倖契約においては当事者間の衡平や信義誠実の原則を特に強調する必要が認められるからである。

(6)　善意契約性

　保険契約の善意契約性とは，保険契約の締結及び履行の際に特別な善意が必要とされるということ，すなわち特に信義誠実の原則の適用があるということである。保険契約は上述したように射倖契約性を有するから，不信不公正な詐欺行為に利用される可能性があり，これを制約するものとして善意契約であることが主張されるのである。保険契約の締結に際して保険契約者に課せられている告知義務も，保険技術的には危険測定に必要であるからとしてその存在理由を説明されるが，法律的には，保険契約の善意性によってその根拠を説明することができる。すなわち，射倖契約に特有な当事者間の衡平の必要性が告知義務制度の法的承認の基礎である。また，被保険者による保険事故招致に関する法則や損害防止義務の存在理由もこの善意契約性にこれを求めることができる。

(7)　商行為性

　商法は，保険を営業として行う場合は，これを営業的商行為としている（商502⑨）。それは，保険者として保険契約を締結することを営業とすることを

46　第2章　保険契約総論

いう。したがって，保険者は商人であり，保険契約については商行為一般に関する特則及び商人のなす商行為に関する特則が適用される。保険契約は，保険契約者が商人であって，その附属的商行為を形成する場合を除き，保険契約者にとっては商行為とはならない。相互会社は法律上商人ではないが，相互会社の行う行為については，商法第2編第1章（総則）の規定が準用される（保業21Ⅱ）。

⑻　附合契約性

　保険契約は，保険者によって一方的にその内容が決定され（普通保険約款），保険契約者はこれを全面的に承認して契約を締結するか否かの選択権しか有しないものであるから，これを附合契約（contrat d' adhésion）と解すべきである。したがって，保険事業に対する行政的監督が必要とされ，また，保険契約関係の私法的規制に関しても保険契約者保護の観点から特別の考慮が必要とされる。

⑼　継続的契約性

　保険契約は，当事者間に保険関係を生じさせる法律行為であって，保険関係，つまり保険者の不確定な保険金支払債務と保険契約者の保険料支払債務は，期間の長短はあるけれどもいずれも一定期間（保険期間）中存続する性格をもつ。したがって，保険契約は，電気・ガスの供給契約や借地・借家契約と同じように，継続的契約であるということができる。その結果，当事者の一方に債務不履行があった場合においても，過去の期間については既に履行を終っているのであるから，契約の解除の効力は，将来に向ってのみその効力を有するのを原則とする。もし履行不能が発生したら，両当事者はともにその債務を免れることになる。

⑽　その他

　以上のほか，保険契約は独立の契約であるともいわれる。保険契約は既に定義されたような内容を有する有償契約であり，売買契約において売主が商品の引渡しまでの危険を負担したり，製造業者が買主に対しその製品の一定

期間内の破損につき有償又は無償で修繕したりすることを約する契約のように，主たる法律関係と不可分的に，又はこれに付随して危険負担を引受ける契約は保険契約ではない。このような意味においては，保険契約はまさに独立の契約である。保険契約はまた，独自の契約であるといわれる。これは民法債権編に定める13の典型契約のいずれにも属さない一種独特の契約であるという意味であり，いうまでもないことである。

　保険契約においては，保険者の保険金の給付が保険事故発生を条件としているので，停止条件付契約と混同されやすい。しかし，保険契約自体は事故発生の有無にかかわらず始めから完全にその効力を生じ，保険者の給付責任の実行が保険事故の発生にかかっているのであって，停止条件付契約ではない。ただし，保険者の保険金支払義務は，本質的に保険事故の発生にかかっているのであり，その意味では保険金請求権は条件付法律行為によって生ずる停止条件付債権と異ならないから，これについては条件付法律関係についての民法の規定を準用することが可能である。

II　保険契約の当事者及び関係者

　保険契約の当事者及び主要な関係者を組織図にまとめると，次のようになる。以下，その内容について詳述する。

【組織図】

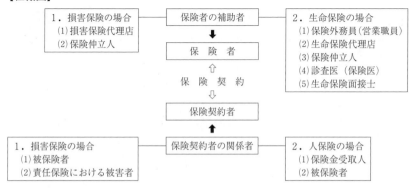

48　第2章　保険契約総論

1　保険者

(1)　保険者の意義

　保険者とは，保険契約の当事者であって，保険事故発生の際に保険給付を行う義務を負う者をいう（保2②）。保険業は，銀行・信託・証券業と同じく金融機関の1分野を形成し，保険取引を通じて多数の消費者や企業との間で多額の資金をやりとりする点で公共の利益に関わるだけではなく，取引の内容となる保険契約に内在する射倖契約性のゆえに，国家権力による監督の必要性が指摘されている。

(2)　保険業の免許の要件

　保険業を行う者は，公益上の必要から，契約自由・営業自由の原則の例外として，次のような要件を備えなければならない。

①形式的要件

　(i)内閣総理大臣の免許　保険業は，内閣総理大臣の免許を受けた者でなければ，行うことができない（保業3Ⅰ）。免許の種類は，「生命保険（人の生存又は死亡［当該人の余命が一定の期間以内であると医師により診断された身体の状況を含む。……］に関し，一定額の保険金を支払うことを約し，保険料を収受する保険）業免許」と「損害保険（一定の偶然の事故によって生ずることのある損害をてん補することを約し，保険料を収受する保険）業免許」の2種類に限られており（保業3Ⅱ，Ⅳ①，Ⅴ①），同一の者が2種類の免許を受けることはできないものとされている（保業3Ⅲ）。

　したがって，傷害保険，疾病保険，産児保険，介護保険，及び人保険の再保険並びに海外旅行期間内の被保険者の死亡保険及び同期間内の疾病を原因とする死亡に関する保険の引受けを行う事業は，単独では事業免許の対象とされておらず，生命保険業免許又は損害保険業免許に付帯して与えられる（保業3Ⅳ②③，Ⅴ②③）。

　(ii)資本の額・基金の総額　わが国において保険者として保険事業を行う者は，資本の額又は基金の総額が政令で定める額以上の株式会社又は相互会社でなければならず（保業5の2,6Ⅰ），その額は，10億円を下回ってはならない（保業6Ⅱ）ものとされている。そして，施行令は，この金額を10億円とする

旨を定めているので（保業令2の2），法律上は10億円で足りることになる。

なお，国内の保険事業者のほか，外国保険事業者も，日本に支店等を設けて内閣総理大臣の免許を受ければ，一定の金額（2億円または1千万円。保業令24）の供託を条件として，日本国内において保険業を行うことができる（保業185，190ⅠⅡ，保業令24）。

(iii)**商号**　保険会社は，その商号又は名称中に，生命保険会社又は損害保険会社であることを示す文字として内閣府令で定めるものを使用しなければならない（保業7Ⅰ）。生命保険会社であることを示す文字は「生命保険」に限られるが（保業規13Ⅰ），損害保険会社であることを示す文字としては「火災保険」「海上保険」「傷害保険」「自動車保険」「再保険」「損害保険」の6種類が認められており，損害保険会社はそのうちいずれか1種類を選んで使用すればよいものとされている（保業規13Ⅱ，Ⅲ）。

②**実質的要件**

形式的要件は上述のとおりであるが，保険業免許の審査基準を定める業法5条1項は，免許申請者に対し，以下の基準に適合することを要求しているので，現実には，特に資本の額については，かなり高いレベルの金額（例えば100億円程度）が要求されることになろう。

(i)**財産的基礎・収支の見込み**　申請者が，保険会社の業務を健全かつ効率的に遂行するに足りる財産的基礎を有し，かつ，申請者の当該業務に係る収支の見込みが良好であることを要する（保業5Ⅰ①）。

(ii)**知識と経験・社会的信用**　申請者が，その人的構成等に照らして，保険会社の業務を的確，公正かつ効率的に遂行することができる知識及び経験を有し，かつ，十分な社会的信用を有する者であることを要する（保業5Ⅰ②）。

(iii)**事業方法書等の基準適合性**　免許申請書に添付される事業方法書及び普通保険約款の記載事項が，以下の基準に適合するものであることを要する（保業5Ⅰ③）。

(ア)保険契約の内容が，保険契約者，被保険者，保険金額を受け取るべき者その他の関係者（以下「保険契約者等」という）の保護に欠けるおそれのないものであること。

(イ)保険契約の内容に関し，特定の者に対して不当な差別的取扱いをするも

のでないこと。

(ウ)保険契約の内容が，公の秩序又は善良の風俗を害する行為を助長し，又は誘発するおそれのないものであること。

(エ)保険契約者等の権利義務その他保険契約の内容が，保険契約者等にとって明確かつ平易に定められたものであること。

(オ)その他内閣府令で定める基準（保業規11）

(iv)保険料等の算出方法の基準適合性　免許申請書に添付される保険料及び責任準備金の算出方法書の記載事項が，以下の基準に適合するものであることを要する（保業5Ⅰ④）。

(ア)保険料及び責任準備金の算出方法が，保険数理に基づき，合理的かつ妥当なものであること。

(イ)保険料に関し，特定の者に対して不当な差別的取扱いをするものでないこと。

(ウ)その他内閣府令で定める基準（保業規12）

③免許が条件付とされ，又は変更される場合

内閣総理大臣は，保険業法5条1項に定める審査の基準に照らし公益上必要があると認めるときは，必要な限度において，保険業法3条1項の免許に条件を付し，及びこれを変更することができる（保業5Ⅱ）。

2　保険者の補助者

保険者の補助者には，直接に保険募集に関わる募集機構と募集・引受け・支払等の保険業務をバックアップする支援機構とがある。保険業法では，募集機構について，保険募集がともすれば過当競争におちいりやすいことに照らして，不公正な募集行為を抑止することにより保険契約者等の利益保護を図るため（保業1），保険募集を行い得る者の資格を限定するとともに，募集機構のうち主要なものについて登録制度を設け，所属保険会社に賠償責任を課するほか，内閣総理大臣（金融庁長官への委任＜保業313Ⅰ＞）の有する監督権限についての規定をおいている（保業276以下）。保険者の補助者のうち，業法が主要な募集機構と捉え，登録の対象と定めているものは【募集機構】のとおりである（＊の付されているものを除く）。

Ⅱ　保険契約の当事者及び関係者　　*51*

　この項では，募集機構および支援機構のうち，主要なものについて詳述する。

【募集機構】

> ① 生命保険募集人（保業 2 XX）
> 　(ア)生命保険会社の役員（代表取締役・監査役を除く。以下同じ）
> 　(イ)生命保険会社の使用人（内勤職員・営業職員）
> 　(ウ)(ア)(イ)の使用人
> 　(エ)生命保険会社の委託を受けた者（嘱託営業職員・生命保険代理店〈募集代理店〉）
> 　(オ)(エ)の役員・使用人
> ② 損害保険募集人（保業 2 XX）
> 　(ア)損害保険会社の役員・使用人＊
> 　(イ)損害保険代理店またはその役員・使用人＊
> ③ 保険仲立人（保業 2 XXV）

(1)　保険代理商（生命保険代理店・損害保険代理店）

①意義

　保険代理商とは，特定の保険者のために，継続的に保険契約締結の代理又は媒介をすることを営業として行う者で，商法上の代理商の一種である（商27）。相互会社は商人ではなく，また相互保険契約は商行為ではないから，保険相互会社の代理店は商法上の代理商ではないが，実質上は代理商と同一の業務を営むものであるから，これについても代理商に関する商法，会社法の規定の多くが準用されている（保業21Ⅰ，会社16，商27など）。保険代理商は，保険制度の理論的前提である危険の分散をはかり，かつ，大規模経営の合理的運営を行う必要性から発生した独特の商人である。保険代理商は，特定の保険者の委託を受けて，その者のために常時かつ継続的に補助を行う点で，不特定の保険者又は保険契約者のために，単に仲立ちをするにすぎない保険仲立人と異なる。また，保険者に雇用されてこれに従属して補助するのではなくて，保険者の委任を受けてこれを補助することを自己の営業とする独立の商人である点で（商4，502⑪⑫），保険者の使用人とも異なる。

②種類と権限

　保険代理商には，保険者に代わって契約の締結を代理する権限を与えられた締約代理商と，単に保険者のために契約の成立の媒介を行う権限のみを有

する媒介代理商の2種がある。保険者と保険代理商との間の関係は，締約代理商の場合は委任であり，媒介代理商の場合は準委任である。したがって，これらについては，商法の代理商に関する規定が適用または準用（相互保険の場合）されるほか，民法の委任に関する規定（民643〜656）が適用される。特定の保険代理商が，どのような範囲で代理権限を有するかは，本人たる保険者と保険代理商との間で締結される代理店契約（代理権授与契約）によって決定される。

(i)**締約代理商**　締約代理商は，保険者の名において保険契約を締結する代理権を有する。したがって，契約の締結につき，その意思表示の効力が意思の不存在，詐欺・強迫，又はある事情の知・不知によって影響を被る場合には，その事実の有無は，代理商について定められる（民101 I）。締約代理商の権限は，代理店契約によって定められるわけであるが，一般には，保険契約の締結権限のほか，契約の変更，解除・解約，保険料の受領，減額等の権限を有するものとされている。

(ii)**媒介代理商**　媒介代理商に対しても，場合により保険証券の交付や保険料の受領等の権限が与えられることもあるが，本来は保険契約の成立を媒介する権限を有するのみで，代理権を有するものではないから，その知・不知は当然には保険者のそれと同一視することはできない。

しかし，一般の第三者は，媒介代理商を締約代理商と同様に信頼して保険契約を締結することが多いので，告知・通知義務違反などの場合において，不当に保険契約者等の利益が害されるおそれがある。したがって，保険契約者等の利益保護の観点から，保険代理商の権限の範囲を法定することが望ましい。

③**新旧監督法の比較**

保険募集の取締に関する法律（以下「募取法」という）は，保険監督法的見地から，「損害保険代理店」をすべて締約代理商としていた（募取2 II旧規定）。しかし，保険業法275条1項2号は，登録を受けた損害保険代理店等は，所属保険会社のために保険契約の締結の代理又は媒介をなすことができる旨を定めており，媒介代理商の存在も予定されている。なお，この点に関しては，損害保険代理店に「権限明示義務」が課せられ，損害保険代理店は，保険契

約の募集を行うときは，あらかじめ保険契約者等に対して自己が代理人として当該保険契約を締結させるか，又は媒介して当該保険契約を締結させるかの別を明示しなければならない（保業294Ⅲ②）。

これとは対照的に，その権限が，従来は募取法2条1項において「保険契約の締結の媒介」に限定されていた「生命保険募集人」につき，保険業法275条1項1号は，登録を受けた生命保険募集人等は，所属保険会社のために保険契約の締結の代理又は媒介をなすことができる旨を定めており，締約権限の付与等，権限の大幅な拡大が予定されている。「生命保険募集人」の大部分は，「生命保険外務員（業界内用語では営業職員という）」によって占められているが，媒介代理商である「生命保険（募集）代理店」も活躍している。近い将来，金融ビッグ・バンに向けてこのような方向にベクトルが働けば，「生命保険外務員」や「生命保険代理店」の選抜・選定方法及び水準の向上，並びに教育・研修システムの改善，代理店契約規定の整備等について，生命保険業界は，重大な決意と少なからぬ額の投資を迫られることになろう。

(2) 保険外務員

かつて一部の損害保険会社には，損害保険外務員制度があったが，現在では廃止されているので，生命保険外務員について述べる。

①生命保険外務員の意義

生命保険外務員（営業職員，外務職員，外交員，勧誘員ともいう）とは，生命保険会社のために保険の募集（保険契約の締結の勧誘＝申込みの誘引）に従事する者をいう。その法律上の地位は，保険会社又は募集代理店に従属して労務を提供する使用人であり，保険会社又は募集代理店と生命保険外務員との内部関係は，雇用契約又は外務員委託契約（委任＜又は準委任＞契約）によって定まる。現在は，初期3ヵ月の研修期間は委任契約であるが，その後は雇用契約に移行するのが通例である。なお，損害保険代理店につき，「乗合代理店」が許されているのと異なり，生命保険外務員（生命保険代理店も同様に）については，「1社専属制」が採用されていたが（募取10），保険業法では，政令で例外を定めることができることとされた（保業282Ⅲ，保業令40）。

54 第2章 保険契約総論

②生命保険外務員の権限

生命保険外務員は，通常，募集業務（職場や自宅に見込客を訪問し，その保険需要を喚起して加入意思を形成させるという事務）に従事するにとどまり，当然には契約の締結，告知及び通知の受領等に関する代理権限を有するものではないとされている（判例及び多数説）。

かつて，わたくしは，将来の展望としてではあるが，生命保険外務員に，一定の条件付きで（例えば，被保険者の年齢及び死亡保険金額の比較的低い，リスクの低い契約に限定して）締約代理権を付与すること，また，保険契約者や診査医が「嘘をつかないですむ」環境整備が整えば，保険契約者等による告知義務違反が減少し，告知が正確に保険会社に伝達されることになるから，生命保険外務員に，告知受領権を与えること，の2点について提案した[1]。

金融ビッグ・バンの時代の到来により，上述の私見の実現する時期が迫っているように感じる。特に生命保険の募集機構が再編成され，フイナンシャル・プランナー等の資格を持ち，情報機器で武装し，締約代理権を付与された男子営業職員の活躍する場が拓かれつつあるように思われる（保業275Ⅰ①）。

(3) 保険仲立人

①意義

保険仲立人（保険ブローカー）とは，保険契約者と保険者との間において保険契約の締結の仲立ち（媒介ともいう。媒介とは，他人間の法律行為を成立させるために尽力する事実行為をいう）を営業として行う者をいう。保険仲立人は，商法上の仲立人の1種である（商543）。特定の保険者に専属する補助者ではなく，保険契約者の委託により，どの保険者との契約についても仲立ちをする点で保険代理商と異なり，独立の商人（商4，502⑪）である点で保険者の機関や使用人とも異なる。

保険仲立人は，保険や危機管理に関する高度の専門的知識やノウ・ハウを有する専門的職業人であって，保険契約者又は保険者の委託を受けて，保険

---

[1] 金澤理「生命保険の募集」遠藤浩他監修・現代契約法大系6巻406頁以下（有斐閣，1984年）参照。

契約の締結を仲立ちする者であり，保険契約者・保険者双方の補助者ということができる。建前の上では，保険契約者サイドの利益保護の必要性が強調され，例えば「保険仲立人は，保険契約者等のために誠実に仲立ちを行わなければならない」とする，いわゆる「ベスト・アドバイス義務」(誠実義務) が課せられるほか，その仲立ちにより契約が成立した場合には，当該保険契約の内容に関する事項を記載した書面を保険契約者に交付する義務が課せられる (商546 I)。このように，保険契約者の利益のためにのみ保険仲立人が尽力するのであれば，商法550条2項の規定 (「仲立人の報酬は，当事者双方が等しい割合で負担する」) にかかわらず，保険仲立人の報酬は保険契約者のみから受領すればよいはずである。

　これと平仄を合わせて，保険審議会の「保険業法等の改正について」(1994年6月24日) 28頁以下においては，保険仲立人は，告知受領権及び保険料受領権を法律上当然には有しないこととされている。ところが，外国 (とくに英国) の保険仲立人 (保険ブローカー) 実務では，保険仲立人の報酬は，仲立人が保険契約者から受領して保険者に支払うべき保険料からこれを控除する例が多いと伝えられている。保険者・保険仲立人間の契約によって保険仲立人に保険料受領権を付与することは，必ずしも保険仲立人の中立性確保の要請と矛盾せず，しかも便宜かつ合理的であるので，わが国でも慣行化する余地がある。

②保険仲立人の義務

　保険仲立人は，保険監督法上の規制として，既述の

　㋑顧客のために誠実に保険契約の締結の媒介を行う義務 (保業299)

　㋑仲立ちを行ったときの書面 (結約書) の作成・交付義務 (商546 I) のほか，

　㋒保険仲立人の登録義務 (役員，使用人の氏名・住所の届け出を含む) (保業286，287)

　㋓保険仲立人と損害保険代理店・生命保険募集人との兼営禁止 (保業289 I ⑦)

　㋔保険仲立人の賠償資力確保義務 (営業保証金の供託又は賠償責任保険契約の締結の義務化) (保業291，292)

　㋕自己の立場 (以下の事項) の明示義務 (保業297)

56 第2章 保険契約総論

(a)保険仲立人の商号，名称又は氏名及び住所（保業294 Ⅳ①）

(b)保険仲立人の権限に関する事項（保業294 Ⅳ②）

(c)保険仲立人の損害賠償に関する事項（保業294 Ⅳ③）

(d)保険仲立人が受ける手数料，報酬その他の対価（ただし，顧客が求めたときに限る）（保業297）

(e)その他内閣府令で定める事項（保業294 Ⅳ④）

㈭保険仲立人の仲立ちに関する帳簿書類の作成・保存義務（保業303）

㈯事業報告書の作成・提出・公示義務（保業304）

㈰内閣総理大臣の報告徴収権，立入検査権及び業務改善命令（保業305, 306）等が定められている。

このほか，保険契約者等の保護を図るとともに，仲立ちの公正を確保し，保険仲立人の業務の健全な発展に資することを目的とする「（一社）保険仲立人協会」が設立され，同協会が，登録制に伴う保険仲立人の試験や研修の実施，保険仲立人が活動する上での指針となる自主ルールの作成をはじめとする，会員に対する必要な指導・監督，処分，保険契約者等からの保険仲立人に対する苦情処理等を担当している。

(4) 診査医（保険医）

診査医（保険医）とは，保険者の使用人として（社医）又はその委任を受けて（嘱託医），保険者のために，生命保険契約の締結にあたって，被保険者となるべき者の身体・健康状態等の危険測定上重要な事項について医的診査を行い，その健康状態が保険契約への加入に適するかどうか，及び加入を可とする場合でも一定の条件を付する必要があるかどうか（保険金額の制限，割増保険料の徴収等）等の判断資料を提供する職務を行う医師をいう。支援機構の1つである。診査医は，保険者の使用人である場合でも商業上の労務に従事するわけではないから商業使用人ではなく，したがって，商業使用人に関する商法の規定は適用がない。

このような診査医に対する告知が保険者に対する告知となるか否か，さらにその際に診査医が告知すべき事実を知り又は過失により知らなかった場合，これが保険者の知又は過失による不知として，告知義務違反による保険

者の解除権行使を妨げることになるかが問題となる。この問題に関しては，今日に至るまで判例は一貫してこれを肯定する立場をとっており，学説も一致してこれを支持している[2]。

(5) 生命保険面接士

生命保険面接士とは，（一社）生命保険協会の検定試験に合格した者に与えられる生命保険業界内部における資格で，被保険者（又は被保険者となるべき者）の身長・体重・顔色等を観察し，告知義務者が告知書に記載した告知事項の確認を行うことを主たる業務とする者をいう。支援機構の１つである。非医師である点で，診査医と異なり，また，生命保険契約の募集（締結の媒介又は代理）を行わず，給与体系も新規契約額に比例した歩合給制でない点で，生命保険外務員（営業職員）とも異なる。

生命保険面接士に対する告知義務者による口頭の告知については，約款の文言上，口頭の告知の受領権限を有する者が診査医に限定されているところから，保険者に対する告知とはならないことになろうが，なお疑問の余地が残る。判例の集積を待って解決すべきであろう。

(6) その他の補助者

①特約代理店・集金代理店

生命保険代理店には，募集代理店のほか，見込客を保険会社又は営業職員，募集代理店等の生命保険募集人に紹介してこれらの者から一定率の手数料を受け取るだけで，それ以上の募集行為を行わない特約代理店の制度が存在する。保険業法の制定にあたっては，これを業法の規制対象とするか否かが検討されたが，結局これを業界内における自主的な規制に委ねることが望ましいとの結論となり，規定が設けられなかったとのことである[3]。

生命保険代理店には，このほか，既成立の契約に関する保険料の集金のみを担当する集金代理店が，募集支援機構として存在する。

---

[2] 服部榮三＝星川長七編・基本コンメンタール〔第４版〕商法総則・商行為法288頁〔金澤理執筆〕（日本評論社，1997年）参照。

[3] 東京海上編・損害保険実務講座〔補巻〕218頁〔小林登執筆〕（有斐閣，1997年）。

58　第2章　保険契約総論

②リサーチ会社・アジャスター会社等

このほか，生命保険・損害保険両業界に共通する保険者の補助者として，契約締結の際の事前調査や保険事故発生後，保険金支払前にアフ・ロス，事故招致の有無や損害額の確認等の調査を行うリサーチ会社（調査会社）や，主として自動車の物損事故の調査を行うアジャスター会社，海上保険の損害調査を担当する海損精算人（average adjuster），損害保険会社が保険金支払の結果残存物代位等によって取得した潮濡れ貨物等の処分を行う損品処分業者などがある。

3　保険契約者

保険契約者とは，保険契約の当事者のうち，保険料を支払う義務を負う者をいう（保2③）。保険契約者の資格については特に制限がなく，個人であると法人であると，行為能力者であると否とを問わないし，必ずしも被保険利益の主体である必要もない。保険契約者となるべき者は，代理人によっても契約を締結できるが，保険契約締結の委任を受けた代理人は，特別の事情がない限り，その契約を解除する代理権は有しない。

保険契約者の義務としては，保険料支払義務（保2③），告知義務（保4, 37, 66），通知義務（保14, 50, 79）等があり，権利としては，保険契約の解除権（保27, 54, 83）及び取消権，保険料返還請求権，被保険者のために積立てた金額の払戻請求権（生命保険の場合，保63）等がある。保険契約者は，保険者に対して必ずしも保険金請求権を有するものではないが（第三者のためにする保険契約），その場合にも，被保険者（損害保険）又は保険金受取人（生命保険, 傷害疾病定額保険）に対して保険金の支払を行うよう請求する権利を有する。

4　保険契約者の関係者
(1)　被保険者
①損害保険における被保険者

損害保険契約においては，損害保険契約によりてん補することとされる損害を受ける者を被保険者という（保2④イ）。保険契約者と被保険者は同一人の場合もあり，異なることもあるが，異なるときは被保険者は保険契約の当

事者ではないから，保険料支払義務を負担することはない。しかし，通知義務（保14，29 I）及び損害防止義務（保13）を負う。また，保険契約者と被保険者の行為は保険者に対する関係において一体性を有するから，被保険者の知了（保5）又は行為（保17 I，28 I）が，保険契約の効力に影響をおよぼす場合がある。保険契約者と被保険者が異なる保険契約を「第三者のためにする（損害）保険契約」という。

②生命保険における被保険者

生命保険契約においては，その者の生存又は死亡に関し保険者が保険給付を行うこととなる者，すなわち保険事故の生ずべき客体たる者を被保険者という（保2④ロ）。被保険者は損害保険契約における保険の目的に相当する。したがって，被保険者は，保険契約によってなんらの権利をも取得しない。ただし，告知義務（保37），通知義務（保56 I）を負うほか，同意権（保38）を有する。保険契約者と被保険者が異なる場合を「他人の生命についての保険契約」という。

③傷害保険における被保険者

傷害保険においても，被保険者は保険事故の客体であり，その者の傷害に基づき保険者が保険給付を行うこととなる者をいう（保2④ハ）。また，告知義務（保66），通知義務（保85 I）及び同意権（保67 I）についても，生命保険の場合と同様に扱われる。被保険者は，死亡保険金については，その性質上保険金請求権を行使する可能性をもたないが，後遺障害保険金及び医療保険金（入院保険金，通院保険金，手術保険金等）については，普通保険約款上，保険金請求権者（その意味では損害保険の被保険者と共通する）とされるのが通例である。被保険者以外の者を後遺障害保険金及び医療保険金請求権者とする「第三者のためにする傷害保険契約」の適法性については，疑問がある。

(2) 保険金受取人

生命保険契約又は傷害疾病定額保険契約においては，保険事故発生の場合に，保険者から保険給付を受ける権利を有する者を保険金受取人という（保2⑤）。これは損害保険契約における被保険者に相当する者であって，保険金請求権（保42，71）を有する反面，通知義務（保50，79）を負い，その者の特定の

60　第2章　保険契約総論

行為が保険者の保険金支払義務の免責を招くことがある（保51③，80③）。保険契約者と保険金受取人が異なる場合を「第三者のためにする生命保険（傷害疾病定額保険）契約」という。

①「リビング・ニーズ特約」による死亡保険金生前給付の指定代理請求人

　生命保険会社によって開発され話題となっている「リビング・ニーズ特約（余命6月との医師の診断に基づいて死亡保険金が繰り上げ給付される特約。給付条件は各社まちまちだが，標準的なM社の例では，生前給付金額は死亡保険金額の範囲内で，かつ，3,000万円を限度とする）」による死亡保険金生前給付の場合において，被保険者本人が請求することが適当でないとき（例えば，医師が被保険者本人には癌（ガン）告知をしていない場合）は，あらかじめ被保険者が定めて保険会社に届け出た代理請求権者（通常は配偶者，子等の親族）が，死亡保険金生前給付請求権を行使することができる。

　例えば，前記のM社特約の下で死亡保険金額1億円の定期付養老保険契約において，3,000万円につき死亡保険金生前給付請求権が行使された場合には，3,000万円から，3,000万円に対する6月分の保険料と前払利息（死亡保険金の前払であるからである。手形割引の場合の割引料に相当する）を控除した金額が，被保険者本人又は代理請求権者に支払われ，保険金受取人の死亡保険金請求権は3,000万円減少して7,000万円となる。

　なお，同特約を付加するために，割増保険料を支払う必要はない。また，保険金を受取ったのち，被保険者が6月以上生存しても，保険金を返還する必要はない。

　保険契約者によってあらかじめ保険金受取人Aが指定されている場合，被保険者Bにより，リビング・ニーズ特約に基づく死亡保険金生前給付請求権が行使されると，B死亡の場合におけるAの取得すべき死亡保険金額は，当然その差額だけ減少することになる。

　保険金請求権に金融機関等の債権質が設定されている場合のように，同特約付加前にすでに保険金請求権につき第三者の優先弁済権が認められている場合には，トラブルの生じる余地があるので事前に手当をしておく必要がある。リビング・ニーズ特約が付加された場合には，基本契約である生命保険契約に基づくAの死亡保険金請求権と，同特約に基づくBの死亡保険金生

前給付請求権とは，後者の範囲において重複するからである。

②「生前給付保険」による特定疾病保険金の指定代理請求人

生前給付保険とは，特定疾病保障保険，3大疾病保障保険等と呼ばれ，被保険者が日本人の死因ワースト3を占める『ガン』『急性心筋梗塞』『脳卒中』の3大成人病で所定の状態になった場合に，生存中に死亡保険金と同額の特定疾病保険金を，被保険者に支払う保険である（ただし，上皮内ガン，狭心症等，対象外の症状もある）。この保険では，死亡保険金，高度障害保険金，又は特定疾病保険金のいずれかが支払われた場合には，その時点で契約は消滅する。

保険料は，通常の生命保険の機能に加えて，3大成人病に対する生前給付の機能が付加されるため，同条件の通常の生命保険に加入する場合に比べ，一般に終身保険タイプで30〜40％，定期保険タイプで80〜100％近く高くなる[4]。

なお，この場合は，保険金受取人Ａと被保険者Ｂがそれぞれ有する，死亡保険金請求権と特定疾病保険金請求権とが全面的に重複するので，上記リビング・ニーズ特約の場合に比べて，より深刻な問題が生じることに留意する必要がある。

(3) 責任保険における被害者

責任保険における被害者は，従来の保険法理論からすれば，責任保険契約の当事者である保険者と保険契約者（≒被保険者，潜在的な加害者）とは直接には関係のない第三者であり，また，保険契約法上の意味における「被保険者」ではない（通説）。したがって，一般の損害保険において被保険者の保険金請求権が当然に認められているのと異なり，責任保険における被害者には，その誕生の当初から保険者に対する損害賠償額（＝実質的には，ほぼ保険金に相当する）の直接請求権が認められていたわけではない。しかし，責任保険の主要な目的は，その被害者保護機能にあると考えるのが現代社会の趨勢である。すなわち，保険者のてん補金支払義務は，被害者に生じた損害を契機として発生し，保険者の支払うてん補金は被保険者たる加害者の一般財産に混入され

---

[4]　生命保険文化センター・教育資料くらしと保険105号15頁（1995年）による。

るべきではなく，直接的にであれ間接的にであれ，最終的には被害者の損害てん補にのみ充当されるべきものである。したがって，被保険者等の行為によっててん補金が被害者以外の者に帰属する危険を防止する必要がある。そのための被害者保護措置としては，損害賠償額の直接請求権を付与するのが，被害者の救済手段として，もっとも確実，迅速かつ容易な方法である[5]。

わが国をはじめとして，義務的自動車責任保険制度を有する多くの国々においては，被害者の直接請求権を法定するのが通例である。

わが国では，義務的自動車保険である自賠責保険のほか，法定の制度ではないが，総合自動車保険約款においても，人身損害の被害者のみならず，物的損害の被害者にも損害賠償額の直接請求権が与えられている（賠償責任条項11，13）。もっとも，自動車関係以外の責任保険においては，約款に盛られている「書かれざるノンアクション・クローズ」によって，被害者の直接請求権も請求権代位訴訟も排除されているのが実情である（なお，被害者の直接請求権については，本書第3章第3節Ⅶを参照されたい）。

保険法は，責任保険金請求権について被害者の先取特権を法定した（保22）。

5 第三者のためにする保険契約

第三者のためにする保険契約とは，保険契約者が他人を損害保険契約の被保険者又は生命保険契約の保険金受取人として，その者の利益のために自己の名において締結する保険契約をいう。これは「自己のためにする保険契約」，すなわち保険契約者と被保険者（損害保険）又は保険金受取人（生命保険，傷害疾病定額保険）が同一人である場合と区別され，また「他人の生命についての保険契約」とも区別される。

第三者のためにする保険契約の法的性質は，民法上一般に承認されている「第三者のためにする契約」（民537以下）の1種であると考えられている。すなわち，第三者のためにする保険契約が保険者と保険契約者の間で成立したときは，これらの当事者の合意の直接の効果として，被保険者又は保険金受取人は保険契約上の権利を取得するのである。ただ，民法上は，第三者のた

---

[5] 金澤理・民事責任120頁以下。

めにする契約において第三者が権利を取得するためには，その第三者の受益の意思表示を必要とするが，第三者のためにする保険契約における被保険者（損害保険）又は保険金受取人（生命保険，傷害疾病定額保険）は，当然に契約の利益を享受し得る点にその特色がみられる（保8，42，71）。

Ⅲ　保険契約の締結

1　保険契約の成立

(1)　保険契約の成立過程

①保険契約の締結の実情

　保険契約も，一般の契約の場合と同様に，申込みと承諾，すなわち契約当事者の意思の一致によって成立する。口頭により申込みをしたときでも，また，電話による申込みでも，保険者が承諾した場合には契約が成立することはいうまでもない（不要式かつ諾成契約性）。しかし，保険実務においては，大量の保険取引を迅速，かつ確実に処理するため，契約の申込み及び承諾も定型化し，要式契約に近くなっている。すなわち，申込みは，保険者の作成した保険契約申込書に必要事項を記載して行うのが通例である。

②損害保険契約の成立過程

　損害保険の販売は，本社営業部の直販や，空港の国内航空旅行傷害保険の自動販売機，そして最近ではFAXやインターネットを利用した通信販売等の他のチャネル，さらに新たに発足した「保険仲立人」を通じても行われることになったが，そのほとんどは損害保険代理店によって行われる。

　平成8年4月から施行された保険業法により，新たに媒介代理商の存在も認められることになったが（保業2ⅩⅢ，275Ⅰ②），現在のところ，損害保険代理店はすべて締約代理商であり，保険会社との間で締結される代理店契約の定める範囲内で契約締結の代理権限を有する（引き受けることのできる保険種類や保険金額に制限がある場合に，その権限を踰越したときでも，表見代理の法理の適用により被保険者が保護されることが多いであろう）。したがって，損害保険代理店が保険契約の申込みを受けた場合には，本人である保険会社に代わって承諾の意思表示をすることにより，直ちに契約を成立させることができる。

64 第2章 保険契約総論

　そして，約款上，後述するような損害不てん補条項が設けられている場合でも，保険契約者が損害保険代理店の承諾と同時に保険料を支払うことによって，被保険者は即時に保険保護を入手することができる。例えば，新車をディーラーから購入して，引渡しを受けた直後に任意対人賠償保険加入の必要性を感じた所有者は，走り出す前に，その場でディーラー（損害保険）代理店との間でこの保険契約を締結し保険料を支払えば，即時に保険保護を受けられる。

　近年，保険料の支払に関し「キャッシュレス」化が推進されている。キャッシュレスとは，「クレジットカードによる支払」，「コンビニ店における支払」等，一定の猶予期間内に，保険契約者が保険会社に直接（損害保険代理店を経由しないで）保険料を支払うもので，保険料が猶予期間内に支払われたときは，損害不てん補条項は適用されない。他方，猶予期間内に保険料が支払われないときは，保険契約は契約成立時に遡って解除される。

　申込みに対する承諾は，損害保険代理店の発行する保険料領収証と保険契約申込書によって証明される。かつては，領収証は一般領収証（海上保険等）と火災新種保険料の受領の際に保険契約者に交付される特定の領収証（火災新種保険料領収証又はカバー［＝この綴りがカバー・ノート］）とに分かれていたようであるが[6]，今日では保険種類と領収金額，領収日付のみを記載した簡易な（共通）領収証が発行される場合が多い。この場合でも，保険契約申込書（普通は4～5枚綴）に，保険料領収年月日，領収証番号が記載されているので（保険契約者の要求があれば，申込書綴の最後の1枚を，仮証券的に交付する場合もあるとのことである），保険契約の成立の事実やその内容について，保険契約者や被保険者が困難を感じることは稀であろう。

　上述のように，損害保険契約は，保険契約者と損害保険代理店との間の合意によって直ちに成立するが，損害保険証券は保険契約者の手元に郵送されてくるのは，どういうわけか後述する生命保険契約の場合と同様に，契約成立の約1月後であるのを通例とする。その際に，虫眼鏡でなければ読めないような小さな文字で印刷された「約款」が同封されてくるが，保険事故でも

6　東京海上編・新損害保険実務講座2損害保険経営234頁〔秋野悦司執筆〕（有斐閣，1965年）。

発生しない限り，読む人は少ない。

なお，損害保険代理店は，契約成立前に「ご契約のしおり」を保険契約申込人に交付し，重要な事項について説明することを要する。「しおり」の交付及び説明がない場合，又は不十分な場合には，約款の拘束力に問題が生じることがある。

③生命保険契約の成立過程

生命保険販売の主要なチャネルが，生命保険外務員（生命保険業界では営業職員と呼ぶ）であることは周知のとおりであるが，生命保険の販売は，この他にも（生命保険）募集代理店や内勤直販職員によって行われている（デパートの営業コーナーにおける店頭販売，及び団体に対する生命保険等の訪問販売），保険業法では，生命保険の募集に関する業務を行う者を生命保険募集人といい，この者は内閣総理大臣の登録を受けなければならないものとされている（保業2ⅩⅨ，276）。生命保険外務員による保険の販売は，女性の就業率の大幅な向上もあって，昼間に家庭を訪問してもほとんど主婦が留守であるところから（たまに，在宅でも募集の対象にならない老人だけしかいないことが多い），職場を中心に，昼休みを狙って行われる。年金保険については，企業の厚生部担当者とのやり取りとなろう。一般の終身保険，養老保険ないし定期付養老保険の募集は，かつては「義理募集」「無理募集」が主流であったが，最近は，一本釣りではなく，団体を中心としてスマートなものに切り変わりつつある。

まず，外務員の職場へのアクセスがあり，種々の話題を捉えて親しみを増したところで，将来の生活設計のライフ・コンサルタントないしフィナンシャル・プランナーとしての活躍が始まる。法律的には，外務員による「申込みの誘引」である。

保険外務員は，生命保険業界の公式見解によれば，「3無権」，すなわち，従来の損害保険代理店が有していた契約締結代理権，告知受領代理権，（第1回保険料相当額を除く）保険料領収権のいずれをも有しないものとされており，したがって，その役割は，もっぱら生命保険契約の加入適合年齢の男女に対して，その加入を勧め，その申込みを本社（さしあたりは営業所）に取り次いで，契約の成立までこぎつけることであった（保険業法により，新たに締約代理権限を有する生命保険募集人の存在も認められることになったので＜保業275Ⅰ①＞，将来は人

66　第2章　保険契約総論

格・力量を兼備した募集人に，保険者が締約代理権を授与することが期待される）。

　その間に，被保険者となるべき者の医的診査を中心に捉えた会社による危険選択が行われる[7]。すなわち，その順序は別として，①外務員に対する契約申込書の提出（告知書の提出を含む）と，外務員による第1回保険料相当額の受領［＝それは当然に外務員の所属する営業所に伝達される］，又は②保険会社の社医若しくは嘱託医による医的診査，又は事業所の定期健康診断結果を利用した代用診査の双方が終了した時点で，契約の承諾決定業務は，本社の審査担当部門に移される。例えば，死亡保険金額数億円というような高額契約の引受けの諾否は，契約部長などの判断を仰ぐことになる。

　本社担当部門の審査に合格して，はじめて生命保険契約についての申込みの承諾が行われる。このように，同じ保険契約でありながら，承諾までのプロセスは，損害保険契約と生命保険契約とでは，まったく異なる。生命保険契約における保険者の承諾は，承諾の通知が保険契約申込人に到達した時にその効力を生じる（民97Ⅰ）。ときとして，承諾の通知到達前に，交通事故等で被保険者が死亡する（又は高度障害者となる）場合があり，いわゆる「承諾前死亡」などの複雑な問題を生じることがある。

　生命保険証券も，上記の申込書の提出と第1回保険料相当額の受領又は医的診査等の終了のいずれか早い時期から約1月後に，約款とともに，保険契約者の手元に郵送されてくるのが通例である。

　生命保険契約に関する告知義務の問題については，後述する。

　なお，保険契約申込人に対する重要事項の説明や，「契約のしおり」の交付の必要性については，損害保険契約の場合と同様である。

④クーリング・オフ

　クーリング・オフとは，保険会社に対し保険契約の申込みをした者又は保険契約者が，書面によってその保険契約の申込みの撤回又は解除を行うこと

---

[7]　近年，数社の保険会社が，健康に関する告知や医師の診査を省略し，すべての申込人に無条件で加入を認める「無選択型終身保険」を販売している。A社の無選択型終身保険は，①被保険者の年齢が40歳から80歳までで，②保険料は1口月額1000円（最低2口）で，③契約日から2年以内に病気で死亡したときは，保険金は既払い保険料の合計額相当額とする，④災害死亡のときは，病気死亡のときの保険金の4倍の保険金を支払う等である。

をいう（保業 309 Ⅰ）。この制度は，現行保険業法施行前から生命保険業界においては自主的ルールとして実施されていたが，現行業法により法定の制度として，より強力なものとなった。

　保険業法 309 条 1 項の規定は，1 種の消費者保護法であり，十分な考慮期間なしに，保険外務員等の巧みな勧誘行為に応じて，必ずしも適切でない種類の，しかも高額の保険金額の保険契約の申込みをしてしまい後悔している保険契約申込人に申込みの撤回の機会を与え，すでに契約が成立してしまった場合でも保険契約者に迅速な契約解除の機会を保障し，もって原状回復をはかることを目的とする。もっとも，申込者等の保護に欠けるおそれがない場合は，本条の適用外である（例・申込人が保険会社の営業所等で申込みをした場合。保業 309 Ⅰ⑥，保業令 45）。

　契約申込者は，保険契約の申込みの撤回等に関する事項を記載した書面の交付を受けた日又は申込みをした日のいずれか遅い日から起算して 8 日以内に，書面をもって，申込みを撤回することができる（保業 309 Ⅰ①，Ⅱ）。撤回等は，撤回等にかかわる書面を発信した時にその効力を生じる（発信主義。保業 309 Ⅳ）。ただし，診査医の診査を受けた後は，クーリング・オフを行うことができない（保業令 45 ⑤）。申込みが撤回された場合には，契約申込者は，損害賠償義務等を負担することなく，第 1 回保険料相当額の返還を受けることができる（保業 309 Ⅴ～Ⅷ）。

(2)　保険契約の成立要件及び時期

　保険契約はこのようにして締結されるのであるが，契約の申込み及び承諾に関しては，契約の成立に関する民法（民 521～528）及び商法（商 508, 509）の一般原則に準拠することが必要である。通常，保険契約申込書の提出が契約の申込みと解され，契約成立通知書又は保険証券の交付が保険者の承諾と考えられているが，保険契約は不要式かつ諾成契約であるから，当事者の意思の合致のみによって成立し，保険証券の作成及び交付は保険契約の成立要件でないことはもちろんであり，また，保険契約の成立と保険者の責任開始とは別個の概念であって，結局，保険契約の成立及びその時期は，各場合に応じて具体的な事情によって決定すべきである。

68　第2章　保険契約総論

2　保険期間と保険料期間

(1)　保険期間

①保険期間の意義及び種類

　保険者は特定の期間内に生じた保険事故についてのみ責任を負うもので
あって，この保険者の責任が開始してから終了するまでの期間を保険期間(責
任期間・危険期間) という。

　保険期間はその確定の方法によって，約定期間 (当事者間の契約によって定め
る方法で原則としてこれによる)，法定期間 (約定のない場合につき法律によって定めら
れたもので，例えば，平成30年改正前商821, 822)，推定期間 (当事者の約定もなく法律
の規定もない場合に事物の性質から条理上当然に定まる期間で，例えば農業保険において
は播種から刈入れまで) の3種に分類される。また，約定期間はさらにその約定
の方法によって，定時期間 (年・月・週・日等の一定の時をもって定める。例えば，
何年何月何日より1年間のごとし。期間保険ともいう)，事実期間 (一定の事実にしたがっ
て定める。例えば，神戸・香港間1航海のごとし。航海保険等がこれに属する)，混合期
間 (一定の事実にしたがい一定の時をもって定める。例えば，横浜からロンドンまでの航
海につき1月のごとし。この場合は航海が終了しなくとも保険者の責任は1月の終る時に
終了する) の3種に分類される。

②保険期間と保険契約期間

　保険契約期間とは，保険契約が有効に存続する期間をいい，通常は保険期
間と一致する。したがって，契約の一般原則からすれば，特別の事情がない
限り，保険者の責任は契約成立と同時に開始するはずである。しかし，保険
契約においては，担保危険の種類や事務手続上の便宜のため，保険契約期間
と保険期間とが必ずしも一致せず，また，約款又は特約によって保険者の責
任開始の時期を一定の条件にかかわらせることが多い。特に，保険者が保険
金支払にあてられる共同のファンドを確実に用意し，また，保険期間開始後
の保険料徴収にともなう困難を回避するために，保険料の支払を保険者の責
任開始の要件とする場合がある。

　火災保険実務においては，1941年 (昭和16年) 以前には，「当会社ノ保険契
約ノ責任ハ保険料ヲ領収シタル時ニ始マリ保険契約期間ノ最終日ノ午後4時
ヲ以テ終ルモノトス」と規定する，いわゆる責任開始条項型の約款が使用さ

れていたが，同年に約款が改定され，「保険期間が始まった後でも，当会社は，保険料領収前に生じた損害を塡補する責に任じない。」という文言の損害不てん補条項型に改められた。この改定後の約款規定の趣旨をどう解すべきかについては，同時履行抗弁権説も唱えられてはいるが支持者は少なく，主要な見解として損害不てん補条項説と責任開始条項説という対立する2説がみられる。

①損害不てん補条項説

損害不てん補条項説は，改定約款の規定を文字通り免責ないし失権条項と解し，保険契約が締結され保険証券記載の保険期間が開始すると，保険料領収前でも保険者の保険責任［危険負担］は開始するが，保険事故発生時に保険料未収の状態であれば保険者は免責される旨を定めたものであるとする。

②責任開始条項説

責任開始条項説は，改定後の約款規定を改定前の約款規定と同じく，約定の保険期間が開始した後，保険料を領収した時から保険者の責任が開始する旨を定めた責任開始条項と解する説で，多数説である。保険料が不払である間は，実質的に保険契約の両当事者はともに自己のなすべき給付を全然履行していないのであるから，その実態に最も忠実な責任開始条項説が妥当である[8]。

損害保険約款において，損害不てん補条項が挿入されている場合には，保険料領収前に保険事故が発生しても，上記のいずれの説によっても保険者のてん補責任が生じないことについては変わりはない（損害不てん補条項説では保険責任は開始しているが免責事由に該当し，責任開始条項説では未だ保険責任が開始していないからである）。

保険期間の開始前若しくは終了後に発生した保険事故については，保険者は原則として責任を負わないが，損害保険においては，保険期間中に生じた損害であっても，それが同期間の開始前に生じた保険事故の結果である場合には，保険者は保険給付の責任を負わない。しかし，保険期間終了後に生じた損害であっても，保険期間中に生じた保険事故の結果である場合には，保

---

[8] 同旨，最3小判昭37・6・12民集16・7・1322。

険者はその損害につき保険給付を行う義務を負わねばならない。

保険期間中であっても，特別の理由により，ある期間について保険者が責任を負わない場合がある。これを保険期間の中断という。例えば海上保険において，船舶が保険証券に記載された航路外を航行するときなどに生じる。

(2) 保険料期間

保険料期間とは，保険料算出の基礎となる期間であって，これを単位として危険の測定を行うものである。通常1年であるから保険料年度ともいう。

①保険料不可分の原則

わが国の立法・判例及びかつての通説においては「1個の保険料期間の保険料は不可分である」という，いわゆる「保険料不可分の原則」が，保険契約法を支配する原則の1つとして自明のものとして承認されていた。保険料不可分の原則とは次に述べるような根拠から，ひとたびある保険料期間が進行を開始したときは，たとえ期間の途中で契約が失効又は解約により消滅しても，保険契約者はその保険料期間の全期間につきすでに支払った保険料の返還を請求し得ない，とするものである。その根拠はおおよそ次の3点に帰し得る。

(i)危険不可分論　保険事故は，保険者の責任開始後の各瞬間に発生することが可能であり，例えば，1年又は1航海という保険期間の初日におきるか最終日におきるかまったく不明であり，保険者が保険契約を締結してある一定期間の危険を負担した以上，その期間が進行を開始するやいなや全責任を負うのであるから，これに対応する全保険料に対する請求権を有するのは当然である。したがって，責任開始後，3日又は6月を経過して保険契約者が契約上の利益を放棄しても，遡って保険者の負担を軽減したことにならない。すなわち，保険者が引受ける危険は単一にして不可分であり，保険料は危険の引受けに対する報酬であるから，その危険に対する保険料もまた不可分であるといわねばならない。

(ii)保険技術的必要説[9]　保険料を算出するには，まず保険の目的の属すべき危険の類型をたしかめ，その危険率を保険金額に乗じて算定するのが原則である。この危険率は統計上一定の期間（通常は1年）を標準としてそのうち

に発生する事故，したがって，保険者の負担すべき支払保険金額の予想に基づいて算出されるのが通常である。この危険測定の標準となるべき一定単位期間，換言すれば保険料算定の基礎となる期間を保険料期間という。保険料期間は，これを単位として危険を測定し保険料を算出するのであるから，この期間内の保険料は不可分的性質を有する。

また，保険の数学的原理からいえば，1年間の危険はその程度が必ずしも同一ではない。火災を例にとれば，1月〜4月が高く，5月〜9月が低く，10月〜12月はその中間にくらいする。また，時々刻々の頻度はほとんど算定不可能であり，それ故，平均をもって定められた1年の危険度は，これを分割して考察，計算する方法はないといえる。

(iii)**保険団体利益説**　保険事業は多数の保険契約が払い込む保険料により，個々の保険事故に対する保険給付をなすものであって，一定の保険料期間に含まれる多数の保険契約は，相互に密接な関係を有するものである。それ故に特定の保険契約が，保険料期間の途中で終了した場合に，これについて保険料の分割払戻しを認めることは，多数の保険契約者に，著しい損害を与えることとなる。

②**不可分原則の批判**

しかし，以上の主張は，「保険料不可分の原則」に必ずしも充分な存在理由を提供するものではない。保険技術的必要説は，統計単位としての保険料期間が不可分であること（つまり統計は1年を単位として，それ以上の細分を顧慮せずに作成されていること）を前提としているから，1年間の危険を不可分とみる危険不可分論と実質的に異ならず，後者の純化といえるので，両者を一括して検討することとする。

数理上及び経験上，危険発生の蓋然率は，通常のケースにおいては期間が短縮されるにつれて逓減していくことは明白な事実であるから，実質的な危険負担期間の長短をまったく無視して，一律に1年分の保険料を保険契約者

9　かつての通説はすべてこの点を不可分原則の主たる根拠として指摘する。青山衆司・保険契約法論上161頁（厳松堂書店，1917年），伊沢・保険法163頁，大森・保険法79頁，大濱信泉・保険法要論〔3版〕67頁（廣文堂書店，1941年），田中＝原茂・保険法145頁（千倉書房，1965年）など。

72　第2章　保険契約総論

に負担させることは不公平である。しかし，他方，保険者の営業費用等（付加保険料）の要素を考慮するならば，保険料を保険者の責任負担期間に正比例（3月であれば1年の12分の3というように）して分割することもまた同様に正当でない。現代における科学技術のめざましい進歩を考えるとき，これを統計の整備に反映させ，統計単位を1年からさらに細分化することは決して困難な作業ではない。そして，このようにして得られた統計の結果の応用によって障害が克服され，1年未満の契約についての短期料率による危険の引受けが日常化していることは，保険技術的必要説が影のうすいものとなりつつあるといえよう。

　ただ，危険発生率の時季的偏差の著しい危険（例えば，風水災）の担保にあたっては，例外的に保険技術上の必要性が承認されるべきであろう。また，沿革的には「保険料不可分の原則」は海上保険に由来するものであることは異論のないところであり，後に陸上保険の発達にともなって後者にも導入されたものである。そこで，海上保険においてこの原則が認められるに至った理由を考えると，海上企業と保険者といういわば企業取引の玄人が，相互に利害得失を綿密に計算し検討した上で納得づくで巨額の取引を行う企業保険たる海上保険において生れてきた慣行が，「原則」にまで高まったのではないかとの推測が成り立つ。

　以上のように考えると，1航海又は往復航海を単位としてでなければ（これを細分化するならば）引き受けないというような保険者の取引上の主張を容易に想像し得るし，また，賭博性の影がいくばくか残っており，危険発生率もかなり高かった旧い時代の海上保険において，保険者が統計の不備による過大な責任負担の防止又は修正の手段として，保険料の不可分を主張し，これが承認されてきたのではないかと思う。もしこのような仮説が正しいとすれば，海上保険といういわば特殊な環境と条件のもとにおいて生れ育ってきた「不可分原則」は，統計が詳細かつ年未満の単位についても整備され，時季的偏差の著しくなく，しかも取引の相手方が商人でないところの家計保険のように，まったく異なった事情の存在する場合にまでこれを拡大適用することは，科学的な根拠を欠くように思われる。

　次に保険団体利益説について考察すると，この議論は，保険団体を構成す

る保険契約中の一部分が保険事故発生前に脱退することによって，残存する他の契約についての危険発生率が増大し，逆選択の場合と同様な結果を生じるという誤解に立脚している。すなわち，危険発生率は大量的に観察されねばならないと同時に，個々の危険ごとに個別的にも観察されることが必要であるが，保険事故不発生のまま脱退した危険が常に良質の危険であるとは限らないからである（もっとも，保険団体を構成する個々の契約が，あまり頻繁かつ大量に交替すると，それにともなって計算の基礎が終始変動し，保険の機構が影響を被って保険給付の履行が保全されないおそれが生じ得よう）。

以上のような考察に加え，諸外国の法制（フランス法・ドイツ法）及び約款（英・米）における「保険料可分原則」の採用又は可分原則による実質的修正の傾向に鑑みるとき，そして保険技術が進歩し，保険企業の財政的基礎が強固となりつつある今日においては，一般原則としては「保険料可分の原則」を定立し，例えば「統計が不充分」であり，「時季的偏差の著しい」「道徳的危険の発生し易い」「企業保険」等の全部又は数個の要件を充足する特殊な危険の担保についてのみ，例外的に「保険料不可分」とすることが今後の立法のあるべき姿ではないかと考える[10]。

③契約が数個の保険料期間から成る場合

保険料期間は原則として1年であるので，火災保険，住宅総合保険及び船舶保険等の損害保険契約の場合は保険期間と一致することが多いが，生命保険契約は通常その保険期間が長期にわたるため，数個の保険料期間から構成されるのを例とする。しかし，例えば，保険期間30年の生命保険契約の場合においても，保険料期間は1年であるから，かりに不可分原則の適用を認めても，保険契約締結後4年余を経過して死亡したとすれば，第6年度以降の保険料はもちろん支払う必要はなく，また全保険期間に対する保険料が既に支払われている場合には，第6年度分以降の保険料は当然に返還される。

---

[10]　金澤理「保険料の返還と保険料不可分の原則」損保29巻1号1頁～44頁（1967年）。

74　第2章　保険契約総論

3　告知義務

(1)　告知義務制度

　告知義務とは，保険契約者又は被保険者になる者が，保険契約の締結に際し，保険事故発生の可能性に関する重要な事項のうち，保険者になる者が告知を求めたものについて，事実の告知をする義務をいう（保4, 37, 66）。告知義務は保険契約の効果として生じる真正の義務ではなく，契約の前提条件であり，保険契約上の請求権を取得するため，又は解除を阻止するための要件にほかならず，保険法の特に認めた責務である。保険者は告知義務に対応する請求権を有するものではないから，告知義務の履行を強制することはできず，その違反の場合にも損害賠償義務を生じるものではなく，単に契約の解除，すなわち保険者の給付義務免脱という法律上の不利益を受けるにすぎない。これに対し，通知義務は，保険契約の成立後に，保険契約者又は被保険者が危険の増加又は保険事故若しくは保険給付事由の発生を保険者に通知する義務であって（保14, 29, 50, 56, 79, 85），契約の効果として生じる真正の義務であるから，契約締結に際して保険契約者の負う告知義務と区別するのが正当である。

　告知義務制度は保険契約についてのみ存する特有の制度であるが，一見自己に不利益と思われる事項の告知を求めるものであるから人間の利己心に反するので，保険契約者・被保険者は告知を求められた事実の告知を好まず，したがって，告知義務違反を生じやすく，また保険者も保険事故が発生すると，告知義務違反を理由としてできる限りその契約を解除し，保険金の支払を免れる傾向がみられる。このように，告知義務は保険契約法上最も重要かつ問題の多い分野の1つである。

(2)　告知義務制度の根拠

①危険測定説

　告知義務制度の存在理由に関しては多くの学説が存在するが，今日では，これを保険制度の技術的構造の特殊性に求めるのが通例となっている。すなわち，保険制度においては，保険契約者の支払う純保険料の総額と保険者の支払う保険金の総額とが均衡を保つべく予定されているのであるが，保険制

度の合理的運営を可能にするためには，まず，統計に基づいて事故発生の蓋然率を正確に算出し，それに基づいて適正な保険料率を定める必要がある。そして，さらにこれに加えて，保険者は個々の保険契約の締結にあたっては，事故発生の蓋然率を決定するための統計の基礎とされたものと比較して，これより劣る条件をそなえる保険契約の引受けを拒絶し，もしたとえ引き受けるにしてもそれについては割増保険料を徴すること，つまり危険の選択を行う必要がある。なぜなら，保険料は同質的な危険の存在を予定して「大数の法則」によって算出されたものであるから，もし危険度の異なるもの，すなわち不良危険が混入することを許すと，この計算の基礎が破壊され，受取（純）保険料総額と支払保険金総額のバランス（「収支相等の原則」）が保てなくなるからである。それ故に，同じ条件（保険料率，免責額等）で危険度の異なるものが混入するのを防止することは，保険者の利益保護という観点から（間接的には保険団体の利益保護にもつながる）当然の要請であるといわねばならない。

　危険の選択に際しては，危険の発生に重大な影響をおよぼす事項を知ることが必要であるが，保険契約は多数契約であるから，保険者の側からこれを調査するだけでは完全を期することができないのみならず，保険契約者・被保険者はこれらの情報を容易に，かつ費用の支出なしに入手できる地位があるから，保険契約者に対し告知を要求することになったのである。すなわち，告知義務制度は不良危険の排除を目的とするものである。

②射倖契約説

　上記の技術説又は危険測定説は，告知義務制度の根拠を経済的見地から説明するものであるが，これを法理論の面から説明するものとして射倖契約説がある。この説は，告知義務制度は保険契約の本質である射倖契約性及びそれを制約するものとしての善意契約性に由来するものであるとする。既に述べたように，保険契約は射倖契約の１種に属するものであるから，その性質上，当事者間の衡平の維持及び信義誠実の原則を特に強調する必要性，つまり善意契約性が要請される。すなわち射倖契約においては，当事者の給付請求権の発生・不発生及び発生した場合のその範囲は不確定な偶然の事実にかかっているので，当事者間の衡平を確保するためには，その目的となっている事実について当事者の知識が均衡であるようにする必要があるから，相互

76 第2章 保険契約総論

に自己の知る重要な事実について告知する義務があるが，保険者については重要な事実を黙否するような事態が考えられないので，実際には保険契約者側にのみ告知義務が課せられているのである。

(3) 告知義務者及び相手方
①告知義務者
告知義務を負う者は保険契約者又は被保険者になる者である (保4, 37, 66)。保険契約者が複数である場合には，各人がこの義務を負う。保険契約者が制限行為能力者である場合には，法定代理人について告知義務違反の有無をみるべきである。法人の場合はこの有無を機関について観察すべきことはいうまでもない。保険契約者が委任による代理人によって契約を締結する場合において，代理人が本人の指図に従って締結したときは，告知義務違反の有無は代理人についてのみ考慮されるのではなく，本人が知っているときは代理人の不知を主張し得ない (民101Ⅲ)。しかし，支店の支配人が主人の知らない間に支店の建物を火災保険に付したような場合には，主人たる契約者の知・不知は告知義務違反とならず，支配人のそれが問題とされる。代理権のない被用者によって保険契約者が契約を締結するときは，本人について義務違反の有無を論じるべきで，被用者の不告知・不実告知は直接には告知義務違反とはならない。被用者は本人の指示どおりに告知すればよく，被用者自身に告知義務はない。

②告知の相手方
告知の相手方は，保険者になる者又はそのために告知を受ける代理権を有する者である。保険会社の代表取締役に対する告知が有効であることは疑いないが，権限を有する会社の代理人として保険契約を締結する者に対する告知も会社に対する告知となる (民99Ⅱ)。一般に保険者の補助者が告知の受理について保険者を代理する権限を必ず有するとはいえないのであって，例えば保険加入の勧誘，申込みの取次ぎ，保険料の受領だけを扱う媒介代理店・保険外務員などに告知したにとどまる場合は告知義務を果したことにならない。しかし，会社のために重要な事実を調査する責務を有する者 (例えば，診査医) に対する告知は，保険者に対する告知の効果を生じるものと考えられ

る。なぜなら，保険者がそのような責務を与えたことは，その者に会社に代って告知を受領する権限を与えたものとみてさしつかえないからである。

⑷　告知の時期及び方法
①告知の時期

告知の時期について，保険法4条，37条及び66条は「保険契約の締結に際し」と定めているから，保険契約の申込みを行った時から保険者が承諾する時までと解される。したがって，告知義務違反の有無は，「契約申込時」ではなく，「契約成立時」を標準として判断されることになる。

損害保険約款においては，告知の時期は「保険契約締結の際」（自保標準約款基本条項4Ⅰ）と定められているが，「損害保険契約の成立過程」の項においてすでに説明したように（→63頁），損害保険契約の申込みと承諾とは時間的に接続して行われるのを常とするから，告知の時期を「契約申込時」又は「契約成立時」のいずれと解しても，事実上ほとんど差はない。

しかし，申込時と成立時が異なるときは，後者を標準とすべきであるから，申込時に告知義務が完全に履行されていなくとも，成立時までに追完又は訂正することは可能であり，また，申込時から契約成立時までに発生又は変更した事実についても告知することを要する。契約成立時に告知義務が履行されていない場合には告知義務違反は確定し，その後に追完または訂正を行っても告知義務違反は消滅しない（ただし，約款には，保険契約者又は被保険者は，保険事故発生前であれば，保険会社に対し，保険契約申込書の記載事項の更正を書面をもって申し出ることができるものとし，保険会社がこれを承認した場合は告知義務違反による解除を行わない旨の救済条項が設けられている。自保標準約款基本条項4Ⅲ③前段，傷保標準約款基本条項12Ⅲ③前段参照）。

契約成立後不告知の事実が消滅し，又は不実告知が事実と一致した場合には，告知義務違反は消滅する。

これと異なり，生命保険約款では，告知の時期を保険契約締結の際に保険者から書面又は口頭で告知を求められた時としている。したがって，生命保険実務上は，告知義務違反の有無は，告知時を標準として決定され，それ以後，契約成立時までの間に告知事項に該当する事実が発生しても，保険契約

者及び被保険者は，その事実を追加して告知する必要はない（なお，生命保険約款においては，損害保険約款にみられるような救済条項は設けられていない）。

②告知の方法

告知の方法については，法律上は制限がない。書面でも口頭でもよく，また，明示的又は黙示的のいずれであってもよい。

もっとも，損害保険約款においては，告知は，「保険契約申込書記載事項」に関して行われるべきものとされているから（自保標準約款基本条項1，傷保標準約款用語の定義条項1），原則としてこの書面によるべきであろう。しかし，ほとんどの場合に損害保険会社の窓口となって保険契約者に対応する役割を担う損害保険代理店は，契約締結権限を有するのを通例とするので，この場合には同時に告知受領権限をも有すると考えてよい。したがって，保険契約者及び被保険者（その代理人・履行補助者を含む）の口頭の告知の効力が争われる余地は乏しい。

これに対し，生命保険契約においては，各社とも保険契約申込書とは別に，質問表の形式による告知書の提出を求めており，告知書のみによって選択を行う保険（告知書扱）の場合には告知義務者によるこの欄への記入のみで，また，医師の診査等を併用して選択を行う場合には告知書と診査医への口頭の告知（診査医はこれを診査報状に作成する）によって，保険者への告知が完成するという方式を採用している。なお，生命保険約款では，「保険契約者又は被保険者は，保険契約の締結（又は復活）の際，会社が書面で告知を求めた事項について，その書面により会社に告知することを要します。ただし，会社指定の医師が質問した事項については，その医師に口頭で告知することを要します」と定めるのが通例である。これは，保険契約者又は被保険者による，告知受領権限を有しない生命保険募集人（営業職員＝生命保険外務員や募集代理店）及び生命保険面接士に対する口頭の告知の効力を否定する趣旨である。

(5)　告知事項

告知事項は，保険事故発生の可能性に関する重要な事項のうち，保険者になる者が告知を求めた事項に関する事実（以下「告知事項事実」という）である（保4，37，66）。保険事故発生の可能性に関する重要な事項とは，保険者がその

事実を知ったならば保険契約を締結しないか又は少なくとも同一条件（保険料率，保険金額，免責額等）では契約を締結しないであろうと客観的に考えられるような事実である。ある事実が重要な事実であるか否かは，保険の技術に照らし，客観的にこれを決定することを要し，単に関係者が主観的に重要であると信じたか否かによって定まるものではない。重要な事項を類別すれば，直接に被保険者の身体又は保険の目的に存する危険な事項（絶対的危険事項，例えば遺伝・既往症，建物が木造であること等），被保険者又は保険の目的の環境に存する危険な事項（関係的危険事項，例えば職業・身分，建物の付近の状況等），及び前２者の存在を推断させるような事項（例えば，他の保険会社に契約の申込みを拒絶された事実，又は入院の事実等）等に分けることができるが，これらは現在の事実に限らず，過去に発生し又は将来発生することが確実な事実をも含み，また積極的事実のみでなく，消極的事実をも含むものである。

告知すべき事実は，保険者になる者が告知を求めたものに限られる。改正前商法では，告知義務者は保険者側の質問の有無にかかわらず，重要な事実について積極的に告知する必要があったが，保険法では，保険者になる者から告知を求められない事実については，告知義務者は告知する必要がない。また，告知すべき事実は告知義務者の知っている事実に限られる。告知義務制度は保険契約者・被保険者に対し告知事項事実についての探知義務を課するものではなく，その知っている事実についての告知を要求するものにすぎないからである。したがって，告知義務者の知らない事実は，たとえその事実の存在することを過失によって知らなかった場合であっても，告知義務の対象とはならない。

(6)　告知義務違反の要件

告知義務違反の客観的要件としては，告知事項事実の不告知（黙秘）又は不実告知（虚陳）があることを必要とする。次に，主観的要件としては，以上のような不告知又は不実告知が，告知義務者の故意又は重大な過失によってなされたことを必要とする（保28 I，55 I，84 I）。故意によるとは，告知事項事実の存在を知りながら，不告知又は不実告知をなすことをいう。重大な過失によるとは，故意による不告知又は不実告知と同一視できるような著しい過

80　第2章　保険契約総論

失があることをいう。

　告知事項事実そのものの不知の場合には，その事実は告知義務の対象とならず，したがって，事実そのものの不知についての重大な過失は，ここにいう重大な過失に入らないと解すべきである。告知義務違反の要件の存在は，これを理由として契約を解除しようとする保険者の側に立証責任が課せられる。

(7)　告知義務違反の効果

①解除権

　保険契約者又は被保険者に告知義務違反がある場合には，保険者は解除権を取得し，保険契約を解除することができる（保28 I，55 I，84 I）。この解除権は，保険者の責任開始又は保険事故の発生の前後にかかわらず行使することができる。解除の相手方は保険契約者であり，保険契約者死亡の場合はその相続人であって，被保険者又は保険金受取人に対する解除の意思表示は無効である。解除の方法については，民法の一般原則（民540）が適用される。

　民法の一般原則（民545）によれば，契約が解除されたときは，契約は成立当初に遡及して消滅するはずであるが，保険契約を解除したときは，その解除の効果は将来に向ってのみ生じ遡及効を有しない（保31 I，59 I，88 I）。したがって保険者は将来に向って保険金支払義務を免れ，保険契約者は将来に向って保険料支払義務を負わないと同時に，保険者は既収の保険料を返還する必要がなく，又は解除のときを含む保険料期間までに対する未収保険料を請求することができる。しかし，契約解除前に発生した保険金支払義務については，さらに特則をもって遡及効を認め，保険事故発生の後において契約が解除された場合でも，保険者は原則として保険金支払の責任を負わない（保31 II①，59 II①，88 II①）。

　多数の保険の目的又は被保険者が同一の契約によって保険されている場合において，一部について告知義務の違反があったときは，その一部について解除することができる。もし残余の部分だけでは同一の条件で保険を引き受けなかったと認められる場合に限って，保険者は契約全部の解除を行うことができる。

②解除権の制限

保険者の解除権の行使については，次のような制限がある。まず，時間的な制限としては，保険者は解除の原因を知った時から1月以内に解除権を行使しなかったときは，解除権は消滅する。解除の意思表示は1月以内に相手方に到達することを要し，この期間は除斥期間であって時効期間ではない。また，契約締結の時から5年を経過したときは，解除権は消滅する（保28Ⅳ，55Ⅳ，84Ⅳ）。この期間もまた，除斥期間である。この期間経過後は契約の効力を争いえないという意味で，これを不可争期間という。この期間を約款によって短縮することは差支えないが，延長することはできない。

次に，保険契約者が保険事故の発生と，不告知又は不実告知された告知事項事実との間に因果関係のないことを立証した場合には，たとえ告知義務違反があっても，保険者はこの事実によってなんらの不利益をも被っていないわけであるから，保険金支払義務を免れることはできない（保31Ⅱ①但書，59Ⅱ①但書，88Ⅱ①但書）。

告知義務違反があっても，保険者が契約の締結時に，不告知又は不実告知の対象となった告知事項事実について真実を知っていた場合，又は過失によって知らなかった場合には，契約を解除することができない（保28Ⅱ①，55Ⅱ①，84Ⅱ①）。過失により知らなかったときとは，保険者が自己の被ることあるべき不利益を防止するために取引上必要とされる注意を怠ったこと，いわゆる自己過失を指すもので，法律上の注意義務に違反しその履行を怠ったためこれを知らなかったことを意味するものではない。また過失とは，重大な過失に限らず軽過失をも包含する。診査医の過失は，それが社医（被用者）であると嘱託医であるとを問わず，保険者の過失とされる。診査医の過失を判断する基準は，普通の開業医が通常発見し得べき病症を不注意によって看過したかどうか，とされている。保険者の了知及び過失の立証責任は，保険契約者に負わされている。さらに，保険媒介者が告知妨害又は不告知教唆をしたときは，保険者は，原則として契約を解除することができない（保28Ⅱ②③Ⅲ，55Ⅱ②③Ⅲ，84Ⅱ②③Ⅲ）。

(8) 告知義務違反と詐欺・錯誤

①問題の所在

　保険契約については，保険法上，告知義務の制度が設けられており（損害保険につき保4。生命保険につき保37。傷害疾病定額保険につき保66。従来，告知義務違反が問題とされているのは，主として生命保険の分野においてである），保険契約者又は被保険者になる者が，保険契約の締結に際し，保険事故発生の可能性に関する重要な事項のうち，保険者になる者が告知を求めたものについて，故意又は重大な過失により，保険者になる者に告知せず又は不実告知をしたときは，告知義務違反として，保険者は契約を解除し，保険金支払義務を免れることができるものとされている（保28 I，31 II①，55 I，59 II①，84 I，88 II①）。しかし，保険者の解除権の行使については一定の制限が設けられており，告知義務違反があったときでも，保険者が解除の原因を知った時から1月以内に解除権を行使せず，又は契約締結の時から5年を経過したときは解除権は消滅し（保28 IV，55 IV，84 IV），保険契約者が保険事故の発生と不告知又は不実告知された告知事項事実との間の因果関係の不存在を証明した場合には，保険者は解除権を行使することができず（保31 II①但書，59 II①但書，88 II①但書），また，保険者が契約の締結時に告知事項事実を知り又は過失によって知らなかった場合も，解除権を行使することができない（保28 II①，55 II①，84 II①）。さらに，保険媒介者が告知妨害又は不告知教唆をしたときは，保険者は，原則として契約を解除することができない（保28 II②③III，55 II②③III，84 II②③III）。

　告知義務違反を理由とする保険者の解除権の行使については，以上のような要件及び制限が定められているので，保険契約の締結に際し，保険契約者側に詐欺等の行為があったにもかかわらず保険金請求が行なわれるような場合には，保険者は，裁判上，告知義務違反による解除と併せて，民法の詐欺による取消し，錯誤による無効（平成29年民法改正後は「取消し」。以下同じ）を主張するのを常とした。そこで，(ア)保険契約者側の不告知又は不実告知が告知事項事実に関するものであり，したがって，告知義務違反の要件を充足する事案において，これが同時に詐欺・錯誤による法律行為の要件を備えているときは，これに関する民法総則の規定を適用して妨げないか，また，(イ)保険

契約者側の不告知又は不実告知が告知事項事実に関するものでなく，告知義務違反の要件を充足しないときは，詐欺・錯誤に関する民法の規定を適用すべきかという問題が提起された。

②考察

以下の考察は，平成29年改正前民法の規定を前提とするものである。

(i)判例　大審院民事部は，当初，上記の(ア)と(イ)とを区別し，(イ)については，詐欺・錯誤に関する民法の規定の適用を妨げないが，(ア)についてはその適用を排除すべきものとした[11]。その理由を要約すれば，改正前商法678条は保険契約に関する特別規定であり，もし告知義務違反の要件を備える場合について民法の詐欺・錯誤に関する規定の適用があるとすれば解除権の制限を定めた改正前商法678条1項但書及び2項の趣旨が没却されることになるので，告知義務違反の要件を充足しない事案についてのみ，詐欺・錯誤に関する民法総則の規定の適用を認めるのが妥当であるというのである。これに対し刑事部は右のような区別をなさず，詐欺・錯誤に関する民法の規定は告知義務に関する改正前商法の規定によって適用を排除されない旨を明らかにしている[12]。

その後，民事部も刑事部判決と同様な態度を示し[13]，大正6年12月14日の民事刑事聯合部判決[14]をもって刑事部見解の線で判例が統一された。その判旨とするところは，告知義務違反と詐欺・錯誤とはまったく要件・効果を異にするから，告知義務違反によって契約を解除し得る場合でも詐欺による取消し，錯誤による無効の主張を妨げる理由は存在しない，という点である。この判例理論は，その後の判決によって一貫して支持されており，現在に至るまで変更されていないものと考えられる。

(ii)学説　告知義務違反に関する商法（保険法）の規定が，詐欺・錯誤に関する民法総則の規定の適用を排除するものであるか否かの点に関して，学説は鋭く対立している。

---

[11]　大判明40・10・4民録13・939，大判明44・3・3民録17・85，大判大2・3・31民録19・185，大判大3・6・5新聞950・30。

[12]　大判大3・5・16刑録20・903，大判大4・11・29刑録21・1993。

[13]　大判大6・9・6民録23・1319。

[14]　大判大6・12・14民録23・2112。

84　第2章　保険契約総論

①民法商法（保険法）適用説　民法商法（保険法）適用説（以下第①説）は，判例と同様告知義務に関する商法（保険法）の規定は詐欺・錯誤に関する民法総則の規定の適用を排除しないとする[15]。その理由は，告知義務に関する商法（保険法）の規定と詐欺・錯誤に関する民法の規定は，その根拠・要件・効果を異にする相互に独立な制度であって，一般法と特別法の関係にあるものではなく，詐欺・錯誤がある場合にこれによる取消し・無効を認めないとすれば，保険者は不当に不利益を被ることになり，とくに詐欺の場合，加入者を不当に保護することになる，とされる[16]。

②商法（保険法）単独適用説　商法（保険法）単独適用説（以下第②説）は，商法（保険法）の告知義務に関する規定は民法の詐欺・錯誤に関する規定の例外規定であって，告知義務違反の行為については商法（保険法）のみを適用すべきであるとする[17]。その理由は，告知義務に関する商法（保険法）の規定はこれを一体としてみた場合，保険者保護のみを目的とするものではなく，同時に告知義務違反による保険者の解除権の行使につき一定の制限を設けて加入者の保護もはかっており，一つの制度としてバランスを保っている。もし，さらに民法の詐欺・錯誤に関する規定の適用を認めるならば，告知義務に関する規定に盛られている加入者保護の精神が踏みにじられてしまうとする[18]。なお，野津博士は錯誤の規定については重複適用の有無の問題を生ずる余地がなく，また詐欺については告知義務の規定が保険の本質的必要に根拠する特別規定である結果，民法の規定はその適用を排除するとされ，第②説と同様の結論に到達される[19]。

③折衷説　折衷説（以下第③説）は詐欺と錯誤を区別し，錯誤に関する民法の規定の適用は排除されるが，詐欺に関する規定は適用を排除されないとする[20]。その理由は，商法（保険法）の告知義務に関する規定の目的からして，詐

---

[15]　大森・保険法135頁，鈴木竹雄・新版商行為法・保険法・海商法〔全訂第1版増補版〕87頁（弘文堂，1991年），田辺康平・保険法57頁。

[16]　大森・保険法136, 137頁注(7)。

[17]　松本烝治・私法論文集3巻584頁以下（巌松堂書店，1919年），大濱・前掲書149頁，田中耕太郎・保険法講義要領168頁（有斐閣，1938年）。

[18]　松本・前掲書566頁。

[19]　野津・契約法論221頁。

欺の場合は加入者の保護を考える必要がないのに反して，錯誤の場合には告知義務者に害意がないのであるから，保険者の利益と同時に加入者の利益をも考慮する必要があるとする[21]。中西教授は法理論上の根拠として，告知義務に関する商法（保険法）の規定は，保険契約締結の際の危険測定上意味ある事実・事項に関する錯誤という１つの特殊な動機の錯誤に関する特別法であるから，民法の錯誤の規定の適用は排除されるが，詐欺はとくに相手方を欺罔する意思を含む点において告知義務違反と異なり，相互に一般法特別法の関係にないから，詐欺に関する民法の規定の適用を妨げるものではないとされる[22]。

(iii)**私見**　保険契約も契約の１類型である以上，契約の申込み及び承諾に関しては，契約の成立に関する民法（521条ないし528条）の一般原則にしたがうべきことはいうまでもない（商行為たる保険契約であるときは商法508, 509条の特則が適用される）。そして，申込み及び承諾は相手方のある意思表示に属するから，詐欺により瑕疵ある意思表示が行われたり，錯誤により意思と表示が一致しなかったりしたときは，表意者は取消し又は無効の主張をなし得ることになる（民95, 96）。

問題となるのは，すでに指摘されているように，告知義務に関する商法（保険法）の規定の存在により，詐欺・錯誤に関する民法総則の規定の適用が排除されるか否かである。まず，詐欺と錯誤を区別して論じる第3説について検討すると，結論の当否は別として，その立場の過程において，詐欺についてのみ民法総則の規定の適用を承認し錯誤についてはその適用を排除することは，いずれも表示と真意の不一致，すなわち意思表示の効力に関する一連の規定に含まれる民法96条（詐欺）と民法95条（錯誤）を異別に取り扱う点で論理の整合性に欠けるのみならず，その根拠の論証も必ずしも十分な説得力を有するとはいえ，これを全面的に支持することは困難である。したがって，論理的整合性においてまさる第1説又は第2説のいずれかを採るべきものと

---

[20]　小町谷操三・海上保険総論１巻353頁（岩波書店, 1953年），伊沢・保険法179頁，田中＝原茂・保険法176頁，中西正明・総合判例研究叢書商法(8)190頁（有斐閣, 1962年），西島・保険法61頁，結果同旨，倉澤・課題49頁。

[21]　伊沢・保険法179頁。

[22]　中西・前掲書191頁，同旨，西島・保険法61頁。

86 第2章 保険契約総論

考えるが，結論としては第②説にしたがうべきであろう。その理由は，次の
とおりである。

第1に，告知義務制度は，保険制度の合理的運営のために不良危険を排除
することを目的としており，告知義務違反による解除権は，誤って混入した
不良危険を事後的に排除する手段を保険者に与えたものとして理解される
が，同時に当事者間の利害の公正な調整と権利関係の法的安定性保持の観点
から，商法（保険法）は告知義務違反に主観的要件（保険契約者の故意・重過失）
を定め，また解除権の制限を設けており，これらが一体となって告知義務制
度という保険契約に特有な，いわば自己完結的体系をもった独自の制度を形
成している。したがって，かかる事案につき，重ねて民法の詐欺・錯誤に関
する規定の適用を認めるならば，告知義務につき特別規定を設けた立法趣旨
が没却されてしまう。特に商法（保険法）が，危険測定上重要な事実について
無過失又は軽過失による不告知又は不実告知ある場合を告知義務違反に該当
しないものとし，また，除斥期間が経過したときは解除権が消滅する旨を定
めている点に，立法者の詐欺・錯誤に関する規定の適用を排除する意思をう
かがうことができるように思う。

第2に，第①説の見解にしたがえば，告知義務違反の行為が同時に民法の
詐欺・錯誤の要件をみたす場合には，商法（保険法）と民法の両方の適用があ
ることになるが，実体的な契約の効力の問題として考えると，詐欺の場合に
は特殊な契約解除権と一般的な取消権が1個の契約につき同時に発生すると
いうあり得べからざる結果となり[23]，また錯誤の場合も無効であると同時に
解除権が発生するという矛盾が生じ，妥当でないからである[24]。

しかし，第②説をそのまま採用するときは，詐欺を行なった者の不当な利
得を是認することになるので，かかる結果を回避する必要がある。その手段
としては，保険者の保険契約者に対する不法行為に基づく損害賠償請求権の
行使によって処理すべきであるとの見解もあるが[25]，保険実務上採用されて
いる方法，すなわち，保険契約者又は被保険者の詐欺による保険契約は取り

---

[23] 倉澤・課題49頁。
[24] 野津・契約法論223頁注(41)。
[25] 松本・前掲書575頁。

消すことが可能であり，既に払い込まれた保険料は払い戻さない旨の条項を普通保険約款に挿入しておくことがより適切であり，必要にして十分な措置であると思う。

残された問題は，危険測定上重要でない事実につき，詐欺・錯誤があった場合の民法の適用の有無である。これは告知義務制度の枠外の行為であるから，一般法である民法の適用を認めてもさしつかえないように思われるが，普通保険約款に右のような詐欺無効条項が存するときは（火災保険約款など保険期間の短い損害保険の中には，かかる条項を欠くものがあるので注意を要する），告知義務制度の立法趣旨をも考慮し，詐欺による場合はこれを無効とし，錯誤の場合はこれを不問に付する趣旨と解すべきであろう。

4 保険証券

(1) 意義及び交付

保険者は，保険契約を締結したときは，遅滞なく，保険契約者に対し，保険契約の内容等を記載した書面を交付しなければならない（保6，40，69）。改正前商法では，保険契約の契約内容等を記載する書面を「保険証券」と呼んでいたが（商649，668，671，679），保険法は，共済契約についても適用されるから，それに代えて「書面」という語を使用している。なお，損害保険及び生命保険の実務では，現在でも，この書面に「保険証券」という用語を使用している（以下この書面を「保険証券」という）。

(2) 保険証券の記載事項

保険証券には，次の事項を記載し保険者（法人その他の団体である場合にはその代表者）がこれに署名（又は記名押印）することを要する（保6，40，69）。すなわち，保険者の氏名又は名称，保険契約者の氏名又は名称，被保険者の氏名又は名称その他被保険者を特定するために必要な事項，保険事故又は傷害疾病定額保険契約においては給付事由，その期間内に保険事故又は傷害疾病若しくは給付事由が発生した場合に保険給付を行うものとして保険契約において定める期間，損害保険契約においては保険金額若しくは保険金額の定めがないときはその旨又は生命保険契約及び傷害疾病定額保険契約においては保険

88　第2章　保険契約総論

給付の額及びその方法，保険料及びその支払方法，保険契約を締結した年月日，危険増加に関する通知義務が定められているときはその旨及び契約書面を作成した年月日である。このほか，損害保険契約の保険証券においては，保険の目的物があるときは，これを特定するために必要な事項及び約定保険価額が定められているときは，その価額を記載しなければならない。また，生命保険契約及び傷害疾病定額保険契約の保険証券においては，保険金受取人の氏名又は名称その他保険金受取人を特定するために必要な事項を記載しなければならない。

(3)　保険証券の法的性質

　保険証券は，保険者によって正式に作成・交付され，保険契約者によって異議なく受領されたときは，その記載は契約の成立及び内容について事実上の推定的効力を有する証拠証券であり，保険契約に関する重要な証拠方法の1つである。保険証券の免責証券性が問題となり得るが，保険者は，保険給付を行う場合に，被保険者や保険金受取人に対し，保険証券のほか，その者の権利を証する書面（印鑑証明や罹災建物の登記簿謄本等）の提出を求めるのを常としていることに鑑み，これを否定すべきであろう。

　保険証券は原則として単なる証拠証券であり，有価証券でも流通証券でもないとされている。しかし，保険証券は記名式に限るものではなく，指図式又は無記名式で発行することを法は禁止していないから発行することができ，また実際上も利用されている。すなわち，保険の目的物に関する権利が，船荷証券に表章されて転々流通するのを常とする貨物海上保険（積荷保険）においては，これについての保険契約上の権利についても，指名債権譲渡の対抗要件に関する民法の規定（民467）の適用を排除し，裏書又は単なる占有の移転という簡易な方法によってその移転を行わせようとする目的から，指図式又は無記名式の保険証券が発行される場合が少なくない。このような保険証券の有価証券性がここで問題となる。

　ところで，新しい種類の有価証券を創設することは，物権の創設（民175）と異なり法律上否定されていないから，取引上の必要性に応じて新種の有価証券の存在を認めることは，証券による権利の移転がその証券に表彰される

権利の性質に反しない限り，さしつかえないものと考えられる。そこでこの権利の流通の必要性及び性質について検討してみると，貨物海上保険におけるように，保険の目的物たる運送品自体が船荷証券による取引の対象とされ，したがってまた，その経済的価値の補完を目的とする保険金請求権がこれに当然に随伴することが要請されるものにあっては，保険証券の裏書又は交付によって，この目的を達成することが必要であると思われる。しかもこの場合，保険の目的物は事実上保険関係者の支配の範囲外におかれているから（運送人の占有），保険に関するモラル・リスクを生じるおそれもない。したがって，この種の保険証券で指図式又は無記名式で発行されたものについては，有価証券性を認めるべきであると思う。

　ただ，この種の保険証券の譲渡は，その性質上，保険の目的物たる運送品を表章する船荷証券とともにこれを行うことを要するものであるから，このような条件の下においてなされた指図式保険証券の裏書交付又は無記名式保険証券の交付に限り，保険契約上の権利についての移転的効力，資格附与的効力，免責力及び善意取得を認むべきである。そして，この場合においても無因証券性・文言証券性を肯定することはできないから，保険者は保険契約に基づく各種の抗弁（例えば告知義務違反に基づく解除，危険の著変・著増による失効，保険料の不払等）をもって，保険証券の所持人に対抗することができる。

(4)　保険証券の喪失・滅失

　保険証券は，一般の場合においては，証券の所持がなければ保険金の支払を受けることができないという受戻証券性を有するものではないから，保険証券を喪失又は滅失（火災保険証券を火災によって焼失したような場合）した場合においても，保険金請求の妨げとはならない。しかし，指図式又は無記名式で発行された保険証券は有価証券と考えられるから，この種の保険証券を喪失又は滅失した場合には，非訟事件手続法に定められた公示催告手続を経て，除権判決をもって証券の無効宣言がなされた後でなければ，保険金を請求できないと解すべきである（民520の11，520の12，非訟99以下）。

第3章　損害保険契約

第1節　損害保険契約総論

Ⅰ　損害保険契約の概念

1　損害保険契約の意義

(1)　損害保険契約の定義

　保険法2条では，損害保険契約とは，「保険契約のうち，保険者が一定の偶然の事故によって生ずることのある損害をてん補することを約するものをいう」と定義され，その前提となる保険契約とは，「保険契約，共済契約その他いかなる名称であるかを問わず，当事者の一方が一定の事由が生じたことを条件として財産上の給付……を行うことを約し，相手方がこれに対して当該一定の事由の発生の可能性に応じたものとして保険料……を支払うことを約する契約をいう」と定義されている。

　保険業法3条では，損害保険業免許に関してではあるが，損害保険を「一定の偶然の事故によって生ずることのある損害をてん補することを約し，保険料を収受する保険」と定義している。

　学説上も，損害保険契約は，偶然な事故によって生じる「損害のてん補」を目的とする有償契約である，とするのが一般である[1]。

　保険契約類型の1つである損害保険契約の中に，傷害疾病損害保険契約が規定された（保2⑦，34，35）。新しい類型である傷害疾病定額保険契約についても規定がおかれた（保2⑨，66以下）。しかし，傷害疾病保険契約の現行商品

---

[1]　例えば，西嶋・保険法117頁，石田・保険法63頁，江頭・商取引法〔4版〕391頁。

の中には，給付形式ないし内容からみて，どちらの定義にも該当しないタイプのものがあり，将来開発されるものを含めて，いずれにも属さないものがあることに留意する必要がある[2]。

(2) 損害てん補の意義

ところで，損害の「てん補」とは，どのような意義を有するのか。

国語学の分野で一応権威があるとされており，広く使用されている一般の用語法の辞書である広辞苑（IC DICTIONARY 広辞苑）によれば，損害の「てん補」とは，「欠損をうめたすこと」とされている。それでは，法律用語としてはどうか。損害保険契約における「損害てん補」も，不法行為又は債務不履行による「損害賠償」の場合と同様に，「事故発生前の利益状態と事故発生後の利益状態とを比較して，その差額（損害又は損失）を埋め合わせることにより，事故前の状態に復帰させること」をさす，と解するのが普通である[3]。

しかし，損害保険契約において「損害のてん補」という表現が用いられている場合でも，被保険者の被った損害の全額が無条件でてん補されるわけではなく，保険法の規定，保険約款及び保険証券（保業規8，保6）によって多様な制約を受けている。保険法制定前後を通して，商法・保険法ともに，保険事故については「一定の偶然の事故」と表現されていながら，損害のてん補についてのその他の制約については触れられていない。後に詳述するように，「損害のてん補」とは，保険者が，保険事故により被保険者が被った損害額に応じて，保険価額（物保険）及び約定保険金額の範囲内で保険金を支払うことを意味するにとどまる。

(3) 損害保険契約とモラル・ハザード

上述したように，損害保険契約を「損害てん補を目的とする保険契約である」とする趣旨は，第1に，「被保険者が被った損害額を超える保険金を支払ってはならない」ということであり，第2に，「被保険者が被った損害額に応じて保険金を支払う」ということである。

---

[2] 山下友信「保険法現代化の意義」ジュリ1368号66頁（2008年）。

[3] 西嶋・保険法118頁参照。

第1節　損害保険契約総論　*93*

もともと射倖契約（旧民157，本書8頁〜9頁参照）に属し，少額の保険料を支払うことにより，保険事故発生の際には多額の保険金の支払を受け得る保険契約は，この制度を濫用して不労の利得を図ろうとする者にとっては，魅力ある手段であるといえよう。したがって，被保険者若しくは保険金受取人又はこれらの者の債権者等の中の一部の不心得者が，経済不況の時期においては，特に，あの手この手を弄して保険金の不正請求ないし不当請求を行う危険性は，決して少なくない。

傷害損害保険契約を含めた人保険契約においては，人としての本能的自己保存が期待できる。これに対し，物保険契約等の財産保険契約を内容とする損害保険契約は，通常，保険事故の発生により生じた損害は，焼失した建物・家財又は自動車のように，後に再取得できる種類の財産についての損害であるが故に，直ちに現金が必要な場合に，人保険契約等に比べて不正請求の危険度は遥かに高いものがある。

(4)　不正請求の抑止措置

そこで保険法は，損害保険契約につき，その射倖契約性を制約し被保険者の不労の利得を防止するため，いわゆる「利得禁止の原則」ないし「損害てん補の原則」に基づく保険給付に関する数箇条の規定を設けている。すなわち，(ア)いかなる場合でも，保険者は被保険者が被った損害額を超えて保険金を支払ってはならず（保2），(イ)損害保険契約が有効に成立・存続するための要件として，被保険者が被保険利益（保3）を有することを要すべきものとし（保2。ただし，4号イと6号のあわせ読み），(ウ)損害保険の保険事故による「てん補損害額」は，損害発生時（地）の価額によって算出すべきものとし（保3, 18），(エ)物保険契約の当事者の合意により約定保険価額が定められている場合でも，当該約定保険価額が保険価額を著しく超えるときは，てん補損害額は，当該保険価額によって算定することが定められている（保18）。

これらの点ついては，それぞれ項目ごとに詳述する。

2　損害保険契約の特色

損害保険契約を生命保険契約・傷害疾病定額保険契約と比べると次のよう

94　第3章　損害保険契約

な特色を有する。

(1) 不定額保険性

　損害保険契約においては，保険事故発生の際に保険者の支払うべき金額は契約成立のときには一定しておらず，保険事故発生によって生じた実際の損害額に応じてのみ定まる。これに対して，生命・傷害疾病定額保険契約は，保険事故の発生に際して，損害が発生すると否とにかかわらず，またその損害の額とは無関係に一定の金額を支払う（定額保険）ものである。

(2) 保険事故

　損害保険契約においては，保険事故発生の客体，つまり保険の目的は，物その他の財産的利益であるのに対し（財産保険），生命・傷害疾病定額保険契約におけるそれは，自然人たる被保険者である（人保険）。一般的には，損害保険契約における保険事故は，その発生自体，発生の時期及び発生の結果（程度）のすべてが偶然性を有するものでなければならないのに対し，生命保険契約では，人の生死という単に時期のみが不確定であって，事故が発生すること自体について偶然性を有しないものを保険事故とする。傷害疾病定額保険契約においては，保険事故といわずに，「給付事由」という（保66）。これは，人（被保険者）の傷害疾病が発生しただけでなく，治療や死亡が傷害疾病を基として生じていなければならないからである。保険法では，損害保険契約の類型として，人保険契約である傷害疾病損害保険契約も規定されており（保2），これも，傷害疾病が発生しただけでなく，損害が傷害疾病を基として生じていなければならない。このため，損害保険契約における「保険事故」を，傷害疾病損害保険契約では，「保険事故による損害」と言い換えて傷害疾病定額保険契約と平仄を合わせている（保35）。

Ⅱ　保険事故

1　保険事故の概念

　損害保険契約における保険事故とは，それが発生した場合，保険者の保険

第1節　損害保険契約総論　　*95*

金支払義務を具体化させるところの一定の事実であって，自然の出来事（暴風雨による船舶の沈没など）又は人間の行為（放火による火災等）である。

　保険法5条では，保険事故を「損害保険契約によりてん補することとされる損害を生ずることのある偶然の事故として当該損害保険契約で定めるもの」と定義している。すなわち，損害を発生させる約定事故が保険事故であることを示している。

　保険事故は，「危険（Risk 又は Peril）」ということもある。しかし，「危険」という言葉は多義性のある言葉であり，保険法においては，4条で，「危険」の定義を「損害保険契約によりてん補することとされる損害の発生の可能性」としており，保険事故という意味では用いていない。

2　保険事故の要件

(1)　偶然性（不確定性）

　損害保険契約における保険事故は，必ず偶然であること，換言すればその発生するか否かが不確定であることを必要とする。一般に保険事故が偶然的であるためには，事故の発生自体，発生の時期及び発生の結果（程度）のいずれかが不確定であればよいが，損害保険契約はそのいずれもが不確定であるのを通常とする。

　なお，損害保険契約における保険事故の偶然性については，「故意ではない」という意味が含まれるということも考えられる。しかし，損害保険契約においては，故意を担保することが可能であり（保険法17条1項は任意規定），例えば，保証保険では既に保険契約者の故意を担保していることからも，損害保険契約の定義（保2）にいう「偶然」に，当然には「故意ではない」という意味は含まれない。

　発生・不発生が既に確定している事故については，保険はあり得ないわけであるから，偶然性の存在は保険事故の第1の要件である。保険事故の発生・不発生が確定しているか否かは保険契約申込時を基準として判断されるが，事故発生の不確定性は必ずしも客観的である必要はなく，主観的に不確定であればよいとされている。これはすでに運送又は航行を開始している運送品や船舶を目的物とし，その発送又は発航時に遡及して効力を生じる保険契約

（遡及保険契約）を必要とする海上保険の慣習に基いて設けられた規定である。しかし，情報メディアの発達している現在，主観的な発生・不発生について特定の場合を除くことで，遡及保険契約を有効とする保険法の規定の論拠としては，適当でない。すなわち，遡及部分においては，客観的には既に保険事故の発生・不発生は確定しており，本来保険たり得ないはずである。保険契約者・被保険者が保険事故の発生を知らない場合，なぜ保険契約の遡及部分が有効になるのであろうか。これは，保険契約の本質がリスク移転のための契約であることから原則有効となるからであると考えるが，次のように遡及部分の知不知のもたらす無効・有効の根拠を整理することから考えていくこととする。

　なお，保険者が保険事故の不発生を知っている場合の無効の規定は，保険法5条2項及び7条により，片面的強行規定であり，保険契約者（被保険者は含まない）にとって実質的に不利益でなければ，契約は有効である。補償がなくなる不利益は契約者・被保険者が負うからである。

　以下は，強行規定により無効となる理由についての考え方であるが，保険法は，契約全体ではなく，遡及部分（契約締結時点から始期までの間）のみの無効という契約の一部無効を規定しており，これまでの遡及保険契約についての考え方が，立法によって変更されていることを前提とする。

①信頼関係論

　保険契約は，射倖契約であり，信義誠実の原則が通常の契約よりも強く，広範囲に適用されるため，主観的に知り得ていることは，申込時に，保険契約者（被保険者）が保険者に知らせる信頼関係がなければならないと解し，保険契約の前提となる信頼関係が破壊されたために無効となる。

　しかし，契約の前提となる信頼関係の破壊による無効であれば，保険契約は全期間にわたって無効であり，保険法5条1項が遡及部分のみの無効（「損害保険契約を締結する前に発生した保険事故による損害をてん補する『旨の定め』は，……無効とする」）を規定していることは説明できない。

②保険金の不正請求防止論

　保険契約は，射倖契約であり，少額の保険料によって多額の保険金を得ることができるため，保険金不正請求の抑止を構造的に必要とすることは上述

第1節　損害保険契約総論　*97*

した通りであり，事故の発生を知って契約することは，確実に保険金を得ることができるので，信義誠実の原則にもとる保険制度の悪用として不正請求に該当することから無効となる。

しかし，遡及保険による不正請求を意図して契約したとしても，他の不正請求同様，当該「発生を知った事故」を免責にすれば足りる。また，信義則違反の契約動機をもつ契約は，やはり全期間にわたって無効となるのではないか。

③保険料の算出困難論

保険料は，「当該一定の事由の発生の可能性に応じたものとして」（保2）算出するので，すべての保険契約において，偶然性が確保できていなければならず，保険事故の発生（傷害疾病損害保険契約では，保険事故による損害が生じたこと）を知って契約した時点で，保険金支払が確定するので，保険料の算出の前提である偶然性が確保できないとする。

しかし，これでは主観的不確定で足りる根拠たり得ない。保険料の算出は，客観的なものであり，知不知に関係なく算出されている。

以上の検討からすると，本来的に有効な遡及部分の定めのみを強行法規による無効にする根拠は絶対的・本質的な理由ではなく，立法政策的に，不正請求の抑止措置を置いたものと考えられるのではないか。上記②保険金の不正請求防止論に近いものとなるが，無効の適用射程は，当該「発生を知った事故」以前の事故に限定されると考えられる。すなわち，保険契約は，保険契約者・被保険者のリスク移転のための契約であり，保険契約者・被保険者にとって「リスク」の状態（発現が主観的に不確定）であれば，リスク移転のための契約として正当性が認められ，遡及保険契約の原則有効の根拠となるが，発現したことを知っている以上，リスク移転のための契約とはいえないこととなる。よって，遡及期間内の事故であっても，当該「発生を知った事故」後の保険事故については，不知である限りリスク移転がみられるので，担保することができることとなる。当該「発生を知った事故」に保険金が支払われるように遡及した部分（始期まで）のみを無効にしていると保険法5条1項を解釈することが妥当と考える。「免責」とせずに，「無効」としたのは，不正請求の抑止措置として契約動機を問題にしているのであり，遡及部分（始

期まで）の契約の動機が当該「発生を知った事故」を有責にするための期間として不法なものであるので，無効とした。よって，当該部分以外はリスク移転があるので，有効となる（被保険利益が消滅してしまった場合はこの限りでない）。

(2) 特定性（保険事故の限定）

保険事故は保険契約上特定されなければならない。しかしその範囲は，広くも狭くも限定することができ，1種の事故に限るとき（例，盗難保険契約における盗難），数種の事故を含むとき（例，住宅総合保険契約における火災，落雷，破裂又は爆発，風水災，盗難，傷害等），包括的に限定するとき（例，海上保険契約における航海に関する事故）等がある。

3 保険者の免責事由

(1) 保険事故と免責事由

保険者は，契約所定の保険事故を原因として被保険利益に損害が発生したときは，原則として保険金支払義務（損害てん補義務）を負うが（危険普遍の原則），保険事故が生じても，それが次の原因によるときは，損害てん補義務を免れる。これを免責事由といい，保険法の定めるもの（法定免責事由）と普通保険約款又は特約によるもの（約定免責事由）とがある。

(2) 法定免責事由

①戦争その他の変乱による損害

戦争その他の変乱によって生じた損害については，特約がない限り保険者は損害てん補の責に任じない（保17）。これらの損害を除外する理由としては，戦争その他の変乱は予測し得ない事変であって，これらの事実による保険事故の発生の度合やこれによる損害の程度について，蓋然率を計算し合理的な保険料を算定することは著しく困難であり，また，保険事業が普通の事情による平均的危険を保険料算定の基礎としていること等があげられる。

この結果，戦争その他の変乱（内乱・暴動等）による損害については，保険者は損害てん補の責に任じない。この「戦争その他の変乱によって生じた損害」とは，戦争等との間に相当因果関係のある損害のことである。なお，特約に

第1節 損害保険契約総論 *99*

よって戦争危険をも保険するのはさしつかえない。

②保険契約者・被保険者の故意又は重大な過失によって生じた損害

これらの損害は保険契約の本質である射倖契約及びそれを制約するものとしての善意契約性に反するのみでなく，このような場合に被保険者につき保険金請求権を認めることは，保険制度の目的に反し，また，保険金目あての放火を招く等のおそれがあって，社会の安全や公共の利益に害があり，これを防止する必要があるからであるとされる。この場合の故意とは，単にその行為により事故が発生することを予見することをいい，保険金騙取の故意を必要としない。

保険法17条は任意規定であって，免責事由は，片面的強行規定を含む強行規定に反しない限り，担保範囲を特定するために拡大，縮小できる。

(3) 約定免責事由

上述したように法律による免責が認められる場合のほか，保険者は普通保険約款によって多くの免責条項を定めている。免責約款は保険制度の本質をそこなわず，また片面的強行規定を含む強行規定に反しない限り，保険者に免責を与えることができる。ただし，免責される事項については簡単に類推・拡張解釈をしてはならず，保険取引の相手方が企業である場合には免責約款が保険料の低料化を目的としているときが多いから有効としてさしつかえないが（海上保険契約の海賊，捕獲の危険等），取引の相手方が大衆である保険契約の場合には免責約款が無効となる場合がある（消契10条や公序良俗（民90）違反等）。

約定免責事由の定め方の類型には，(ア)一定の事由による損害を免責とする場合（原因免責），(イ)被保険者等が一定の非難すべき状態にあるときの損害を免責とする場合（状態免責），(ウ)被保険者の近親者や被保険者の業務に従事中の使用人の被った損害を免責とする場合（人的免責）等がある。

(ア)原因免責の例としては，(a)地震，噴火又はこれらによる津波，台風，洪水，高潮等の自然災害による賠償損害，(b)核燃料物質若しくは核燃料物質によって汚染された物（原子核分裂生成物を含む）の放射性，爆発性その他有害な特性の作用又はこれらの特性に起因する事故等を原因とする賠償損害等があ

る。(イ)状態免責の例としては，(a)被保険者が，法令に定められた運転資格を持たないで被保険自動車を運転している場合，酒に酔った状態若しくは身体に道路交通法施行令44条の3で定める程度以上にアルコールを保有する状態で被保険自動車を運転している場合，又は麻薬，大麻，あへん，覚せい剤，シンナー等の影響により正常な運転ができないおそれがある状態で被保険自動車を運転している場合に生じた損害（無保険車事故），(b)被保険者が，被保険自動車の使用について，正当な権利者の承諾を得ないで被保険自動車に搭乗中に生じた損害（無保険車事故），(c)被保険者の闘争行為，自殺行為又は犯罪行為によって生じた損害（無保険車事故）等がある。(ウ)人的免責の例としては，(a)被保険者又はその父母，配偶者若しくは子が被った物的損害の賠償損害，(b)被保険者の使用者の業務に従事中の他の使用人の人的損害の賠償損害等がある（以上，自保標準約款による）。

　ここで留意しなければならないことは，現在の大衆分野の約款では，事故発生後の事由（例えば，事故発生後保険金請求書類への故意による不実の記載をすること）による免責規定は撤廃されていることである。これは，重大事由解除（保30，31）と保険給付の履行期（保21）が片面的強行規定（保26，33）という位置づけとなっているためである。例えば，保険金請求に関する詐欺であっても，その詐欺に関する請求は免責にできず，その後の保険事故が解除・免責になる。保険金請求に関する詐欺をその詐欺に対応する約定免責事由にすると，片面的強行規定に違反又は脱法することになる。ただし，片面的強行規定の射程は，重大事由に類する事由で重大事由を超えるに至らない程度のものに限られると考える。重大事由を超える信義則違反又は公序良俗違反となる事由（例えば，暴行・強迫があった保険金請求）については，その保険金請求について約定免責にすることは可能ではないかと考える。

Ⅲ　被保険利益

1　被保険利益の概念

(1)　被保険利益の意義

損害保険契約が適法に成立し存続するためには，その論理的前提として，

第1節　損害保険契約総論　*101*

被保険者が被保険利益（insuarable interest, intérêt d'assurance）を有しなければならないものとされている。

　損害保険契約は射倖契約に属し，少額の保険料をもって多額の保険金を取得する蓋然性を有することを否定できず，したがって，いわゆる「不労の利得」を生じる機会を提供する可能性があるところから，契約の締結を申し込むすべての者に対し無条件で引受けを承諾すれば，賭博の手段に利用される危険がある。そしてこれを放置すれば，時として保険契約者，被保険者又はこれらの者の債権者等による作為（例，放火）又は不作為による保険事故招致が行われるおそれさえある。したがって，このような弊害の発生を事前に抑止する措置を講じることが要請される。

　そこで保険法は，保険の目的について保険事故が発生することにより，被保険者が経済上の損害を被るべき関係にある場合，すなわち保険事故の不発生についてなんらかの経済上の利益を有する関係にある場合，被保険者は「被保険利益」を有するとされ，この場合に限り，損害保険契約の締結を認めるものとし，事故発生の抑止を図っている。このような意味において，損害保険契約の要素として被保険利益の存在が必要とされるのであり，保険法3条が，「損害保険契約は，金銭に見積もることができる利益に限り，その目的とすることができる。」と規定するのは，この趣旨をあらわしている[4]。

(2)　被保険利益の地位

　かつて「被保険利益の地位」に関して，絶対説，相対説，修正絶対説が唱えられ，さらに，学説の無用な対立を克服することが今後の重要な課題であると指摘されていた[5]。これらは，商法及び保険法の法文上に直接的には存在しない「利得禁止の原則」がどこまで，どのように適用されるのかを決定する（射程を画する）ための論議であるが，保険法により，「利得禁止の原則」の発露であるとされてきた商法の諸規定が変更されている。例えば，保険法は，9条において超過保険の超過部分について，原則有効としており，また，20条において重複保険についても，各保険者の負担割合に関係なく，てん補損

---

[4]　大森・保険法 67 頁，同・構造 81 頁以下参照。
[5]　西嶋・保険法 126 頁。

102　第3章　損害保険契約

害額の全額について給付義務を負うこととしており，物保険で保険価額がある場合であっても，すべての重複保険が原則有効としている。また，前述の通り，「利得禁止の原則」とは直接関係しない保険法2条，3条，18条では商法の規定に準じている。

　ここで分かることは，「利得禁止の原則」と超過保険の超過部分等の有効化（保9）の関係は，超過保険の超過部分等が損害保険契約上では有効であっても，実際には，保険事故発生時に超過保険となっていれば，「利得禁止の原則」により，超過部分に保険金は支払われないという関係に転化しているということである。すなわち，被保険利益のないところ（部分）に損害保険契約自体が有効に成立しないという「利得禁止の原則」ではなく，保険契約の締結時には損害保険契約の成立の合法性を「被保険利益の存在」のみにより判断し，「被保険利益の量」を超える「利得」については判断しないということとしたということである。そして，保険金の支払時に「利得禁止の原則」により，その支払の量が決定されることを前提とした体系となったものと考える。

　よって，「利得禁止の原則」の射程については，保険契約の締結時には影響を及ぼさず，保険金の支払時に絞った新たな理論の構築を必要としている[6]。被保険利益は，損害保険契約の成立と存続には必要であっても，そこには被保険利益の量的評価としての「利得禁止の原則」は働かない。

　保険法制定前では，「利得禁止の原則」の存在を前提に，時々に条文上に発露していると考えてきたのであるが，保険法上には発露が見えない。条文上に発露しているところもない「利得禁止の原則」で保険金に関するすべてを制御することは困難であり，立法上の課題ではないだろうか。「損害のてん補」という言葉に「利得禁止の原則」が含まれているとしても，保険法2条は，定義規定であって，「損害保険契約」であるから，保険金の支払場面では「利得禁止の原則」が全面的に適用になるとは言えない。定義の逆読みは tautology でしかない。

---

[6]　新たな理論の方向性：損害保険契約の合法性の担保の方法として被保険利益の存在が必要であると考えると，被保険利益と損害のてん補との間には関連性が必要であり，さらに，たとえ関連性が認められたとしても，そのてん補範囲は，前述の通り，不労の利得の防止になるという社会的相当性が必要であろう。

第1節　損害保険契約総論　　*103*

2　被保険利益の要件

損害保険契約が有効に成立・存続するためには，被保険利益は次の要件を
具備しなければならない。

(1)　適法性

被保険利益は，法令の規定に反し，又は公序良俗に反する利害関係であっ
てはならない。脱税・窃盗・賭博によって得られるべき利益とか，公序良俗
を害すべき書籍・麻薬・ピストルなどの販売による希望利益，罰金・科料，
過料，反則金等の刑罰や行政罰によって失われることあるべき利益は被保険
利益たり得ない。しかし，例えば，建物に火災保険を付することはもちろん
適法であり，その家屋が賭博・猥せつ物陳列等に利用された場合においても，
被保険利益と違法な行為とは無関係であるから，保険契約は有効である。被
保険利益の適法性の判断は客観的な問題であって，当事者又は被保険者の主
観とは無関係であるから，当事者又は被保険者の善意・悪意には影響されな
い。また，被保険利益の適法性はその利益主体（被保険者）の人的状態（国籍・
能力・身分関係）とは無関係であるから，被保険者が宣戦の布告により敵国人
となっても，私法関係に属する範囲では保険契約の効力に影響をおよぼさな
い。被保険利益が適法でない場合は，保険者は保険料を請求することができ
ないが，一度受領した保険料はこれを返還する必要はない（民708）。

(2)　経済的利益

被保険利益は経済上の利害関係，すなわち「金銭に見積もることができる
利益」（保3）でなければならない。なぜなら，保険者のなし得るものは金銭の
支払その他の財産上の給付に限られ，また経済的に評価不能のものであると
きは損害額の算定が不可能であり，保険制度の濫用により実損害以上のてん
補を受ける可能性があるからである。したがって，道徳的・宗教的・感情的
利益等は金銭に見積り得ないから被保険利益たり得ない。被保険利益は経済
的利益であればよく，必ずしも法律上の権利である必要はない。保険の目的
物（保6Ⅰ⑦）につき物権・債権を有する者はもちろん，それ以外の者でも使
用，処分し得る事実上の関係にあるときはそれにつき利益を有し保険に付す

ることができる。例えば，他人の物の善意の占有者・事務管理者がこれである。また，取得すべき利益の喪失について法律上なんらの権利も成立しなくとも，経済的利益が確定され得るときには（例えば，積荷の安全につき，荷主・担保権者・買主・問屋などの有する利益），保険契約を締結し得る。したがって，法律上の権利でなく純粋に経済的又は事実的関係のものであってもよい。法律上の権利者であって，単に登記その他の第三者に対する対抗要件を具備していないだけの場合ももちろんさしつかえない。また，利益が経済性を有すれば必ずしも経済的用途に用いられる必要はなく（例えば，骨董品等），まったく取引の目的とされないときでも物自体に取引価値が認められる場合は被保険利益となる。また，価格決定の困難な場合を除き，他の経済的利益を成立，証明する物も被保険利益たり得るし，ある事故のため直接の損害は被らないが，第三者に対する損害賠償義務を負う場合も被保険利益は成立する。

(3) 確定可能性

被保険利益は，確定し又は少くとも確定し得べきことが必要である。けだし，利益が確定し得ないと損害も確定し得ず保険者はてん補し得ないからである。もっとも，必らずしも契約締結当時現存し，かつ，確定していることは必要ではないが，利益の種類・価額・帰属は，少くとも保険事故発生の時までに確定し得ることを要する。損害保険契約は将来の危険に対し経済生活の安定をはかるのを目的とするから，現存する確定利益に限らず未必の利益・条件付利益等も被保険利益となり得るし，将来の企業より生じる利益その他全然将来に属する利益であってもさしつかえない。被保険利益が将来発生する例としては，貿易業者が将来の一定期間内に自己が輸入又は輸出すべきすべての貨物を保険の目的とする継続的予定保険契約（貨物海上保険契約），将来の仮定的利益についての保険契約の例としては，積荷の目的地への到達によって荷主が取得するであろう利益や，荷役業者が船舶の到着により得るであろう利益，つまり希望利益保険契約等がある。また，利益の帰属が不確定な場合，例えば，訴訟上所有権が係争中の物についても，所有者は自己のために保険契約を締結することができる。

選択的関係にある数個の利益も被保険利益となり得る。すなわち，被保険

第1節　損害保険契約総論　　*105*

者の側についていえば，ある者が物の所有者か，一般債権者か，担保債権者
かが未確定な場合にも，その者は事実上存在すべき利益について保険契約を
締結し得る。この場合にも，保険事故発生前に，その利益が所有者としての
利益か又は債権者としての利益かが確定することを要する。また，保険の目
的物に関していえば，ある物が何人に属するかが未確定の場合にも，その物
に関する利益につき保険契約を締結し得る。例えば，運送品や倉庫に寄託し
た商品について不特定の第三者のためにする保険契約を締結することができ
る。すなわち，被保険者は，契約締結の時及び担保の継続中に特定していな
くとも，あるいは途中で変更してもさしつかえないが，保険事故が発生する
までに確定されることを要する。

3　被保険利益の機能

　被保険利益は，損害保険契約において，契約の公序良俗適合性の判断の基
準となり，また，契約の同一性を区別する尺度となるものである。

(1)　賭博保険の防止

　被保険利益が存在しない損害保険契約は，いわゆる賭博保険契約として無
効とされる。

(2)　保険契約の同一性を区別する基準

　保険契約の同一性を区別する基準となるのは，住宅のような保険の対象で
はなく，被保険利益である。そして，同一の保険の対象に関する被保険利益
が，同一の保険事故に対して付保された場合に，その当事者が同一であれば
はじめてそれらの保険契約は同一のものといい得るわけであって，たとえ他
の要件は全部一致していても，被保険利益を異にしているときは，それらの
保険契約は別個のものである。

　同一人又は多数人は，同一の保険の対象について数個の被保険利益を有し
得るわけであるから，各個に独立の保険契約を締結することができる。例え
ば，ある住宅を同一の事故たる火災に対して保険に付する場合について考え
ると，その住宅の所有権者としての被保険利益があり，あるいはその住宅の

106 第3章 損害保険契約

担保権者としての被保険利益があり，又はその住宅の賃借人としての被保険利益（損害賠償の不発生という消極的利益）があり，その各々についてそれぞれ別個の保険契約を締結し得る。したがって，保険契約の締結にあたっては，保険の対象に関する被保険利益の種類について合意することを要する。もし，保険の対象のみが定められ，その被保険利益の種類が明らかでないときは，特別の事情がない限り，所有者としての一般的利害関係を被保険利益としたものと推定すべきである。

Ⅳ　てん補損害額・保険価額と保険金額
（一部保険・超過保険）

1　てん補損害額
⑴　てん補損害額の意義

　てん補損害額とは，「損害保険契約によりてん補すべき損害の額」をいい，保険事故発生地・時の価額によって算定する（保18）。「価額」は，価値 value であるが，これは，保険事故発生により被保険者が不利益を被るような利害関係の一般的・客観的な経済的価値を指す。ただし，保険法18条1項は任意規定であり，「てん補」の方法の定義もなく，「価額」の定義もない。したがって，その内容は，保険約款（契約）によって定まることになる。保険法18条1項の文言の射程は，物保険契約，費用・利益保険契約（興行中止保険契約等），物保険契約代替の責任保険契約（自動車管理者賠償責任保険契約，運送業者貨物賠償責任保険契約等）等の一般的・客観的な指標により決定されるものにはおよぶものの，消極保険契約である一般的な責任保険契約については，法律上の損害賠償額を「保険事故発生地・時の価額」とすることにはならないのではないかと考える。しかし，「てん補」の方法の定義もなく，「価額」の定義もないことから，保険事故により被保険者が被った損害額に応じて，保険金を支払うことを「損害保険契約によりてん補すべき損害の額は，その損害が生じた地及び時における価額によって算定する」という具体的イメージで示しているのではないかと考える。すなわち，例示であって，その射程は，損害保険契約全般におよぶと考えられるが，保険法18条1項は任意規定であって公

序則である「利得禁止の原則」までは読み込めない。

(2)　てん補損害額の性質

てん補損害額の評価基準につき被保険者の個人的・主観的な判断を許すと，実損害額を超える保険金の支払が行われる危険性を生じるおそれがあるので，一般的・客観的な立場に基づく判断を基準とすることが必要である。ところで，損害保険契約は，被保険者の個人的事情に基づく特殊な利害関係を被保険利益とする場合と，一般的な通常の利害関係を被保険利益とする場合がある。物を保険に付した場合には，特別の事情がない限り，物の所有者としての一般的利害関係を被保険利益としたものと推定されるから，物の客観的な一般価額をもっててん補損害額（上限）と考えてよいことになる。したがって，商品などの処分財産については取引市場における普通価額を，不動産その他の使用財産についてはその用途にしたがって使用される場合に一般的に有すべき価額をもっててん補損害額（上限）とすべきである。

2　保険価額

(1)　保険価額の意義

保険価額とは，「保険の目的物の価額」（保9）をいい，物保険契約において，超過保険契約（保9）や保険価額の減少（保10）等におけるメルクマールとなる，被保険利益の評価額のことである。

(2)　保険価額の性質

保険価額は，上記「てん補損害額の性質」において論じた，物保険契約におけるてん補損害額算定基準の性質を持ち，保険金支払の上限を画する機能を有している。てん補損害額は保険事故発生地・時の価額によって算定されるが，保険価額は物保険契約の締結の時から一貫して観念されており，価額の評価を行う地・時によって異なるのがむしろ普通である。すなわち，契約成立の時，保険期間の始期及び終了の時，又は保険事故による損害発生の時，また，例えば，運送品についていえば，発送地，到着地，損害発生地における保険価額は，それぞれ異なるはずである。

108　第3章　損害保険契約

(3)　約定（協定）保険価額

　保険価額は，客観的標準によって決定されなければならないが，例えば動産総合保険契約や展示一貫保険契約等で引き受けられる書や絵画，仏像その他の彫塑，あるいは骨董品のような美術工芸品等は，評価する者が異なれば評価額の幅が上下に大きく振れることが予想され，損害発生後にてん補損害額決定の前提となる保険価額と損害額の算定を行おうとすれば，契約当事者間に紛争が生じるおそれがある。また，海上保険をもって引き受けられる大型タンカー等の船舶にあっては，海運市況によって市場の取引価額（客観的な保険価額）が左右され大きく変動する場合があるが，船主は，保険事故による船舶沈没等の場合に備えて，あらかじめ適正な保険価額を協定し，一時的に取引価額が下落したような場合でも代船取得を可能とするような，十分なてん補額を用意することができる途が拓かれていることが望ましい。そこで，このような紛争を未然に防止し，又は保険の目的である船舶を失った船主の速やかな代船取得という合理的な要望の実現を可能とするために，保険法は，契約当事者の合意によって保険価額を協定することができる旨を定めている（保9）。これを，約定（協定）保険価額という。

　保険価額を約定した場合には，保険証券（契約時交付書面）にこれを記載することを要する（保6）。約定の方法には，時価ベースと新価（再調達価格）ベースがあり，新価ベースの保険の種類によっては，「利得禁止の原則」の適用（合法性の確保）を考慮して，再取得義務を課している（再取得しない場合は時価ベースで支払う）ものもある。再取得義務を課している場合は，全体が物保険契約ではなく，時価ベースの物保険契約と再取得費用の費用保険の複合したものとも考えられる。保険法9条，10条，18条2項により，約定（協定）保険価額が定められたときは，それが客観的な保険価額と一致しているか否かにかかわらず，当事者はこれに拘束され，保険契約締結時の保険価額（原始価額）としてはもちろん，損害発生の時の保険価額（てん補価額）としても有効である。

　ただし，約定（協定）保険価額も絶対的な効力を有するわけではなく，「利得禁止の原則」に反しない限りにおいて認められるに過ぎない。保険法18条2項ただし書きは，「当該約定保険価額が保険価額を著しく超えるときは，てん補損害額は，当該保険価額によって算定する」と規定して，約定（協定）保険

価額が客観的な保険価額より著しく過大であるときは，約定（協定）保険価額は無効となり，改めて保険価額で算定することとなる。すなわち，約定（協定）保険価額についても，これを合理的な範囲で定めるべきことが要請されている。しかし，当該約定保険価額が保険価額を超え，「著しい」という評価を受ける前までの範囲では，「利得禁止の原則」の許容範囲内であり，約定保険価額が設定されていない場合には，保険価額が上限となり，同じ超過額が「利得禁止の原則」の許容範囲外となる。このように「利得禁止の原則」は多様な面を見せる。

　これまでみてきたように「利得禁止の原則」は，さまざまな働きをするが保険法には明記されておらず，あらゆる損害保険金の支払場面において同一の原則として通底しているとされることには疑問がある。もちろん理念として「保険事故によって被保険者に生じた損害に応じた保険金を払う」という「利得禁止の原則」は，通底しているものの，具体的には異なる価値判断を無理に１つの言葉で表現しているのではないか。それぞれの局面において一つの原則に縛られず，根拠を整理すべきではないだろうか。

　なお，火災保険契約における価額協定保険（時価・新価）は，以下に述べる「全部保険」を実現するものであり，約定（協定）保険価額は存在せず，保険事故の発生の際の損害見積を，あらためて時価ベース又は新価（再調達価格）ベースで行うものである。

⑷　保険価額の機能

①てん補損害額の決定

　保険事故の発生によって物保険の被保険利益に損害が生じた場合，保険者は保険金を支払って損害をてん補することを要するが，その前提として，まずてん補損害額を決定しなければならない。てん補損害額は，一般的には，修理不能な場合には保険価額とし，修理可能な場合には，保険価額を上限に，修理費から新旧交換差益（部分品を新品に替えたことによる価額増加分）を差し引いたものとなる。約定（協定）保険価額が存在する場合は，新旧交換差益の控除を行わない。

　次に，全部保険又は一部保険の判定を行う。全部保険とは保険価額と保険

金額が一致していることをいい，免責金額（割合のこともある）のない限りてん補損害額が支払保険金の額（実損てん補）となる。一部保険とは保険価額未満の保険金額が定められていることをいい，保険価額と保険金額の差額分のリスクを被保険者が自家保険を引き受けているものと考え，比例てん補を行う。比例てん補とは，免責金額（割合のこともある）のない限り，〔てん補損害額×〔保険金額÷保険価額〕〕を保険金の額とするものである（保19）。

　この一部保険の判定にあたり，保険契約によっては，付保割合条件付き実損てん補条項により，〔保険金額÷保険価額〕が○○（例えば，耐火構造建物であれば30〜80）％以上ならば，比例てん補を行わず，割増保険料を支払うことで，保険金額を上限に実損てん補を行うとすることもできる（保19は任意規定）。

②超過保険・保険価額の減少の判定

　保険金額が保険価額を超過する保険契約を超過保険という。保険契約締結の時において保険金額が保険価額を超えていたことにつき保険契約者及び被保険者が善意でかつ重大な過失がなかったときは，保険契約者は，その超過部分について，当該損害保険契約を取り消すことができる（保9）。保険法では，超過部分も有効であり，「利得禁止の原則」により，保険金が支払われないだけであるが，契約当初から実際にはてん補されない部分がある場合には，超過部分の保険金額を取り消し，対応する，始期に遡った保険料の返還を受けることができる（民703）。

　保険契約締結の時には超過保険となっていなくとも，保険契約の締結後に保険価額が著しく減少して，保険期間途中で超過保険となったとき（実際には元に戻る可能性が低く，実際にはてん補されなくなる場合）は，保険契約者は，（請求時から）将来に向かって，保険金額又は約定（協定）保険価額については減少後の保険価額に至るまでの減額を，保険料についてはその減額後の保険金額に対応する保険料に至るまでの減額をそれぞれ請求することができる（保10）。なお，片面的強行規定となっている。

　特定の物保険契約が超過保険・保険価額の減少に該当するか否かの判定の基準となるのは保険価額であるから，この点からも保険価額は重要な機能を果たしている。

3　保険金額（の意義）

損害保険契約において，保険金額とは，保険事故の発生により被保険利益に損害が生じた際に，保険者が被保険者に対して給付することを要する金額（てん補額）の最高限度額をいう。

保険金額は，保険料算定の基準としての機能をも有する。一部保険における比例てん補に対しては，保険金額までの実損てん補が行われないことに関する消費者目線での理解が得られにくい。火災保険契約等の物保険契約においては，保険事故による損害は，分損が圧倒的に多く，全部保険のために高い保険料を負担する保険契約者と一部保険にして安い保険料を負担する保険契約者が，マクロでみれば同じ保険金を受け取ることになる。純保険料は収支均等になるのであるから，一部保険で実損てん補を受けようと思えば，割増保険料を払う必要があり，割増保険料が払われていない場合は，保険金を削減しなければ，保険契約者間の衡平は保てないことになる。一部保険の不足分を自家保険と擬制するのは，全部保険にした場合との負担割合を導き出すためである。

Ⅴ　重複保険

1　重複保険の意義等

(1)　重複保険の意義

保険法における「重複保険」とは，「損害保険契約によりてん補すべき損害について他の損害保険契約がこれをてん補することとなっている場合」（保20）の当該損害保険契約と他の損害保険契約の関係及びそれらの損害保険契約を指すと考えられる。保険法には，保険法20条の見出しに「重複保険」とあるだけで，重複保険の意義・要件の定義はない。保険法の条文では，保険金支払い時の重複てん補の問題に触れているのみである。それゆえ保険法制定前の超過保険と平仄を合わせた重複保険の契約の有効無効というような取扱いについては，断絶がみられることに注意して保険法の「重複保険」を重複てん補の問題として考える必要がある。

112 第3章 損害保険契約

(2) 重複保険における保険契約

保険法20条1項では,すべての損害保険契約について,それが重複保険であっても,それぞれの保険者は自ら引き受けた損害保険契約の保険責任を全うすることが規定されている。すなわち,重複保険はすべて有効であり,保険者は保険料を有効に取得できる。物保険契約であって,重複保険の合計保険金額が保険価額を超えていたとしても,超過保険のように,超過部分の取消しをすることはできない。これは,保険契約者が意識するとしないとにかかわらず,保険者の倒産リスクのリスクヘッジとなっている場合や担保範囲拡張（保険金額をあげる,免責条件を減らす等）の場合,現代のビジネスにおいて付加率を合理化したパッケージ型保険契約に含まれる保険（切り離しできないもの）で広範な補償と保険料負担が合理的である場合もあるためである（保険法は,消費者保護のため「販売・購買行動」まで範囲を広げており,合理的な「販売・購買行動」を阻害しないようにしていると考える）。

しかし,例えば,保険金額無制限の個人賠償責任保険契約に加入している保険契約者・被保険者が同一の保険者の個人賠償責任保険契約（担保条件,免責条件も同一）に,パッケージ型に含まれる場合を除いて,契約する場合は,リスクヘッジや担保の拡張,合理的購買行動が認められず,保険契約者に故意・重過失がなければ,錯誤（民95）を理由として取り消すことも可能となろう。

(3) 重複保険と利得禁止の原則

重複てん補の問題については,保険法上,損害保険についてのみ規定されていて,「利得禁止の原則」の存在を明確にうかがわせるものがある。保険法20条2項には,「共同の免責」があり,各保険者が同条1項にしたがってそれぞれの契約上の責任を果たすものの,保険金の合計額が各保険者の「（共通の）てん補損害額」（各損害保険契約に基づいて算定したてん補損害額が異なるときは,そのうち最も高い額）を超える場合には,「（共通の）てん補損害額」を被保険者の受領できる保険金の額の上限とし,後は各保険者のそれぞれの責任額により,保険者同士の求償によって精算することとされている。保険法20条全体は任意規定であるが,保険契約の内容として「（共通の）てん補損害額」を超える給付を認めるものではなく,被保険者を巻き込んだ独立責任額按分や支払順

位を決める（火災保険では，時価ベースの保険契約分を先に払い，再調達価格＝新価ベースの保険契約が新価分を払う）こと等が任意規定とされている範囲となる。このように「利得禁止の原則」の存在はうかがえるものの，本来保険法20条1項に重複保険の有効性とそれぞれの保険者の責任の履行を規定する場面で，「（共通の）てん補損害額」を超える給付を認めないことを明示しないのは，立法時に，「利得禁止の原則」が書かれざる原則として貫徹していることを前提とするが故に縛られ過ぎてしまったのではないだろうか。

　さもなくば，書かれざる原則は存在せず，本来，重複保険等も含め「てん補損害額」を超える給付を認める（給付を履行できるだけの保険料の全額が支払われている）が，場面場面で，公序良俗違反とならない範囲までの給付等にとどめる，というように考えられるのではないか。例えば，約定保険価額のある場合で，約定保険価額が保険価額を超え，著しくは超えていない場合の保険価額を超える保険給付は有効とされているように，個々の場面で考えていくことになろう（時価ベースの火災保険が複数ある場合，トータルでは，新価ベースまで保険金が払える約款も可能ではないか）。このように考えると，保険法20条は，任意規定であることも含めて，解釈及び保険給付の幅を広げる巧妙な規定とも考えられる。

2　重複保険の実務等

　保険法20条は任意規定であり，保険法制定時までの損害保険実務（約款規定）である独立責任額按分方式を変更する必要はなかったが，保険法対応の約款改定で，保険法20条に沿った内容に改められている。

　損害保険実務は重複保険を重複てん補の問題と考え，「他の保険契約等」という用語で定義している。「他の保険契約等　この保険契約における保険の対象と同一の敷地内に所在する被保険者所有の建物または建物以外のものについて締結された次条の損害または費用を補償する他の保険契約または共済契約をいいます。」（住火保標準約款1），「他の保険契約等　この保険契約の全部または一部に対して支払責任が同じである他の保険契約または共済契約をいいます。」（自保標準約款基本条項1）というように，支払責任を同じくする当該損害保険契約と他の損害保険契約の関係を保険給付時の調整として規定して

114　第3章　損害保険契約

いる。

　自動車保険普通保険 (標準) 約款 (基本条項22) では，他の保険契約等が先払をした (あるいは，する) ときは，てん補損害額との差額を (保険金額を限度に) 支払い，それ以外のケースでは，当該保険契約がてん補損害額の全額を (保険金額を限度に) 支払うこととしている。他の保険契約等の保険者との調整 (求償) については，保険契約者と保険者との契約である保険契約に規定する意味はないので，規定されていないが，保険法20条に沿った改定であるので，同条2項に沿った求償が行われることになる。

　なお，保険法20条2項の求償関係における各保険者の自己負担分の算出を保険金額ではなく各保険者の負担する支払保険金の額を基礎としているのは，普通保険約款上，免責金額又は免責歩合が定められている場合は，保険金額を基礎として自己負担分を算出すると免責金額等を定めた意味が失われ，それぞれの保険者にとって衡平な負担となる引き受けたリスク量に基づく責任分配ができなくなるからである。しかし，マーケットの中で求償を行わない方がコストがかからない等の政策的判断が行われることは妨げられない。なぜなら，全額担保するだけの保険料を各保険者は受領済みであり，保険者間の求償[7]は公序良俗や保険契約者・被保険者とは無関係であるからである。

第2節　損害保険関係

I　総　説

　損害保険契約の効果として，契約当事者である保険者と保険契約者及び被保険者 (他人のためにする損害保険契約の場合) との間に生じる権利義務を総称し

---

[7]　保険法上，保険金支払後に，保険金を支払ったことを根拠にして保険者の求償を認めている制度として，保険代位 (請求権代位) がある (本書145頁以下参照)。両制度は，保険者が保険給付を完全に履行できるだけの保険料を既に受領していながら，他に求償ができる制度であり，共通点が多く，損害保険の仕組みとして共通の根拠をもつものとして統一的に捉えられると考える。

て損害保険関係という。損害保険関係は，生命保険関係のように数十年の長きにわたって存続するものではないが，通常その存続期間は１年というかなりの長期におよび，いわゆる継続的法律関係の１つに属するため，その途中において事情の変更を生じることが予測されるので，保険法はこれに対する特別の規定を設けてこれを規整している。

損害保険関係においてもっとも主要なものは，保険契約者の負担する保険料支払義務と，これと双務関係に立つ保険者の負担する保険金支払義務との関係であるから，以下，これらの義務の内容及びその発生・変更・消滅をめぐる各種の問題を中心として考察を進める。

Ⅱ　保険者の義務

1　保険金支払義務（損害てん補義務）

(1)　保険事故と保険金支払義務

損害保険契約は，保険期間が無事故のうちに満了した場合にはそのまま消滅してしまうが，保険事故が発生した場合には，保険者は，一定の要件の下に，被保険者に対して保険金を支払う義務を負担する。

(2)　保険事故の発生

保険者は，約定又は法定・推定の保険期間内に，保険契約において約定された保険事故が発生して，被保険者に損害が生じた場合に，保険金を支払う義務を負う（保5）（保険事故の発生と保険期間との関係については，本書68頁参照）。

保険者の保険金支払義務が生じるためには，契約所定の保険事故が発生すれば足り，その発生の原因のいかんは問うところではない。これを「危険普遍の原則」という。商法665条では火災保険について「危険普遍の原則」を明示していたが，保険法では，火災保険に限らない当然のこととして削除された。ただし，この一般原則に対しては，法律の規定（保17）及び約款中の免責条項によって例外が定められており，一定の原因又は状態等による事故が免責事由とされている（免責事由については，本章98頁以下参照）。保険事故による損害が発生したことを，被保険者が知ったときは保険者に通知し（保14），

被保険者が立証する必要があるが，その事故の原因等についての立証責任は
なく，免責事由の該当性は，保険者が立証する必要がある。したがって，保
険事故が発生し，その原因が不明な場合には，保険者は保険金支払の義務を
負うことになる。

(3) 損害の発生

　保険者の保険金支払義務が発生するためには，保険事故の発生により被保
険者に損害が生じることが必要である。損害とは財産上の不利益な結果をさ
すが，この場合問題となるのは被保険者に生じた一切の損害ではなく，被保
険利益の全部又は一部が滅失・減損したことをいう。保険者は，上述したよ
うな損害が契約所定の保険事故によって生じた場合にのみ保険金支払義務を
負うものであるから，保険事故と損害の発生との間には相当因果関係が存在
することを要する。ただし，契約所定の保険事故と免責事故とが競合的に作
用し，又は相互に因果関係をなして作用した結果，そのいずれもが損害との
間に相当因果関係を有するとみられる場合は，極めて困難な問題が生じる。
というのは，保険者の責任の有無を定めるためには，そのいずれか一方をもっ
て損害発生の原因と判定しなければならないからである。この場合，損害発
生の近因をなす事故が契約所定の事故であるか免責事故であるかによって，
保険者の責任の有無を決定すべきであるとする近因の原則が主張される。「近
因」とは通常は時間的に最後の条件であるが，場合によっては損害に近接す
る条件中最も有力なものを指すと説かれ，必ずしも確定的な標準とは考えら
れない。また，一応時間的に最後に発生した事故によったものとみるが，遡っ
て他の事故の自然の成行とみられる場合は，この事故を損害の原因と解する
自然成行説も，必ずしも近因の確定に関する明快な基準を与えてくれるもの
とはいい難い。したがって，個々の具体的場合に応じて判断するほかはない
であろう。

　保険者はひとたび保険事故が発生し，これによって保険の目的物について
保険者の負担すべき損害が生じた以上は，たとえ後に至って保険者の免責と
される事故の発生によりその保険の目的物が滅失しても，保険者は自己の負
担した保険金支払義務を免れることはできない（保15）。また，約款によって

除外されている事故による損害についての免責も，その除外事故（原因）と生じた損害（結果）との間に，相当因果関係を有する（「による」）ものに限定され，その間に因果関係の中断が存在する場合には，保険者は中断後の損害については免責を主張できない。

(4) 損害査定手続
①査定の意義

損害保険契約において，保険期間内に保険事故が発生し，その結果，被保険利益に損害が生じた場合には，保険者は保険金を支払うことを要する。すなわち被保険者は，損害が発生した場合には，この旨を保険者に通知したうえ（保14），被った損害につき保険金の支払（損害のてん補）を請求することができるが，この損害額を立証する責任は原則として被保険者に課せられる。保険者は，被保険者によるてん補請求があった場合には，これに応じて契約の引受関係（引受条件，保険料の入金等）について確認したうえ，保険事故及び損害の状況（事故の原因，損害の規模，因果関係等）を調査し，法令，普通保険約款，特約条項及び当該契約の定めるところにしたがって，損害額並びにてん補責任の有無及び範囲（てん補すべき金額）を決定し，有責であるときは上記のてん補損害額を支払う義務を負う。

損害保険実務においては，広くこれらの一連の行為ないし手続を，一般に損害査定，又は略して単に査定とよんでいるが，本章では，これらの行為のうち，保険者によるてん補損害額の決定と，決定額の被保険者への通知をさす語として扱う。なお，生命保険実務においても，保険者は，保険金や各種給付金の支払にあたり類似の手続を行っている。

②査定の拘束力

保険者が，上述した査定手続にしたがっててん補額を決定したときは，これを被保険者に提示することを要し，査定額について被保険者が明示的又は黙示的に異議なく承諾した場合，つまり合意が成立した場合には，その時点で保険者の当該保険事故に関する契約上の債務の範囲（てん補損害額）が確定し，以後，当事者間では，詐欺，錯誤による取消原因がある場合（民95・96）は別として，その効力を争うことができなくなるものと考えられる。

118 第3章 損害保険契約

　保険者の支払うべきてん補損害額の確定方法については，普通保険約款上なんらの規定も設けられていないのが通例であり，一見したところ，保険者は，法令，約款及び当該契約に定めるところにしたがって査定を行う，いわば査定権ともいうべき権限を有し，査定額をてん補損害額として被保険者に支払えば，それ以上の債務を負担することはないようにも思われる。しかし，保険者は，保険契約の一方の当事者に過ぎず，保険契約者又は被保険者が，保険契約によって，債務者たる保険者に，自らの債務の範囲を決定する権利ないし権限を与えていると解すべき合理的理由は存在しないから，このような解釈はとることができない。むしろ，普通保険約款は，査定額について被保険者の明示又は黙示の承諾があった場合を，当然の前提として組み立てられていると解するのが正当である。

　被保険者が，保険者から提示された査定額につき不服があるときはどうなるか。査定額の修正の可否をめぐって当事者間で協議し得ることはもちろんであるが，協議が成立しない場合には，約款上，紛争処理条項が設けられていれば，それに基づき選定された評価人又は裁定人による評価又は裁定に付されることになり，かかる条項がなければ，被保険者は，裁判所に対し，保険金請求訴訟を提起して査定額の当否についての判断を求めることになる。ただし，約款外，裁判外での査定額を含む紛争解決については，紛争の種類に合わせて，複数の手段が用意されている。最も簡易な手段として，苦情申立て制度や，保険金等について再審査請求制度を設けている会社が多い。交通事故賠償については，公益財団法人交通事故紛争処理センター等の紛争処理機関がある。また，簡易・迅速かつ中立・公正な解決手段を提供する金融ADR制度（金融分野における裁判外紛争解決制度）は，2010年（平成22年）4月に施行された改正保険業法（保業308の2〜308の24）により，保険業界にも導入されている。以上の制度整備により，約款上の評価人又は裁定人による査定額に関する紛争処理条項は，個人分野の保険から除かれている。

⑸ 支払保険金の額（てん補損害額）の算定

　保険事故による損害が発生した場合において，保険者の行う保険給付は，金銭の支払であるのを原則とする。例外として現物てん補（例・ガラス保険契約

における代物の給付，航空機体保険における中古航空機の引渡し，介護費用保険契約における介護サービスの現物給付）や修繕の特約を行う場合があるが，このような約定も，もちろん有効である。

　保険者の支払うべきてん補損害額は，保険価額（物保険契約）及び約定保険金額を最高限度とし，被保険利益について生じた損害額の範囲内において，かつ，その損害の程度に応じて決定されるから，まず，その基礎となる損害額を算定することが必要である。物保険契約の損害発生の態様としては，(ｱ)全損（被保険利益の全部滅失）と(ｲ)分損（被保険利益の一部滅失）の２種類がある。(ｱ)全損の場合は，損害額は保険価額に等しい。(ｲ)分損の場合は，(a)保険価額の減少額を損害額とする方法と，(b)損害発生直前の状態に復旧するための修理費（実際には，修理費から新旧交換控除する方法）を損害額とする方法がある（本章第１節Ⅳ2(4)参照）。

　物保険の損害額算定の基礎となる保険価額は，約定保険価額の定め（保険価額不変更主義の適用がある場合を含む）の適用される場合を除き，損害発生地におけるその時の価額を基準として定められる（保18）。損害額算定に必要な費用は，保険者がこれを負担するものとされている（保23）。

　同一保険期間内において数回の保険事故が生じた場合，すなわち保険金支払後の保険金額をどのように取扱うかは，約款においてこれを定めるのが通例である。ほとんどの場合，保険契約が，約款に規定する，いわゆる「全損終了（失効）」するときを除いて，保険金額は維持される。物保険に分類される自動車車両保険においては，「全損終了」規定はなく，保険金の支払有無にかかわらず保険金額は維持（「自動復元」ともいう）される。

　以上のような運用，制度によって決定された支払保険金のほか，保険事故発生後，保険契約者及び被保険者が支出した損害の発生又は拡大の防止のために必要又は有益であった費用は，保険者が負担するものとされている（保13，23）。

(6)　保険金支払義務履行の時期及び場所

　保険者の負担する保険金支払義務の履行期については，商法には規定されておらず，最高裁[8]は，火災保険約款[9]中「調査のために必要な一定期間内は」

履行遅滞には陥らないが，「保険金支払時期の延伸について」「保険会社と保険契約者等のいずれの責めに帰することもできない理由により猶予期間内に所要の調査を終えることができなかった場合にも，保険会社は，保険金に猶予期間経過後の遅延損害金を付して支払わなければならない」とした。その後の保険法では，約款に履行期の定めがある場合について，契約の引受関係及び保険事故，免責事由と損害の状況等必要な調査をするための合理的な期間を超えている場合は合理的な期間を経過する日をもって履行期とした。約款に履行期の定めのない場合には，保険金請求があって後，保険事故と損害の状況のみの調査をするための合理的な期間を経過する日をもって履行期とした（保21）。わたくしは，本来，保険金は早期の支払が必要であり，法規定がない状況では，保険事故の確認と損害額の確定した時をもって，履行期とすべきであると述べてきた。また，保険会社は，これまでも（請求手続が終了した後のフリーハンド部分を最高裁に否定されたものの），具体的に一定期間内に支払うことを約款に定めることを常としてきたが，保険法対応として，より詳細・具体的に履行期の定めを行っている。

この義務履行の場所は，債権者たる被保険者の営業所又は住所であるのを原則とするが（商516），合意，約款によってこれと異なる定めをすることは差支えない。

(7) 保険金支払義務の時効

保険金支払義務の消滅時効期間は3年であり，消滅時効期間の始期は「権利を行使することができる時から」（保95。債権法改正施行整備法）としている。民法166条1項は，1号で「権利を行使することができることを知った時から」とし，2号で「権利を行使することができる時から」と区分して規定しており，これまでの学説・判例上の議論を整理している[10]。

保険金請求権の消滅時効期間の始期に関するわが国の主要な学説・判例の

---

8   最3小判平9・3・25民集51・3・1565。

9   「当会社は，保険契約者または被保険者が第17条（損害または傷害発生の場合の手続）の規定による手続をした日から30日以内に，保険金を支払います。ただし，当会社が，この期間内に必要な調査を終えることができないときは，これを終えた後，遅滞なく，保険金を支払います。」

見解は次のように分類することができる。

①保険事故発生時説

保険金請求権の消滅時効期間は保険事故発生のときより進行するとする説であって，わが国の多数説である。この説は，保険事故の発生により，いわば一種の条件付債権であった保険金請求権が，具体的な金銭給付請求権に転化するのであり，その時から行使し得べきものとなるから，特別の規定又は約定がない限り，この時を消滅時効期間の始期とみるわけである[11]。

②保険事故発生知了時説

保険金請求権の消滅時効期間は，被保険者（保険金受取人）が保険事故発生の事実を知った時，又は知り得べかりし時より進行するとする説である。この説は，保険の目的（被保険者）は必らずしも被保険者の身近にあるとは限らず（例えば，外国），保険事故の発生を知らない場合も往々にして存在するから，このような場合に時効を進行させるのは被保険者に苛酷にすぎると説かれる。

③履行期説（権利行使時説）

被保険者（保険金受取人）が保険者に対し，現実に保険金請求権を行使した時，又は行使し得べかりし時に「履行期」が到来し，保険者は履行遅滞におちいるのであるから，保険金請求権の消滅時効期間はこの時から進行を開始するとする説である。この説は「権利を行使することができる時」の意味を「履行期」と同じ意味に解するところから出発している。したがって，この立場をとるならば，保険法によって調査期間が設定され，約款の整備も進んだので，それは同時に時効期間の始期を履行期まで繰り下げるという効果をも生じることになる。この説は，さらに2つの類型に細分される。

(ア)被保険者等が現実に約款所定の手続を行って保険金の請求をした日から約款所定の調査期間を経過した日より進行するとする説。

(イ)被保険者等が約款所定の手続を行って保険金の請求をなし得べかりし日

---

[10] 保険契約における消滅時効に関しては，さしあたり，金澤理「保険契約における時効」比較法学3巻1号95頁以下（1967年），同「保険契約上の請求権の消滅時効」創立40周年記念損害保険論集261頁以下（損害保険事業研究所，1974年）参照。

[11] 同旨。東京地判昭42・9・27下民集18・9＝10・956。

122　第3章　損害保険契約

から約款所定の調査期間を経過した日より進行するとする説。

④私見

ところで，普通保険約款においては，保険金請求権の行使の方法・時期等につき，特に規定がおかれるのを常とする。すなわち，例を火災保険契約にとれば，住宅火災保険普通保険（標準）約款28条は「(1)当会社に対する保険金請求権は，第2条（保険金を支払う場合）の事故による損害が発生した時から発生し，これを行使することができるものとします。(2)被保険者が保険金の支払を請求する場合は，保険証券に添えて次の書類または証拠のうち，当会社が求めるものを当会社に提出しなければなりません。」と規定し，また同約款30条は「保険金請求権は，第28条（保険金の請求）(1)に定める時の翌日から起算して3年を経過した場合は，時効によって消滅します。」と定めている。

上記のような保険法及び約款の存在を前提にして，時効期間の始期に関する私見を述べる。

まず第1に，保険契約に基づいて，被保険者にいわば一種の条件付権利として与えられている保険金請求権は，保険事故の発生によって条件が成就することにより具体的な保険金請求権に転化し，保険法95条に規定されている「行使することができる」ものとなる。そして，保険金請求手続及び履行期を示す約款の規定は，保険金請求権の具体化そのものを条件づけ又は期限づけるものではなくて，単に保険金支払のためになされるべき前提的手続ないし支払の時期のみを定めたものにほかならないと解すべきである。たとえ約款上所定の手続の履践及び調査（猶予）期間がおかれているとしても，履行期の問題はともかく，それは保険金請求権の発生ないし具体化を阻止し得るものではない。

第2に，具体化した保険金請求権は期限の定めなき債権であるからいつでも請求することができ，したがって，原則としてこの時から時効が進行するはずである。もっともこの場合，保険金請求手続のために定められた期間（保険事故の発生から損害の通知まで，さらに損害の通知後の書類提出期間）の性質が問題となるが，これは保険金請求権の行使の方法を定めたもので，被保険者がこの手続を履践することを要請されているとしても，これはいわゆる「事実上

第2節　損害保険関係　　*123*

の障碍」であって，時効の進行に影響を与えないものであるのみならず，本来この手続は，これを怠ると保険金請求を完了できず，保険金支払の時期が延長されるという被保険者の権利行使の前提要件の1つを定めたものにすぎないから，もっぱら，このような観点から評価されるべきものと思う。

　第3に，保険金請求後，保険者のために設けられている調査期間ないし猶予期間の性質いかんである（保21）。この点について結論を先に述べるならば，わたくしはこれは猶予期間の一種であり，当該期限の到来まで，権利は存在するが，法律上未だ行使し得ないのであるから，「法律上の障碍」にあたり，したがって，時効期間の進行に影響を与えるものと考える。

　以上の点をまとめると，結局，火災保険約款とは異なる[12]が，保険事故発生後，約款所定の猶予期間が終了した時から保険金請求権の時効が進行する，ということになる。

　もっとも，このような結論，とくに第3点については，批判の存することが予想される。例えば，ドイツ民法205条「債務者が債権者との合意に基づき一時的に給付拒絶権を有する間は，消滅時効は，停止する」（民法（債権関係）部会資料14-2）のような明文の規定がない以上，無理な解釈であるという反論である。しかし，保険者の調査期間，すなわち猶予期間の設定が消滅時効の進行に影響をおよぼさないものと解すると，保険法は，被保険者に対し一方的に著しい不利益を課することになる。したがって，保険法による猶予期間（調査期間）の設定は，理論上，保険者は保険金債務につき期限の利益を享受する代償として，猶予期間に相当する期間についての時効利益を放棄させられたものであり，これによって保険者と被保険者という利益相反する当事者間において，利益の均衡を保持することができるものと考える。消費者保護法理を導入した保険法において，経済的優者である保険者に時効利益の一部を

---

[12]　最1小判平15・12・11民集57・11・2196（保険百選178頁）。本判決は，猶予期間と消滅時効の関係について判示したものではないが，保険金請求権の消滅時効期間の起算点を「支払事由が生じた日の翌日から起算して3年」とする約款の解釈論として，「その時からの権利行使が現実に期待できないような特段の事情の存する場合についてまでも，上記支払事由発生の時をもって本件消滅時効の起算点とする趣旨ではないと解するのが相当である」としており，結論として，約款の文言には合わない解釈を行ったものである。

124　第3章　損害保険契約

あらかじめ放棄させたとしても時効制度の趣旨に反するものではない。

2　保険料返還義務（保険料積立金の払戻しを除く）

(1)　保険料不可分の原則の不採用

「保険料不可分の原則」は，1保険料期間（通常1年）の保険料は，分割することはできず，ひとたび保険者が当該保険料期間について危険負担を開始(リスクアタッチ)したときは，1保険料期間の保険料を全額取得できる（返還しない）というものである。事故と保険金給付が保険の本質と捉えられていた時代には，保険料算出のための測定単位内では，いつ事故が起こるかは不明であり，リスクアタッチすれば保険料は同じでよいという理屈である。かつての商法655条は，リスクアタッチ前に契約の解除又は担保危険の消滅があった場合，保険者は，本来リスクを負担しておらず，保険料全額を保険契約者に返すことになるが，手数料として半額を請求できると定めていた。これを反対解釈すると，リスクアタッチ前は保険料を返すが，リスクアタッチ後は保険料を返さないということになり，保険料不可分の原則の根拠となるとされてきた。

わたくしは，興行中止保険契約のような保険期間中のリスクの変動の大きな特殊な保険を除いて，保険料不可分の原則のドグマ性を否定してきた。保険給付の本質が，事故における保険金給付ではなく，いつ事故が起こるかわからない（リスクは平均に分布する）という保険期間中継続的なリスク負担給付をしているということであるなら，理論的には，保険事故の有無とは関係なく，1保険料期間であっても可分である。現に損害保険契約では，保険契約の中途解約に対して，日割，月割又は短期率によって保険料を返還している実務となっており，理論的にも，実務的にも，保険料不可分の原則はすでに崩壊していた。

保険法は，当初より保険料不可分の原則を採用しないことを前提に，商法655条にあたる規定を設けていない。

(2)　保険料の返還義務

保険法では，保険料不可分の原則を採用していないので，保険期間途中で，

第 2 節　損害保険関係　　*125*

全損終了（契約目的の達成）以外の原因により終了した場合，終了時から保険期間末までの未経過期間に対応する既収保険料について不当利得となり，返還しなければならない（民 703）。解約時を中心とする保険料の返還については，保険法には定めがなく，合意（約款）による未経過期間に相当する既収保険料の返還を行わないことも可能ではある。しかし，その場合には，解約率を正当で意味のある（保険料が一定以上安くなる）範囲内で織り込んだ保険料算出による無解約返戻金型保険商品のように消費者にとっての合理性がなければならない。少なくとも 1 保険料期間の中では，リスクが均等に分布しているとされている保険について，契約者による任意解約（保 27）時に無返還を約した約款については，消費者契約法 10 条の不当条項規制がかかるおそれがあるといえよう。

　保険契約の失効，告知義務違反による解除（保 28），危険増加の通知義務違反の解除（保 29），重大事由解除（保 30），そして追加保険料不払の場合の解除については，未経過期間に対し日割で保険料を返還する旨が約款（住火保標準約款 24）に記載されている。これらは，保険法によるというよりも，保険法対応の周辺整備として一律的に約款によって，最も保険契約者有利な規定として，定めたものといえよう。

(3)　保険料返還の特則
①保険契約の取消し・無効（保 32）

　保険法は，保険料返還については，基本的に民法の不当利得理論で整理することとし，保険者に対して，保険料を返還する義務を免除する 2 ケースを規定し，これを片面的強行規定としている。1 つは，保険契約者又は被保険者の詐欺又は強迫を理由として保険者が意思表示を取り消した場合（民 96 Ⅰ）。2 つは，保険法 5 条により，遡及保険が無効となる場合（保険者の不知も必要）である。これらは，保険契約者側が不正な手段を用いること及び不当な利得を図ることに対するペナルティとしての保険料の不返還を，民法 705 条の非債弁済（債務の不存在を知ってした弁済）や民法 708 条の不法原因給付では説明できないため，保険法として認めたものである。片面的強行規定であるので，このほかの原因による保険契約の取消し・無効については，非債弁済・不法

126　第3章　損害保険契約

原因給付に該当しない場合は，保険料を返還しなければならない。例えば，民法5条2項の未成年者であることを理由とする契約取消し，消費者契約法4条1項・2項の重要事項の不実告知による契約取消し等がある。

②非債弁済・不法原因給付

民法は不当利得返還請求権を阻止するものとして，非債弁済と不法原因給付を挙げている。例えば，非債弁済に該当するのは，保険契約者が単独で架空契約を行った場合がある。不法原因給付に該当するのは，保険金を不当に取得する目的又は第三者に取得させる目的で保険契約を締結した場合（住火保標準約款21）である。なお，この場合，民法90条を明確化した約款により，保険契約は無効とされている（住火保標準約款13）。

(4)　保険料返還義務の時効

保険料返還義務の消滅時効期間は3年である（保95）。

3　契約締結時交付書面の交付義務

保険者は，保険契約締結後，遅滞なく契約締結時交付書面（「保険証券」）を交付する義務を負う（保6）。これについては契約締結時交付書面の項で説明したので，ここでは再説を避ける（本書87頁参照）。

Ⅲ　保険契約者及び被保険者の義務

1　保険料支払義務

(1)　保険料支払義務の基礎

保険契約者は，保険者に対して保険料を支払う義務を負う（保2）。損害保険契約は有償・双務の契約であるから，保険料支払の約束のない危険負担の契約は保険契約たり得ない（保険責任の開始と保険料の支払の関係については，本書68頁以下参照）。保険は保険者が一定期間中に支払うべき保険金の総額と，保険契約者が同一期間に支払う（経過する）純保険料の総額とが均衡することを予定して行われる制度であって，保険料は保険者の保険金支払義務に対する対価としての性質を有する。この義務は保険契約者が負担するのを原則とす

る。商法652条において，例外的に被保険者がこれを負担する場合が規定されていたが，保険法では規定がない。

⑵　支払うべき保険料の額

保険料は，保険事故の発生の可能性に応じたもの（保2）であって，保険数理に基づき，統計及び具体的事情に基づく危険の程度に応じて，保険期間を通じて定められる。これを純保険料という。実際には，事業として営まれる際には，事業費，（営利なら）利益などの計上を必要とするから，この外に付加保険料を加算することが必要とされる。

この両者を合せたものを営業保険料という。個々の契約に適用され，約定される保険料は，営業保険料であるが，保険金額，免責金額，担保条件及び割増・割引等により詳細に定められる。この約定保険料の額以上には，契約に定められた条件に変化がなければ，追徴的に保険料を請求されることはなく，したがってこれを定額保険料という。ただし，少額短期保険（保業272以下）については，約款に，保険期間中に保険契約の計算の基礎に著しく影響を及ぼす事象が発生したときは，保険料の増額又は保険金額の減額を行うことがあることが記載されている（保業規211の5）。なお，保険法は，営利・非営利に関わらず適用され，相互保険への準用規定は必要なく削除されている（海上保険契約に準用規定。商841の2）。相互保険にあっては，本来保険金支払に不足を生じた場合には追徴されることがあるが，わが国では相互会社の社員は有限責任であるから，定額保険料以外に追徴されることはない（保業31）。

約定された保険料の額は契約の要素をなすものであるから，契約一般の場合と同じく，当事者の合意があれば変更し得るが，原則として一方のみの意思表示によって自由にこれを変更し得ないことはいうまでもない。しかし，保険法は，次の場合に限り，保険契約者に一方的な減額請求権を認めている。

①保険価額の著しい減少の場合

保険期間中，保険価額が著しく減少したときは，保険契約者は保険金額及び保険料の減額を請求することができる（保10）。これは，保険契約者に無益な保険料の支出を避けさせることを目的とする。この減額請求権の法的性質は形成権と解されているから，保険契約者の減額請求により，保険者の承諾

128 第3章 損害保険契約

がなくともその効力を生じ，保険金額及び保険料は当然に減額される。この規定は，片面的強行規定であり，約款等により保険契約者に不利にすることはできない。ただし，その減額は将来に向ってのみその効力を生じる（保10）。将来効は，保険料不可分の原則を採用しない結果，未経過期間について減額となる。

②危険の著しい減少の場合

保険期間中，危険が著しく減少したときは，保険契約者は保険料の減額を請求することができる（保11）。この請求権の法的性質及び法的効果は，①の場合と同様である。

(3) 保険料支払の方法・時期・場所

保険料の支払は金銭で行うのを通常とし，損害保険契約では履行遅滞や解除の一般原則による複雑な紛争をさけるため，全額を一時に前払するのが原則である。ただし，保険料単価が上がるにつれ，個人保険分野でも分割払のニーズが高まり，さらに，契約時払込保険料の現金即収を行わないキャッシュレスの口座振替による保険料分割払は一般化している。また，同様に，契約時の一時払保険料の現金即収を行わない，口座振替払，コンビニエンスストア払，クレジットカード払及びペイジー払等があり，それぞれ払込猶予期間を持つ。企業向けには，この他にも様々な払込方法が設定されている。分割払の場合，個人保険分野では，月割が採用され続けている。実務上，保険料不可分の原則は適用されていなかった。

契約時払込保険料支払の時期は，当事者の定めるところ（約款）による。約定のないときは，契約成立後保険者の請求によって履行期が到来すると解すべきであろう（民412）。約定期日に保険契約者が支払をしないときは，保険者は契約の解除（民541）[13]，一般の強制執行の方法による履行の強制（民414），又は損害賠償の請求（民415）のいずれを行うこともできる。しかし，保険法31

---

[13]　最3小判昭37・6・12民集16・7・1322（保険百選26頁）。
　本判決は，保険料の不払を理由とする解除について，将来効である解約告知とするか，民法545条により遡及効をもたせるかが問われ，最高裁は，債務不履行解除が保険契約にも適用になり，遡及効をもつものと判断した。

第2節　損害保険関係　*129*

条は，対象を定めず，保険契約の解除を将来効と定め，本条項は片面的強行規定とされている。もし，すべての解除について遡及効を否定すると，例えば，契約時払込保険料について払込期間を定めて猶予している上記払込方法の多様化において，約款（特約）で定めている払込猶予期間内に払込のない場合の解除の遡及効も認められなくなる。保険料不払のまま猶予期間を経過した場合，猶予は失効し，責任開始条項ないし領収前免責条項（第2章Ⅲ2⑴参照）により保険者はリスクを負わない。ところが，保険契約者の保険料債務は将来効のために残存する。遡及効とすることで，保険契約者の保険料債務も消滅するので，保険契約者有利であり，片面的強行規定には抵触しない。約款ではなく，上記民法541条による解除で，民法545条により遡及効を持つ場合も同様と考える。

　保険料支払の場所は，保険料債務が原則として持参債務（商516，民484）であるため，保険者の営業所と解される。契約時払込保険料の現金即収については，契約と同時であり，履行場所は問題とはならない。しかし，現金の取扱は，極力避けられており，保険料支払方法は契約時を含めてキャッシュレスが大勢となっている。この場合は，保険料支払方法の内容に従って持参債務の持参場所＝履行場所を判断することになる。例えば，口座振替払の場合は，口座振替依頼書が適切に提供されていれば，保険契約者の銀行口座が履行場所であり，必要額の残高を置くことが弁済の提供となる[14]。コンビニエンスストア払では，コンビニエンスストア店頭が履行場所であり，保険者の発行した払込票と手順に従って現金を支払うことが弁済の提供となる。なお，銀行振込の場合は，保険者の指定する銀行口座が履行場所であり，必要額の着金が弁済の提供となる。

⑷　保険料支払義務の時効

　保険料支払義務は「権利を行使することができる時から」1年を経過した

---

[14]　福岡地判昭60・8・23判時177・125，判タ568・82（保険百選28頁）。福岡地裁は，口座振替による保険料分割払の第2回分割保険料の振替不能が金融機関側の事情により生じ，保険契約者は残高を維持していた場合で，振替不能により第2回と第3回の分割保険料を併徴する旨の案内のうえ，残高不足により，併徴できなかったとき，第2回分割保険料の弁済の提供の効果は覆されないと判断した。

130　第3章　損害保険契約

ときは時効によって消滅する（保95）。保険契約に保険料債務の履行期が定められていれば「確定期限のある債権」として，時効期間の始期について疑問の生じる余地はない。また，約定のないときは（約款中に責任開始条項が挿入されているような場合には履行期を特に定めないことがあろう），保険者がその請求をなし得べき時から消滅時効期間が進行を開始するものと考える。

2　通知義務

(1)　告知事項についての変更の事実の通知義務

　保険期間中，告知事項についての変更の事実が生じたときは，約款の記載により，保険契約者又は被保険者は，遅滞なく保険者に通知することを要し，もし故意又は重過失で遅滞なくこの通知をしなかった場合で，当該事実の発生により危険増加（告知事項についての危険が高くなり，追加保険料が必要になったり，引受けを継続できなくなったりすることをいう）が生じたときは，保険者は保険契約を解除でき，危険増加の生じた時から免責される。ただし，追加保険料の支払によって，保険契約が維持されるケースでは，因果関係不存在の特則が適用される（保29，31）（なお，危険の増加・減少については，本書155頁以下参照）。

(2)　損害発生の通知義務

　保険者の負担した危険の発生によって損害が生じた場合において，保険契約者又は被保険者がその損害の発生した事実を知ったときには，遅滞なく保険者に対してその通知を行うことを要する（保14）。これは保険者に対して，損害の原因の調査や損害額の査定，損害の拡大防止等の善後措置を講じる機会を与えるためである。

　通知義務者は，保険契約者及び被保険者であるが，いずれか一方が保険者に通知すればよい。通知の相手方は，保険者又は保険者により通知を受領する権限を与えられている者である。保険契約者及び被保険者は損害の発生したことを知った場合にのみ通知の義務があり，これを知らない場合には，過失によって知らない場合であっても通知義務を負わない。保険者が保険事故及び損害の発生を既に知っているときは，保険契約者等はこれを通知することを要しない。通知すべき事項は，保険事故の発生により保険者の負担に帰

すべき損害が生じた事実であって，少くとも保険事故の種類及び損害の範囲の概略について通知することを要するものと解される。

以上の通知義務の違反については保険法に明文の規定はないが，本通知義務は真正な義務であり，義務違反は債務不履行又は不法行為による損害賠償責任が発生する。したがって，この通知があるまで保険者は保険金の支払を猶予され履行遅滞を生じないが，被保険者は保険金請求権を失うものではなく，保険者は支払うべき保険金からこの損害額を控除することができるにとどまると解されている。最高裁[15]は，「保険契約者又は被保険者が保険金を詐取し又は保険者の事故発生の事情の調査，損害てん補責任の有無の調査若しくはてん補額の確定を妨げる目的等保険契約における信義誠実の原則上許されない目的のもとに事故通知をしなかつた場合においては，保険者は損害のてん補責任を免れうるものというべきであるが，そうでない場合においては，保険者が前記の期間内に事故通知を受けなかつたことにより損害のてん補責任を免れるのは，事故通知を受けなかつたことにより損害を被つたときにおいて，これにより取得する損害賠償請求権の限度においてである」としており，住宅火災保険普通保険（標準）約款25条は控除払のみを規定している。

3 損害発生拡大防止努力義務

(1) 根拠

保険契約者及び被保険者は，保険事故が発生したことを知ったときは，これによる損害の発生及び拡大の防止に努めなければならない（保13）。その根拠としては，保険契約は射倖契約性を有するから，不信不公正な詐欺行為に利用される可能性があり，したがって，それを制約する意味において善意契約たるべきこと，すなわち射倖契約に特有な契約当事者間の衡平の維持のために，保険契約の履行にあたっては特に信義誠実の原則が適用されるべきことが要請される結果，法が特に保険契約者及び被保険者に対してこのような義務を課していると解されている。このほか，公益の保護，つまり社会経済的見地からも財貨の損失を防止し，損害の発生・拡大を鎮圧することが必要

---

[15] 最2小判昭62・2・20民集41・1・159，判時1227・134，判タ633・248（保険百選32頁，交通事故百選4版198頁）。

132　第3章　損害保険契約

とされること，又は，保険契約者及び被保険者の不作為によって拡大した損害は，損害の範囲の点で偶然な事故による損害とはみられず，保険契約者及び被保険者が損害の発生拡大防止に努め，しかもなお防止できなかった損害のみが，真に保険者によってカヴァーされるべき損害であること等の理由も指摘されている。

(2)　義務の帰属主体

　損害発生拡大防止努力義務は保険契約者及び被保険者が負う。これは，前記のとおり契約当事者間の衡平及び保険契約者と被保険者の間にあるであろう密接な関係に考慮して，損害の発生拡大の防止を図り得る保険契約者と被保険者に損害発生拡大防止努力義務を認めたものである。

(3)　内容

　損害発生拡大防止努力義務とは，保険者の免責とされない保険事故が発生し，かつ，保険契約者及び被保険者がこれを知った場合に，このような事故の発生による損害の発生拡大防止のための努力をなすことを意味する。「損害の発生拡大防止」には，保険事故の発生の防止は含まれない。保険者の免責とされる事故によって生じた損害については，保険契約者及び被保険者は損害発生拡大防止努力義務を負わない。保険契約者及び被保険者は，保険契約が存在しない場合において自己のために行うであろうと同じ程度の注意をもって損害の発生拡大防止に努めればよく，いわゆる「善良なる管理者の注意義務」が要求されると解すべきではない。また，保険契約者及び被保険者の損害発生拡大防止の努力がなされた以上，それが奏功したか否かは問うところではない。義務履行の方法としては，自ら行うことはもちろん，他人にこれを行わせてもさしつかえない。

(4)　効果

　損害発生拡大防止努力義務の違反に対処する責任については，保険法に特に規定はないが，損害発生拡大防止努力義務は法律が特に保険契約者と被保険者に対して認めた義務であって，これに対し保険者が損害発生拡大防止請

求権を有するものではないから，保険者は直ちに債務不履行としてその損害
賠償を請求することはできない。しかし，保険契約者と被保険者は損害の発
生拡大を防止する努力義務を負うから，正当な理由なしにこの義務に違反し
た場合には，保険者の消極的利益の侵害として不作為による不法行為に基づ
く賠償責任を負う。保険者は，その支払うべき保険金からこの金額を相殺に
よって控除した残額を保険金として支払うこととしている（住火保標準約款
26）。

(5) 損害発生拡大防止費用

　保険契約者及び被保険者は損害の発生拡大防止に努めることを要し，この
ために必要又は有益であった費用は，これととん補額とを合計して保険金額
を超過するときでも，保険者はこれを負担しなければならない（保23）。ただ
し，一部保険の場合においては，保険者の負担すべき損害発生拡大防止費用
は，保険金額の保険価額に対する割合をもって保険者がこれを負担し，残り
の部分については被保険者がこれを負担するものとされている（保23）。つま
り，保険契約者及び被保険者は損害発生拡大防止の努力の実行を要求され，
この経費の負担は保険者に課せられるのである。損害発生拡大防止費用を保
険者に負担させる理由は，損害発生拡大防止費用も保険者の負担すべき保険
事故から生じた損害であり，保険者は通常その費用によって負担を軽減され
るからである。また，損害発生拡大防止費用と支払われるべき保険金の額の
総計が約定保険金額を超える場合をも保険者の負担としたのは，被保険者の
損害発生拡大防止活動を奨励する公益的理由に基づくものである。
　前述の保険法23条1項2号の規定は任意規定である。住宅火災保険普通
保険（標準）約款26条では，免責事由に該当するときを除き，消火活動に係る
(ア)消火剤等の再取得費用，(イ)損傷した物の修理又は再取得費用，(ウ)緊急投入
された人員又は器材の費用に限り，支払われるべき保険金との額の総計が約
定保険金額を超える場合でも支払うこととしている。このような費用内容の
明確化・限定化は，保険契約者・被保険者の損害発生拡大防止の努力を可及
的に阻止しないようにするとともに，保険技術上必要な計算の基礎に不測の
損害を及ぼすことを防止するという観点からみて，妥当であろう。

Ⅳ　第三者のためにする損害保険契約

1　意義及び目的

　第三者のためにする損害保険契約とは，第三者，すなわち保険契約者以外の第三者を被保険者とする損害保険契約（保8）であって，第三者のためにする保険契約の1種である。保険契約者が保険料を支払い，被保険者が保険給付を受ける第三者のためにする損害保険契約は，実質的な保険料負担を保険契約者がなしている場合と，受益者である被保険者がなしている場合があり，それぞれ保険契約の目的が異なる。子どもが借りている賃貸アパートの戸室について，借家人賠償責任保険契約を含む家財（火災）保険契約を親が契約するような場合は，実質的な保険料負担を保険契約者が行っている。これに対し，第三者の所有物につき輸送，保管等の受託業務を行う者が，当該受託貨物につき委託者のために締結する物保険契約は，受託契約の中に保険契約付保が約定され，運賃・保管料等の中に保険料相当額が含まれていて，第三者である所有者（被保険者）が実質的な保険料負担をしていて，実際には自己のためにする損害保険契約が変形しているものといえよう。

2　契約の成立要件

　第三者のためにする損害保険契約が成立するためには，保険者と保険契約者との間で，その旨の合意がなされることが必要である。第三者のためにすることが明らかでない場合は，自己のためにする損害保険契約であると推定される。しかし，契約上の被保険者が被保険利益をもたない場合には，契約が錯誤により取消される可能性がある（民95）。なお，第三者のためにする損害保険契約においては，被保険利益を有する第三者のためにする意思が明らかであれば被保険者の氏名を具体的に明示する必要はなく，保険契約者と被保険者の関係あるいは被保険者の地位（荷主等）を表示すれば足り，また契約締結当時の事情から被保険者を推定し得る場合には，被保険者の氏名・地位を示すことなく契約を結ぶことができる。このような保険を「不特定の第三者のためにする損害保険契約」という。

第2節　損害保険関係　*135*

　第三者のためにする損害保険契約における保険契約者と被保険者との関係は，何らかの密接な関係がない場合は，不法の目的を類推させるが，保険法は，保険金請求権が被保険利益を有する被保険者にしかない点をもって，明示されるべき関係を求めていない（保8）。なお，被保険者は被保険利益を有する者であることから，「被保険者」は危険に関する重要事項といえ，保険者が告知事項として告知を求めた場合で事実と異なる告知があったときは，告知義務違反に問うこともできる。

3　契約の効果

　第三者のためにする損害保険契約においては，被保険者は当然に保険契約の利益を享受し，受益の意思表示を必要としない（不利益を被ることがないためである。保8）。この受益は直接かつ原始的であって，保険契約者につき生じた権利の承継ではない。それゆえ，被保険者は保険者に対し，第三者のためにする契約（民537）として，保険金請求権を直接に行使することができる。当該損害保険契約上の被保険者としての地位を給付されたのであるから，当然に保険金請求権を直接に行使することができるとも考えられる。しかし，保険料の返還及び減額請求権，契約解除権等は保険契約の当事者としての保険契約者に属する（保険契約上で，それぞれの権利が保険契約者に留保されていることが条件となる。留保されていない場合には，第三者の権利が既に発生しているので，当事者は，これを変更し，又は消滅させることができない。民538Ⅰ・Ⅱ。ただし，保険者は，第三者のためにする損害保険契約上の抗弁を被保険者に対して対抗することができる。民539）。なお，保険契約者は保険者に対し，保険事故による損害の発生を知ったときは，遅滞なく，その旨を通知しなければならない義務を負ってもおり（保14），被保険者に保険金を支払うよう請求することができる。

　保険料支払義務は保険契約者に属する。それ以外の告知義務（保4），通知義務（保29），損害発生拡大防止努力義務（保13）等を負うことは，自己のためにする保険契約における場合と同様であるが，第三者である被保険者が第三者のためにする損害保険契約の成立ないし存続を知らなければこのような義務を果たすことはできない。

V　保険金債権の譲渡・強制執行

1　保険金債権の譲渡と被保険者

保険金債権の譲渡とは，保険の目的物とされている物の所有者（被保険者）が物の所有権を留保して，保険契約より生じる権利のみを譲渡した場合であって，このために，被保険者と保険事故発生の場合の保険金請求権者とが別人となる場合をいう。

保険金債権だけの譲渡の場合には，被保険者が被保険利益とはなれて保険金債権だけを第三者に譲渡するのであるから，被保険者は依然として被保険者たる地位に留まる。したがって，被保険者としての保険契約上の義務も，依然として譲渡人に残ることとなる。

2　保険金債権譲渡・強制執行の態様

保険金債権の譲渡・強制執行については，さらに次のように保険事故の発生の前後によって区別して考察しなければならない。

(1)　保険事故発生後の譲渡・強制執行

保険事故発生後においては，被保険者が保険者に対して有する保険金請求権は確定的な債権となるから，他の一般の債権についてと同様，被保険者はその債権者に対し保険金債権につき譲渡・質入れなどの処分を任意になし得ることはいうまでもない。これらの場合には，一般の債権譲渡・質入れ等の手続及び対抗要件の具備により債権者の保険者に対する権利行使が可能となる。保険事故の発生により，保険者に対する保険金請求権が確定的に発生しているにもかかわらず，被保険者たる債務者がその権利の行使を怠り，かつ債権保全の必要があるときは，既に履行期にある債権を有する債権者は，「債権者代位権[16]」（民 423 以下）による救済を受けることができる。すなわち，被

---

[16]　本来，債権者代位権は債権の保全を目的とする制度であるが，金銭債権の場合は，結果として弁済を認めざるをえないであろう。我妻栄・新訂債権総論 169 頁（岩波書店，1964 年），於保不二雄・債権総論〔新版〕173 頁（有斐閣，1972 年）。

保険者の債権者は，自己の名において保険者に対する保険金請求権を行使する（裁判外であってもよい）ことができ，これを直接自己に引渡すことを請求し得る[17]（民 423 条の 3）。この場合，保険者はこの債権者に対し，被保険者に対して有するすべての抗弁権を行使することができる（民 423 条の 4）。

(2) 保険事故発生前の譲渡・強制執行

　保険事故発生前に，保険事故が発生した場合に被保険者が，取得すべき保険金請求権を，被保険利益とは別個に他人に譲渡し得るかについては，保険法 22 条が責任保険について損害賠償請求権者の先取特権を規定し，先取特権を保護するため，保険事故発生前の保険金請求権について，譲渡，質権設定，差押えを禁止しており，反対解釈として，責任保険以外の損害保険については，譲渡，質権設定，差押えが許されていると考えられる。もちろん，保険契約において被保険者が被保険利益を有すべきことが要請されるのは，保険契約が不当な利得の手段として悪用されるのを防止するためであり，したがって，そのおそれのない場合においては，被保険利益の移転又は被保険者の交替なしに，保険契約上の未必的な権利のみの移転を認めることは可能であり，このような理由から不法の目的ないし第三被害者の保護に問題のない限り，譲渡，質権設定及び差押えは認められるべきものと考える。保険実務においても，信用の供与・債務の弁済・取立委任などの目的から，保険金請求権をあらかじめ第三者に譲渡することが行われている。この権利譲渡は 1 種の期待権の譲渡であるから，指名債権譲渡に関する民法 467 条により保険者に対する通知又はその承諾を得なければ保険者その他の第三者に対抗することができない。

　被保険者による任意処分が行われない場合について述べると，未必的権利については，将来の条件成就までは債務者は現実の履行を受けることができないから，この場合は結局，裁判外での代位権行使では足りず，被保険者の債権者は被保険者に対する債務名義をとり，その権利保全のための差押命令（民執 143 以下）を裁判所に請求するほかはないであろう。

---

[17]　大判昭 10・3・12 民集 14・482，東京地判昭 37・7・20・下民集 13・7・1482。

138　第3章　損害保険契約

Ⅵ　被保険者の債権者による債権保全方法

1　総説

　保険の目的物が保険事故の発生により滅失・毀損してしまうと，保険の目的物の上に担保物権を設定して債権の担保としようとした被保険者の債権者は，債務者（被保険者，ただし被保険者は物上保証人たる第三者である場合もある）が十分な支払能力を有する場合は別として，債務の取立に種々の不利益を被ることがあり得る。したがって，債権者が担保物権（特に抵当権）を設定する場合には，保険金請求権の債権質や譲渡担保等の手段によって，この担保物権を同時に一層強化する方法が一般に行われている。ただし，現在では都市銀行やフラット35などの住宅ローンでは，土地の抵当権設定があれば，火災保険契約（一括払の長期火災保険契約に限らない）の付保確認のみ行い，質権を設定しないケースもある。質権を設定する場合でも，金融機関によっては，確定日付を取得することも行わないケースもある。不動産担保物件に対する抵当権，保証人，保証会社（保証料）でリスク的に足りるものまでの画一的な事務は合理的ではないからである。さらに，後掲のとおり，抵当権による物上代位が質権に優先する理論の根拠となる最高裁判決もある。なお，長期ローンの裏付けとなる，質権を設定する一括払長期火災保険契約は，2015年10月から最長10年の保険期間となっているため，継続契約についても質権の効力はおよぶものの，継続されなければ担保たりえないので，実務上は，付保確認が重要となっている。

2　保険金に対する担保権者の権利

　ある物の上に抵当権・質権等を有する者は，その目的物の滅失又は損傷によって債務者が受くべき金銭に対しても，この担保物権を行うことができるが（民304，350，372，仮登担4），債務者が自己の所有し，かつ，担保物権の設定されている物について，自己のためにする損害保険契約を締結している場合[18]，この担保物権の物上代位に関する法則が，保険事故発生により被保険者たる担保物権設定者の受くべき保険金にも適用されるか否かについては，

保険金請求権は保険料の対価であり，担保目的物の価値変形物だということはできないので，物上代位は認められないと考える。しかし，判例[19]は，抵当権の物上代位を肯定しており，また，譲渡担保の事案において，最高裁は次のように述べている。「構成部分の変動する集合動産を目的とする集合物譲渡担保権は，譲渡担保権者において譲渡担保の目的である集合動産を構成するに至った動産（以下「目的動産」という。）の価値を担保として把握するものであるから，その効力は，目的動産が滅失した場合にその損害をてん補するために譲渡担保権設定者に対して支払われる損害保険金に係る請求権に及ぶと解するのが相当である」[20]。しかし，もし，かりに一歩を譲って，実際上の強い要求を容れ，保険金に民法304条1項の準用を認めるとしても，この規定は担保権者がその払渡し又は引渡し前に差押えを行うことを要求しているから，被保険者たる債務者が保険金の支払を受ける以前に民事執行法に定める手続（民執193, 143以下）にしたがって差押えをしなければならない。この差押えの性質について，平成10年に最高裁[21]は，第三債務者を二重弁済の危険から保護するものであるとした。また，「払渡し又は引渡し」には，債権譲渡が含まれないことも判断した（判例変更と考える）。これは対質権についても論理

---

[18]　債務者が被保険者となるのが通例であるが，物上保証人たる第三者が被保険者となる場合もある。物上保証人があり，保険金請求権上に質権を設定する場合には，この者が質権設定者となる。南出弘・保険担保の法理と実際112頁（金融財政事情研究会，1962年）。

[19]　大判明40・3・12民録13・265, 大連判大12・4・7民集2・209（保険百選54頁）。

[20]　最1小決平22・12・2金判1356・10。

[21]　最2小判平10・1・30民集52・1・1（民法百選I 54頁, 56頁）は，「民法372条において準用する304条1項ただし書が抵当権者が物上代位権を行使するには払渡し又は引渡しの前に差押えをすることを要するとした趣旨目的は，主として，抵当権の効力が物上代位の目的となる債権にも及ぶことから，右債権の債務者（以下「第三債務者」という。）は，右債権の債権者である抵当不動産の所有者（以下「抵当権設定者」という。）に弁済をしても弁済による目的債権の消滅の効果を抵当権者に対抗できないという不安定な地位に置かれる可能性があるため，差押えを物上代位権行使の要件とし，第三債務者は，差押命令の送達を受ける前には抵当権設定者に弁済をすれば足り，右弁済による目的債権消滅の効果を抵当権者にも対抗することができることにして，二重弁済を強いられる危険から第三債務者を保護するという点にあると解される」と述べ，「民法304条1項の趣旨目的に照らすと，同項の『払渡又ハ引渡』には債権譲渡は含まれず，抵当権者は，物上代位の目的債権が譲渡され第三者に対する対抗要件が備えられた後においても，自ら目的債権を差し押さえて物上代位権を行使することができるものと解するのが相当である」と判示した。

140 第3章 損害保険契約

は同様であり，たとえ対抗要件を得た後であっても，質権に優先して先に登記した抵当権の物上代位権の行使を認めていると考えられる。ただし，実務的には競合問題を争うより，抵当権者が保険金請求権上の質権を得ておくことになる。

3 保険金請求権上の債権質

　上記の通り，被保険者の債権者はその債権保全のため，被保険者の有する保険金請求権上に債権質（民362）を設定する場合がある。すなわち保険事故発生前において，被保険利益は被保険者に帰属させたままにしておいて，一種の条件付債権ともいうべき保険金請求権だけを分離独立して質権の対象とするのである。保険金請求権に対する質権設定契約は債権者（質権者）と被保険者（債務者）との合意による。保険証券は指名債権の証拠性しかなく，2004年（平成16年）の民法363条の改正の施行によって，保険証券の交付は不要となった（2015年〔平成27年〕の民法改正で363条は削除）。保険者及び第三者に対する対抗要件を具備するためには，確定日付ある証書によって，設定者である被保険者から債務者たる保険者に通知し，又は債務者たる保険者の承諾を受けることを要する（民467）。2004年（平成16年）の「動産及び債権の譲渡の対抗要件に関する民法の特例等に関する法律」14条で準用される同法4条（3項は除く）の規定によって，質権設定登記ファイルに登記することによって，第三者に対抗できる。同法同条の規定によって，債務者たる保険者に対しては，同法11条2項に規定する登記事項証明書を交付して通知し，又は債務者たる保険者の承諾を受けることを要する。

　質権の短所としては，次の2点がある。

　㋐債務者に保険契約上の義務違反等があり，保険者が免責となる場合，債権者は保険金を受領できない。

　㋑保険者が約款の規定により保険契約を一方的に解除することもできるので，債権者が知らないうちに解除されてしまうおそれがある。

4 保険金請求権の譲渡担保（抵当権者特約条項）

　債務者の所有する抵当権付きの担保物に付保された火災保険契約の保険事

故発生前における未必的な保険金請求権を，債務者（＝被保険者）がその債権者（＝抵当権者）の権利保全のために抵当権者特約条項をつけて譲渡担保とする方法である。この特約は，抵当権者と被保険者との間で行われた保険金請求権の譲渡担保を保険者が承諾する行為と，この保険契約に付随した事項に関する保険者と抵当権者の間の債権契約が結合したもので，抵当権者を特約上に記名することで行われる。その内容は，損害発生時における抵当権付債権の額を限度として保険金請求権を抵当権者に譲渡したことを承認し，保険者がこの額を直接に抵当権者に支払うとともに，この支払金額の限度内で抵当権者から抵当権付債権の譲渡を受けることを約するものである。そして，保険契約者又は被保険者の通知義務違反があっても，保険者は抵当権者に対して保険金支払の義務があること，保険契約を解除する場合には，抵当権者に対して少くとも10日間の猶予期間を設けて書面による予告をなす必要があること等の特色をもつが，抵当権に優先する他の権利がある場合，支払限度額は，当該担保物を対象として締結されているすべての保険契約によって支払われるべき保険金の合計額から損害発生時における優先する他の権利によって補償される債権の額を差し引いた残額を超えないものとされている。よって，抵当権者特約条項による譲渡担保によっても抵当権者の利益は十分に保護されているとはいい難い。

5 抵当保険（債権保全火災保険）と建物の譲渡担保

上述したような方法とは別に，抵当権者が担保物の滅失又は毀損によって被ることあるべき損害（被担保債権の弁済受領可能性の減少）のために，これについて有する固有の利益を被保険利益として，自己のためにする損害（火災）保険契約を締結することが考えられる。これを抵当保険又は債権保全火災保険という。

この抵当保険契約の効力については重大な疑問が提出されている。それは保険事故の発生により抵当物が滅失・毀損しても，これによって被担保債権が直ちに消滅するものではなく，その後も債務者の一般財産によって担保されるわけであるから，その履行期が到来しなければ実現されるか否かは不明であり，保険事故発生の時において将来を予見し，弁済の可能性を判断して

142　第3章　損害保険契約

損害額を算定することが困難であって，もし，この場合に保険事故発生時に損害を仮定して無条件に保険金を支払うと，被保険者に不当の利得を与えることがあり得るので超過利得禁止の精神と反するという点である。

これを解決する方法として，抵当保険契約においては，担保物の滅失・毀損と債務者の債務不履行とが両方共発生した場合にはじめて損害が発生するものとし，したがって，保険者は履行期が到来し債務不履行があった場合にはじめて保険金を支払うことを要するものとすべきであるとする説もあるが，角をためて牛を殺すの類で，これでは実際上極めて不便であるとの非難を免れない。したがって，不当利得防止のためには鑑定人による評価又はそれ以外のより妥当な他の方策を講じる必要がある。あるいは，この場合にも保険者の代位に関する保険法24条を準用し，保険者が保険金を支払ったときは，被担保債権は保険者に移転するから，被保険者は二重に利得し得ないとする主張も考え得るが，被担保債権を「当該保険の目的物に関して被保険者が有する所有権その他の物権」と解することは無理な点がある。そこで，被保険者の二重利得の防止と支払保険金の額の迅速正確な確定の2つの条件を満足させるには，担保物の滅失・毀損が生じたときは，被担保債権についても同様の割合で損害が発生したものと考え，被保険者が被担保債権のうち支払保険金の額と同額の債権を保険者に譲渡することを条件として，保険者は被保険者に対し，直ちに約定保険金額（ただし，被担保債権の額がこれより低いときはその額）に抵当物の損害額の抵当物の価額に対する割合を乗じた金額を支払う旨を約するのが最も適切であり，約款においてもかかる定めがなされている。

なお，債権保全火災保険契約は，抵当権者に被担保債権について被保険利益を認めるものであるが，担保物の所有者としての被保険利益を認めてはいない。これに対し，担保物の譲渡担保権者は，形式的な所有者として火災保険契約を付保することができるのであろうか。最高裁[22]は，譲渡担保権者と譲渡担保設定者の双方が建物に損害（火災）保険を契約することを合法とし，罹災した場合，被保険利益の額を上限とする支払保険金について，保険金額

---

[22]　最2小判平5・2・26・民集47・2・1653（保険百選12頁）。

按分によることと判示している。最高裁判決は，その理由として，商法632条の重複保険そのものではないとしつつ，同条の趣旨に鑑みることとしている。このケースでは，建物を譲渡担保としている以上，上述の最高裁平成22年12月2日第1小法廷決定のとおり，譲渡担保設定者の保険金請求権について譲渡担保権者は物上代位が可能であり，物上代位による保険金請求と譲渡担保権者が自らを被保険者とする保険金請求のどちらを優先するのかしないのかということになる。重複保険を規定する保険法20条は，独立責任額全額主義（請求順）を採用しており，任意規定であるが，保険会社の現行約款も，標準約款も，基本的に独立責任額全額主義（請求順）を採用しているため，保険者のてん補責任だけ考えれば，最高裁判決に沿う独立責任額による按分方式をとることになる。独立責任額全額主義（請求順）を徹底すれば，優先権のある譲渡担保権者が自ら被保険者となっている保険契約から残債に充てる保険金を受領し（保険金が残債を満たさず，損害額が残っている場合には，残った損害額について，譲渡担保設定者が自ら被保険者となっている保険契約から物上代位によって残債を回収することになる），さらに損害額が残っていれば，譲渡担保設定者が自ら被保険者となっている保険契約から保険金を受領することが考えられる[23]。

VII 保険者の代位

1 総論——代位の制度趣旨

(1) 被保険者の利得禁止

保険事故が発生し被保険者に損害が生じたときは，保険者は，損害保険契約の効果として，一定の条件の下に一定の方式にしたがって算定された保険金を支払う義務を負う。すなわち，被保険者が保険金を受取ることができるのは，有効な損害保険契約が存在する結果なのであるから，保険契約外において，被保険者が保険事故とされたのと同一の事実によって，あるいは第三

---

[23] 建物の譲渡担保設定者と譲渡担保権者は，平等な立場にあると最高裁は考えているようであるが，譲渡担保による物上代位が認められることにより，譲渡担保権者に優先権が生じている。なお，その優先権者が自ら自衛手段として付保した保険契約の保険金が，譲渡担保設定者が締結した保険契約により減少することは，無理やり物上代位を強いるものであって見直さなければならない。

144 第3章 損害保険契約

者に対して不法行為に基づく損害賠償請求権を取得しようと，また，国や地方自治体より救援を受けようと，それらは本来は保険契約上の法律関係とは無縁のものであるはずである。しかし，契約上予定された保険事故が発生した場合に，被保険者が保険金の支払を受けるほか，さらに保険の目的物の残存物の所有権を有し，又は第三者から損害賠償を得ることを認めることは，保険制度の経済上の機能を超えることになり，二重の利得を生じるおそれがあるので，かかる危険を防止する必要がある。

(2) 合理的調整

その具体的方法としては，保険事故発生の結果，保険の目的物がその本来の経済的価値を失ってしまってはいるが，わずかでも残存物がある場合には，保険者はその残存物の価額を保険金の支払にあたって控除することとし，また，被保険者が保険事故の発生に有責の第三者に対して不法行為等に基づく損害賠償請求権を有するときは，被保険者は加害者から賠償金を支払ってもらえるか否か，それが可能の場合にはその範囲を確定してからでなければ保険金を請求できないこととしてもよいのである。

しかし，このような損害査定や計算に要する労力・時間及び費用を省き，被保険者に対して期待されている保険金給付を迅速に行うと同時に，保険者が代位によってこれらの権利を取得するという解決策をとれば，被保険者の利得防止に役立つだけでなく，被保険者の保護にも役立ち，保険者にとっても紛争を回避し画一的処理を可能とするという利点がある。このような見地から，保険法は，保険者が保険金を支払った場合には，保険者は，被保険者が保険の目的物に関して有する権利及び第三者に対して有する権利を，法律上当然に取得するという法則を設けている（保24，25）。これを保険者の代位という。

2 保険の目的物に関する代位——残存物代位

(1) 意義

保険の目的物が全部滅失した場合において，保険者が保険金を支払ったときは，保険者は被保険者がその目的物について有する権利を支払保険金の額

の保険価額（約定保険価額がある場合は当該約定保険価額）に対する割合に応じて取得する（保24）。保険の目的物に関する代位は，例えば，海上保険における，沈没船の所有権取得の場合等がわかりやすいが，火災保険における建物の焼け残りの鉄骨や石材に処分価格がある場合や，家財の盗難を担保する場合の盗難物の場合には，その所有権を取得する。このように保険の目的物に関する代位は，被保険者に対し，損害額の確定及び保険金の給付を迅速に行うことによってその利益を保護することを目的として全損を擬制する（経済全損又は推定全損）という点で，海上保険における保険委付制度（商833〜841）と共通する側面を有している。

(2) 要件及び効果

保険者の代位による権利の移転は，保険の目的物につき全損が生じた際に保険者が約定保険金額の全額を支払うことにより法律上当然に発生し，当事者間の意思表示を要しないから，譲渡行為ではなくていわゆる代位（民422）である。したがって，対抗要件（民178）を備えなくても第三者に対抗することができる。なお，保険の目的に関する代位による権利の取得は，例えば，焼ビルや損壊した自動車等残存物の撤去義務や費用を生じるおそれがあり，保険者がかえって不利益を受けることがある。それを回避するため，約款によって，特に保険者が取得の意思表示をしない限り，保険の目的物の残存物の所有権は保険者に移転しないものと定め（住火保標準約款27），又は残存物代位を原則として肯定しつつ，例外として保険者がその被保険自動車について被保険者が有する権利を取得しない旨の意思表示をして保険金を支払った場合には，その権利は保険者に移転しない旨を定める（自保標準約款車両条項12）例が多い。

3 第三者に対する権利に関する代位——請求権代位
(1) 請求権代位の根拠
①通説

損害が第三者の行為によって発生した場合において，保険者が被保険者に対しその損害の負担額を支払ったときは，保険者はその支払った金額又は被

保険者が第三者に対して有する権利の金額のいずれか低い額を限度として，被保険者が第三者に対して有する権利を取得する（保25）。損害が有責第三者の行為によって発生したときは，被保険者は保険金請求権と有責第三者に対する損害賠償請求権とを同時に取得する。本来，両者は法律上の原因を異にする別個独立の請求権であるから両立し得るのであるが，被保険者にこれら2つの請求権を両方行使することを認めると，被保険者が二重の利得を得るおそれがあるので，これを防止するため，この制度が設けられたのである。

②不確定損害肩代わり説

ところで，請求権代位における保険者の権利取得の根拠として，通説のいう被保険者の利得防止というだけでは不十分であるとする修正絶対説の立場から，いわゆる不確定損害肩代わり説が提唱されている。

すなわち，「第三者の行為により保険事故が発生し，損害が生じたことにより，被保険者が第三者に対する損害賠償請求権を取得した場合における被保険者の損害なるものは，……第三者が賠償義務を履行する前の段階においても，第三者が賠償義務を履行する可能性があるかぎり，いわば不確定の損害といわねばならない。したがって，本来ならば，被保険者の保険者に対する損害てん補請求権は，被保険者が最終的に第三者から取り立てることができなかったことによる残存損害額につき生ずるはずである。しかし，それまで保険者の被保険者に対する損害てん補が行われないとするならば，迅速な保険保護を付与すべき保険制度の機能をはなはだしく減殺することになる。そこで，保険者は，事故発生の場合，第三者の損害賠償義務の履行を待たずに直ちに保険金を給付するとともに，被保険者の第三者に対する損害賠償請求権を取得することにより，被保険者の不確定損害に対して肩代わりするのが，請求権代位の制度であると解される」とする[24]。

③同説の批判

確かに，不確定損害肩代わり説は，請求権代位の根拠をめぐる論争に1石を投じるものではあったが，結論としては同説には賛同しがたい。その理由は次のとおりである。

---

[24] 田辺・保険法141頁以下，同旨・西嶋・保険法184頁。

損害保険契約においては，保険契約において予定されている保険事故の発生によって被保険者に損害が生じたときは，保険者は法令及び約款の定めるところにしたがい，その損害をてん補する（保険金支払）義務を負う（保2）。したがって，第三者の行為によって保険事故が発生し，その結果，被保険者に損害が生じた場合も，他の場合とまったく同様に，保険金支払義務発生の必要かつ十分条件が充たされたのであるから，保険者は，その義務を，遅滞なくかつ無条件で履行することを要する。請求権代位による権利の移転は，先行する保険者の保険金支払義務履行の法定効果であり，あくまで保険金支払によって生じ得る被保険者の二重利得という不当な結果を回避するための事後的な措置の1つに過ぎないもの，と位置づけられる。

そこで，不確定損害肩代わり説における「損害」概念の吟味が必要となるが，結論を先にいえば，同説の「損害」概念は，狭きに失するように思われる。

既に指摘されているように，被保険者が第三者に対して損害賠償請求権を有する限り，被保険者には確定損害ではなく蓋然損害しか発生していないと解したり，被保険者が第三者に対して損害賠償請求権を有したりする限り，保険者がてん補すべき損害が被保険者には発生していないと解することは妥当ではないからである[25]。

この点を，損害保険契約の中でも，関与者の数が少なく，法的構造も単純な物保険契約を例にとって検討してみよう。もし，不確定損害肩代わり説が上述のような主張であるとすれば，典型的な物保険契約であるはずの火災保険契約において，保険者が被保険者に対して負担する保険金支払義務は，被保険者の被った損害が，有責第三者の損害賠償債務の履行によってもなおてん補されない場合に，それをてん補する義務であるということになる。そうだとすれば，この保険契約の法的性質は，物保険契約ではなく，「不特定の第三者（有責加害者）の債務不履行による損害」を担保する1種の信用保険契約（貸倒れ保険契約）ということになるが，それは，火災保険契約当事者の意思とは余りにもかけ離れているのではあるまいか。

---

[25] 石田満「保険代位と損益相殺」石田満編集代表・保険法学の諸問題（田辺康平先生還暦記念論集）20頁（文眞堂，1980年）。

148 第3章 損害保険契約

　損害保険契約においては，保険者は被保険者の被った損害そのものを，無条件でてん補することを約束しているのであって，その際に被保険者が第三者に対して損害賠償請求権を有しているか否かは（保険金支払前に被保険者が有責第三者から損害賠償金を現実に受領している場合は別である），保険者の保険金給付義務の存否又は範囲に，いささかの影響も与えるものではない。保険者は，被保険者が第三者に対して損害賠償請求権を有することをもって，保険金給付義務の履行を拒むことができないことは当然だからである[26]。

④考慮すべきこと

　請求権代位の根拠を説明する際には，保険金支払による保険者の権利取得，被保険者の利得禁止，有責第三者（＝加害者）の免責阻止を同時に説明できる必要があるといわれている[27]。

　不確定損害肩代わり説については，既に批判も含めて記したが，通説は，損害保険における被保険者の「利得禁止の原則」を根拠とする。しかし，損害保険における「利得禁止の原則」が，公序則，すなわち強行法として貫徹しているのであれば，保険者は権利取得について放棄することは許されない。ところが，保険法は，請求権代位の規定そのものを片面的強行規定としており（保26），放棄が許されている（無効とされていない）。放棄すると，最初から移転しなかったものとされることから，請求権は，被保険者に残ることになる[28]。よって，利得禁止の原則から説明する通説も困難に直面し，被保険者が利得しない範囲でのみ請求権代位の規定を緩められると主張することになるが，これは強行規定と位置付けても同様であり，片面的強行規定とすること

---

[26]　最1小判平元・1・19・判時 1302・144（保険百選 48 頁）は，所得補償保険契約の被保険者は，保険者から支払を受けた保険金の限度で損害賠償請求権を喪失するものとした。

[27]　請求権代位の根拠についての論考として，岡田豊基・請求権代位の法理（日本評論社，2007 年）を挙げておく。また，請求権代位の理論的根拠と適用要件の検討については，桜沢隆哉「請求権代位の根拠とその適用基準―アメリカ法を参考にして―」損保 79 巻 2 号 76 頁以下（2017 年）がある。

[28]　最3小判昭 50・1・31・民集 29・1・68（保険百選 52 頁）は，保険金支払と請求権の関係について，火災保険金は，火災保険契約の保険料の対価であって，たまたまその損害について第三者が損害賠償義務を負う場合においても，損害賠償額の算定において，いわゆる損益相殺として控除さるべき利益にはあたらないとした。なお，上記百選解説の最後に不当利得返還請求権について論じているが，請求権代位を放棄したとすると，利得できることになる。ただし，利得の考え方は一様ではない。

第2節　損害保険関係　　*149*

は説明できない。ただし，実際の約款では，代位取得の上，次の「(2)現行制度②適用除外」に定めるようなケースについて，不行使を定めている。請求権代位は，「保険者の自己の債務の履行に基づく求償」として機能しており，債権者代位（民423）や弁済者の代位（民499, 500, 501）が「他人の債務の履行に基づく求償」として機能していることは異なるが，いずれの代位も求償を実現するため，又は求償権の行使を容易にするための手段の1つとして同様の機能を果たしている。すなわち，手続法的ないし形式的な権利であり，何かの原理・原則的なものを根拠としていないのではないか。よって，請求権代位も，損害保険の損害てん補性から必然的に導かれるものではなく，必ずしも保険金支払による保険者の権利取得による被保険者の利得禁止，有責第三者の免責阻止を実現しなくてもよいのではなかろうか[29]。

(2)　現行制度

①移転する権利

保険法25条1項にいう「保険事故による損害が生じたことにより被保険者が取得する債権（「被保険者債権」という。）」とは，第三者の不法行為（放火等）による損害賠償請求権のみならず，第三者の債務不履行（家屋の賃借人の失火による原状回復返還不能等）による損害賠償請求権をも含む。また，保険事故がある第三者の行為によって生じた場合に，この第三者以外の者に対して被保険者が有する請求権（船長の行った共同海損処分により，被保険者が共同海損債務者に対して有する共同海損分担請求権，共同不法行為における不真正連帯債務者相互間の求償権等）をも含む。保険事故による損害が第三者の行為によって生じた場合でも，

---

[29]　保険技術としての「請求権代位」は，損害てん補原則からの必然ではないとしても，当然の権利移転等の合法性の根拠となる制度的根拠を求める必要がある。例えば，損害保険契約においては，当事者の合理的意思として罹災時の精算（後払保険料として，又はスピーディーな保険金支払のツールとして）をあらかじめ定めていた（約定代位）ものではないか。なぜなら，保険料の算定にあたって，総収入保険料の増加又は総支出保険金の減少は，保険統計に組み込まれることから，保険料水準の低下をもたらし，該当契約の属する保険制度の安定的維持に貢献するからである。これにより放棄も権利不行使もできる保険者の権利取得の根拠となる。すなわち，損害保険契約において，保険契約者・被保険者にとって経験的に合理的，合法的と認識される約定代位が，損害保険に固有の法規範として認められたのではないか。保険法が片面的強行規定とする所以はこの点にある。

それにより被保険者が行為者その他の第三者（例えば，行為者の使用者　民715）に対して法律上なんらの請求権も有しないときには，保険者の取得すべき権利はない。

②適用除外

なお，保険事故による損害が，被保険者の配偶者や子，その他の同居の親族や家事使用人などの過失によって生じた場合にも請求権代位の規定を適用し，被保険者が現実には行使できない近親者等に対する損害賠償請求権を保険者が行使することは，つまるところ保険者が被保険者に支払った保険金をそのまま回収したのと同様の結果となり，損害保険契約のてん補的機能に対する被保険者の期待を裏切り，保険制度の効用を減殺することになり妥当でないので，このような場合については代位規定の適用を除外すべきである[30]。適用除外に該当する者については，有責第三者の免責の阻止の例外となり，損害賠償責任を免除されることにより，被保険者グループとして保険保護が与えられていると考えられる。よって，被保険者であったなら免責となるような要素がある場合には，適用除外についての例外を設ける必要がある。

③要件及び効果

保険法25条には，「保険者は，保険給付を行ったときは，……当然に被保険者に代位する」とあり，第三者に対する権利についての保険者の代位も，保険の目的物に対する代位の場合と同様に，所定の要件を具備したときは，当事者の意思表示を要しないで法律上当然に発生し，指名債権譲渡の対抗要件に関する民法467条の手続を経ないでも第三者に対抗することができる[31]。権利移転の時期は保険者の保険金支払の時である。

保険金の支払により代位の効果が発生した後は，保険者に移転した権利を

---

[30]　フランス保険法典は，L121-12条3項において，上記の私見と同趣旨の規定を設けている。すなわち，加害者に事故招致の故意がある場合を除き，保険者は，事故に有責の加害者が被保険者の子，直系卑属及び尊属，直系姻族，使用人，家事労働従事者等であるときは，これらの者に対しては代位に基づく権利を行使できない旨が定められており，同項は判例により強行規定と解されている。なお，自動車保険の車両保険については，「正当な権利により被保険自動車を使用又は管理していた者に対しては，その権利を行使しません」と，代位請求権行使を約款上であらかじめ放棄している。ただし，車両保険において免責となっている故意・重過失・無免許・酒酔い等を除外している（自保標準約款基本条項29）。

被保険者が処分できないことはいうまでもない。保険金支払の後，被保険者が第三者に対する権利を他人に譲渡し又は放棄し，若しくは請求権の保全又は行使に必要な手続を怠ったときは，保険者の代位し得たであろう額につき，これらの者に損害賠償を請求し得ることは当然である。しかし，保険金の支払（受領）前であれば，被保険者等は第三者に対する権利を行使あるいは処分してもさしつかえない。もし，保険金支払前に被保険者が第三者から損害の賠償を受けたときは，保険者はその限度において保険金の支払を免れ，また，被保険者が第三者に対する権利を他人に譲渡し又は放棄した場合には，保険者はこの権利を取得し得なくなった代償として，この金額を保険金の額から控除して支払うことができる。

④代位の範囲

保険法 25 条 1 項は，移転する権利の範囲について，次の(ア)，(イ)いずれかの低い額を限度とする，としている。

(ア)　当該保険者が行った保険給付の額

(イ)　被保険者債権の額 ((ア)に掲げる額がてん補損害額に不足するときは，被保険者債権の額から当該不足額を控除した残額)

(ア)は支払保険金の額を限度とすることを示している。これを当然の前提とすると，(イ)によって，代位取得する債権の額を，てん補損害額と保険金支払

31　もっとも，保険者の請求権代位により，保険者が被保険者に属していた損害賠償請求権を代位行使する場合，①有責第三者にとっては，保険者と保険契約者（＝被保険者）との間で締結された損害保険契約は「他人間の行為（res inter alios acta）」に過ぎないから，有責第三者の利益を害するおそれはないか（この問題については，さしあたり，金澤理・民事責任 181 頁以下参照。），また，その点はしばらく措くとしても，②少なくとも有責第三者にとっては，見知らぬ者（保険者）からの突然の賠償請求は「不意打ち」となるので，その不利益は否定できないとし，債権譲渡の場合に準じてなんらかの通知をする必要はないかの点が問題となる。しかし，②については，有責第三者は被害者である被保険者に対して本来的に賠償義務を負っているのであり，現行法の下においては，被保険者が保険者から損害のてん補を受けることによってこれが免除されないことは明らかであるから，いつでも賠償義務の履行の請求を受けることを覚悟していなければならない立場に置かれている。したがって，保険者から有責第三者に対して，求償権行使に関して事前の通知をする必要はない。ただし，保険者は，あらかじめ被保険者に対して有責第三者に対する求償権保全手続（内容証明付書留郵便による請求等）の履行を強く求め，必要に応じ時効中断のための裁判外又は裁判上の請求を行わせることが必要である（民 724, 147, 149）。

152 第3章 損害保険契約

額との差額で計算することが規定されている。てん補損害額の全額を保険者が支払った場合は，被保険者債権を全額保険者が取得する。てん補損害額の全額には不足する額を保険者が支払った場合は，「被保険者債権の額」から，「保険者が保険金を支払っていないてん補損害額」を差し引いた額を保険者が取得することとなる。てん補損害額は，「損害保険契約によりてん補すべき損害の額」（保18①）であるから，保険契約上設定された「損害の額」（例えば，保険法18条2項の約定保険価額）のことであり，不法行為等における民法上の「損害の額」（例えば，物損事故の賠償における損壊財物の時価）とは異なることがある。本項は，片面的強行規定であるので，被保険者有利に約款で変更することができる。

⑤代位の制限

保険法25条2項は，てん補損害額の全額には不足する額を保険者が支払った場合に，「保険者が保険金を支払っていない＝被保険者債権中被保険者に残っている債権」と「保険者に代位取得された債権」の行使の順について，被保険者に残っている債権の回収を，保険者の代位取得した債権に優先させることを規定している。すなわち，代位により保険者が取得した権利が行使されることによって，資力の不十分な第三者の支払能力が失われるおそれのある場合には，被保険者らの利益を保護し，その権利行使を可能とするため，代位できる権利の行使順位が制限される。本項も，片面的強行規定であるので，被保険者有利に約款で変更することができる。

⑥代位による権利の時効

保険者が代位によって取得した権利は，保険取引から生じた権利である保険金債権，保険料債権等とはその発生の原因を異にするので，これらについての消滅時効期間を定める保険法95条は適用されない。すなわち，「保険者代位」とは，被保険者が有責第三者に対して有する権利を保険者が取得し行使するわけであって，保険者と有責第三者との関係は，被保険者と有責第三者との関係とまったく同一であることを要し，それより有利でも不利でもあってはならないのである。したがって，保険者が代位により取得した権利には，その権利が本来服すべき消滅時効期間に関する規定が適用されることになる。例えば，それが不法行為に基づく損害賠償請求権であれば，民法724

条に定める損害及び加害者を知った時から3年，不法行為の時から20年の時効により，また，物品運送契約より生じるものであれば，商法589条・566条に定める1年の短期時効によって消滅する[32]。

(3) 現行制度の批判及び立法論

①現行制度への疑問

上述したように，保険法は損害保険者の代位を認めているが，特に第三者に対する権利に関する代位については，現行制度には必ずしも疑問がないわけではない。

現行法の制約をはなれて，純理論的に考えると，保険事故が有責第三者の行為によって発生した場合，保険者，被保険者（被害者），有責第三者の関係を処理する方式は，被保険者の保険者に対する保険金請求権と有責第三者に対する損害賠償請求権の重畳的行使の可否，保険者の代位権の有無，有責第三者の免責の是非という3者の組合せによって3種類に整理することができる。

(ア) 被保険者による両請求権の重畳的行使を禁止し，保険者に代位権を認め，有責第三者の責任を存置する（現行法の採用する方式）。

(イ) 被保険者に両請求権の重畳的行使を肯定し，保険者の代位権を廃止し，有責第三者の責任を存置する。

(ウ) 被保険者に両請求権の重畳的行使を禁止し，保険者の代位権を廃止し，有責第三者の責任を免除する。

各方式はそれぞれ長所と短所をそなえるが，結論としては将来のあるべき姿として(ウ)方式がもっとも妥当であると考える。その理由は次のとおりである。

②被保険者の利得禁止の要請

第1に，被保険者が保険事故の発生に際して保険金を受取ることにより，

---

[32] なお，保険者の有責加害者に対する請求権の消滅時効の起算点につき，同旨の裁判例として，無保険車傷害保険の事案：東京地判平8・8・27交民集29・4・1200以下，車両保険の事案：福岡高判平10・6・5判タ1010・278，人身傷害保険の事案：東京地判平23・9・20金判1382・57，同1386・12を参照。

その全財産関係上かえって利得を受ける結果になることは，保険制度の経済上の機能を超えることになると考えられるから，結論としては，被保険者による両請求権の重畳的行使は，被害者（被保険者）の被った損害額を限度としてのみ認められるべきものであり，これを超える部分については禁止するのが妥当である。従来の兼併肯定論は，完全賠償原則（「加害者の賠償すべき金額」イコール「被害者の被った損害額」とする）がマイナスに作用する結果，損害額の決定が加害者の資力等の偶然の事情によって縮減され，真の損害額に充たない場合を是正しようとする目的で主張されていたにすぎないから，この点さえ解決されればもはやその理由を失うものと思われる。

③有責第三者の免責阻止の要請

第2に，現代社会の複雑なメカニズムのもとにおいて経済生活を営んでいるわれわれは，好むと好まざるとにかかわらず，交通事故をはじめとする多くの危険にさらされ，災害の被害者となる可能性を有するとともに，反面いつなんどき無保険状態のまま，不法行為につき無過失責任を課せられ，又は契約上免責とされない事由によって重い契約責任を負担するかもしれない環境に置かれていることを想起する必要がある。すなわち，有責第三者が，故意・重過失等高度の違法性ある行為によって損害を発生させた場合は別として，被保険者が保険金給付によって満足される限りにおいて，無過失責任や過失推定の規定によって賠償義務を負担する者，特に他人の行為について責任を負うべき者の保険者・被保険者に対する責任の免脱を許すことはむしろ条理にかなうものと思う。なぜなら，ある被害者の損害につきだれかに加重された責任を負担させる目的は，被害者に対し迅速・確実かつ容易な救済を与える点にあるが，この目的は既に保険給付によってかなりの程度において満足されているわけであり，かつ，この場合，危険責任理論又は報償責任理論によって形式上責任を負担すべきであるとされている者が，必ずしももっとも適当な賠償義務負担者でない場合もあり得るからである。つまり損害の最終的な負担者は，形式的には保険者，実質的には同一の危険につき保険団体を構成する保険契約者群となるのである。

④代位の将来像

要約すれば，保険事故が第三者の行為によって生じた場合においては，被

第2節　損害保険関係　　*155*

保険者に両請求権の重畳的行為を禁じ，保険者の代位権を廃止し，原則として第三者の責任を免除するが，加害第三者に故意・重過失がある場合に限り，保険者の代位権を例外的に認めるのである。なお，スウェーデン保険契約法（1927 年 4 月 8 日法）は，その 25 条 1 項ただし書において，この趣旨の規定を設けていた[33,34]。

Ⅷ　危険の変動

1　総説

損害保険契約の申込みが行われたときは，保険者はその契約について危険の選択（selection of risk）を行い，引受けを拒絶するか，どのような条件（保険料率が中心であるが，保険金額，自己負担額等も関係する）で引き受けるかを決定しなければならない。この場合の危険とは，保険事故そのものを指すのではなく，保険事故発生及び事故発生の結果生じるであろう損害の規模等の損害の発生の可能性（probability）に影響をおよぼす諸事情をいう（保4）。

自動車保険契約の場合を例にとれば，被保険自動車の車種・用途（登録番号），型式，使用目的等保険契約申込書等に告知事項として挙げられている事項をはじめとする保険料等算定の基礎となる事情がこれにあたる。これらのデータに基づいて，適用される保険料，各担保種目ごとの引受保険金額，自己負担額が保険契約者に提示され，これに保険契約者が同意すれば保険契約が成立する。

ところで，損害保険契約は継続的契約であるから，保険事故発生の可能性等保険料等の算定の基礎となった事情が，保険期間開始後に，契約成立時に予想された範囲を超えて変化する場合がある。これがいわゆる危険の変動であって，保険法は，このような場合につき契約当事者の利益の衡量をはかる

---

[33]　金澤理「保険者の代位権の法的性質」私法 36 号 168 頁以下（1974 年）参照。なお，現行の 2005 年スウェーデン保険契約法では，2 編損害保険 7 章 9 条及び 3 編人保険 16 章 10 条に保険者代位の規定があるが，旧法のただし書に該当する部分は削除されている。

[34]　有責第三者の免責阻止について「標準的な処理が起こる場合の反射効にすぎない」とする土岐孝宏「損害てん補にかかわる諸法則といわゆる利得禁止原則との関係」保学 626 号 28 頁注 58（2014 年）参照。

156 第3章 損害保険契約

ため，次のような規定を設けている。ただし，危険の変動に関する規定は，保険期間中の契約内容は変わらないものの損害発生の可能性に係るものであるので，保険の対象そのものの変更や契約条件の変更については適用されないと考えるべきである。

2 危険の減少

保険期間中に契約締結時の危険とそれに応じた保険料がアンマッチ状態となることがある（保険料について保2①）。アンマッチ状態のうち，危険が減少した場合について，保険法11条は，著しい減少により保険料が過当となった場合，保険契約者が保険者に対し，危険の減少後の将来について，減少後の危険に対応する保険料になるよう減額を請求することができることとしている。この減額請求権は形成権であるので，保険者は，請求のあった時以降の残保険期間に対応する保険料について，危険の減少前後の差額を算出して，保険契約者に既収保険料については返還し，未収保険料については減額することになる。しかし，告知事項（通知事項）であればともかく，何が著しい危険の減少にあたるかを保険契約者が判断して，危険の減少が生じてからすぐに請求することは容易ではない。また，事業活動リスクを担保する場合を除いて，告知事項（通知事項）によって，保険料を画一的に適用しており，告知事項（通知事項）ではない事項によって保険料に差が生じることも非常に考えにくい。よって，約款では，危険の増減にかかわらず，告知事項についての変更の通知義務（危険の減少に関しては，損害賠償等を伴う真正の「義務」ではない，注意的規定である）を定めている。保険者は，保険契約者による約款上の通知義務による申出か，通知義務以外による申出のいずれかに基づき，危険が減少した場合において，保険料率を変更する必要がある（危険の減少前後の保険料率の差があること）ときは，危険の減少が生じた時以降の期間に対し，変更前後の保険料率の差に基づき計算した保険料を返還することとしている（住火保標準約款10，20）。

保険法11条が片面的強行規定であり，危険の著しい減少による減額請求権が形成権であっても，危険と保険料のアンマッチ状態を解消するための減額請求権であるので，保険契約締結時に，保険期間中の特定の危険の変動を

第2節　損害保険関係　　*157*

予定した保険料が適用された場合には，特定の危険の変動が生じてもアンマッチ状態はなく，減額請求権は発生しない（例としては，自動車保険において，保険契約締結時における記名被保険者の免許証の色により保険期間を通して適用される保険料が確定する場合は，保険期間途中における免許証の色の変化（ブルーからゴールドへ）は保険料に織込済みである。この場合，アンマッチ状態となっていないという考え方の他に，著しい危険の減少ではないという考え方の2つがある）。

3　危険の増加

(1)　意義

　保険期間中に，保険契約締結にあたって前提とされた事情に変更が生じ，「危険（損害の発生の可能性）」が契約成立時に予想された範囲を超えて増大したときは，保険契約はこれにより影響を受け，解除される場合がある（保29）。保険法は，危険の増加によって，法定解除権を保険者に与えるのではなく，できる限り保険契約を存続させることとし，保険契約を存続させる場合であっても，約款により，保険者が約定解除権を設定する際の要件を明確にしている。当該解除の前提となる危険の増加について「危険増加」という定義語を用いている。「危険増加」は，告知事項により危険を測定し，保険料を決定したが，保険期間中に告知事項について危険が増加し，増加後の危険と保険料のアンマッチが保険料不足状態で生じることをいう。危険の増加の論理とは，保険契約の存続の問題であり，契約当初に予定されていなかった危険の増加がみられた場合に，保険料等の確保と過大なリスクの排除により保険者の財政的基盤を確保させながら，保険契約者・被保険者が保険保護を継続できるようにバランスをとったものである。よって，事業活動リスクを担保する場合を除いて，保険料不足の状態すなわち危険増加後の危険の状態と保険者の引受の範囲がポイントとなる。

(2)　保険者の引受の範囲

　保険法は，危険増加があった場合，原則，約款により保険料を増額する（追加保険料を支払う）ことで保険契約を存続させることとしている。これは，保険者がいったん保険契約を引き受けた以上，保険者がもつ当該保険商品の保険

158　第3章　損害保険契約

料表の範囲内（保険者の引受けの範囲内）であることを条件に，再度の引受審査（危険の選択 underwriting）を禁止するものである。なお，危険増加があった場合，同一保険商品の範囲内であっても，保険料表の範囲内ではなく，自己負担額等の契約条件を変更する（追加保険料の支払を含む）ことで，保険契約を存続させられる場合は，約款により契約条件を変更することを合意しておくこと（危険増加ではないが，自動車保険の車両入替の自動担保や自動更新における自己負担額の設定や特約の適用等に契約条件変更の予めの合意がみられる）で，引受けの範囲内であると考えられる。また，あらかじめの契約条件の変更合意がない場合であっても，保険契約者が，増額保険料の支払と同様に，契約条件の変更や同一保険種の保険商品の変更（契約条件の変更や保険商品の変更に伴う保険料の支払を含む）を承諾したときは，危険増加時点に遡って，変更後の契約条件や保険商品による保険契約が存続していると考えることができる（保険契約の存続の1形態であるから遡及保険の規整の適用は受けない）。保険法は，引受けの範囲内であれば，再度の引受審査を禁止することとしているものの，保険者の引受けの範囲をあらかじめ保険契約者に示す義務を保険者に課していないから，保険契約者の保険保護継続への期待を保護するためである（まったく同様の保険金が支払われることを引受けの範囲内の条件とすることは，all-or-nothing を迫ることであり，保険保護と無縁の議論である）。ただし，引き受けたリスクと危険増加後のリスクが本質的に異なる場合は，引受けの範囲外となる。また，保険者が約款ないし重要事項説明書等で予め保険契約者に対し，引受けの範囲を明示していたときは，当該引受けの範囲によって範囲内外を決することになる[35]。

　保険法は，危険増加により，当該保険商品の引受けの範囲外となるケースについて保険者の解除権の制限に関し特に定めていない。危険の増加は，保険契約存続の問題であり，引受けの範囲外であれば，保険期間途中で危険の

---

[35]　住宅火災保険普通保険（標準）約款10条(6)では，「この保険契約の引受範囲」の注として，「保険料を増額することにより保険契約を継続することができる範囲として保険契約締結の際に当会社が交付する書面等において定めたものをいいます」としている。行政指針である保険会社向けの総合的な監督指針Ⅱ-4-2-2(2)②イ(ウ)では，契約時の重要事項説明（保業294）中「注意喚起情報」において，「(注) 危険増加によって保険料を増額しても保険契約が継続できない（保険期間の中途で終了する）場合がある旨の約款の定めがあるときは，それがどのような場合であるか，記載すること」としており，引受けの範囲を明示する制度が設けられている。

第2節　損害保険関係　*159*

選択を認めることになる。よって，約款に引受けの範囲外となる危険増加に
よる保険者の約定解除権を設定することができる。なお，この解除の効力は，
危険増加時に危険の選択を認めるものであるから，解除した場合には，危険
増加時に遡って免責とする約款とすることができる。

(3)　通知義務

　保険法 29 条 1 項 1 号の規定にしたがい，約款は，保険期間中，危険の増減
にかかわらず，告知事項についての変更の事実が生じたときは，保険契約者
又は被保険者は，遅滞なく保険者に通知しなければならない（住火保標準約款
10）ことを定められる（保29）ことは，既に述べてきた。危険増加があった場
合，たとえ引受けの範囲内であっても，契約者・被保険者の故意・重過失に
よる通知義務違反があったときは，保険者は保険契約を解除できる。ただし，
この解除の効力は，引受けの範囲内の通知義務違反による解除であるため，
通知義務違反のあった危険増加部分についてのみ危険増加時に遡って免責と
する約款とすることができる。危険増加部分以外の部分については，解除時
以降の将来効しかない（因果関係不存在の特則。保31）。
　保険法 31 条は，片面的強行規定（保33）であるから，免責とするためには，
解除しなければならないであろうか。しかし，将来にわたる保険保護と免責
の双方を失わせなければならないとするより，約款規定に基づく免責のみで，
次のとおり追加保険料を支払い，保険契約の存続を図ることは，片面的強行
規定に反しないものと考える。

(4)　追加保険料

　危険増加により保険契約が解除されない場合，危険増加後の引受危険と保
険料のアンマッチが保険料不足状態で生じているのであるから，約款に定め
ることにより，危険増加時に遡って追加保険料を請求することができる。こ
の追加保険料が，相当の支払猶予期間をもっても支払われなかった場合，保
険者は保険契約を解除できる（住火保標準約款20）。また，解除できる状態となっ
た場合（解除されていない状態でも），危険増加時に遡って免責とすることができ
る。追加保険料が支払われないまま相当の支払猶予期間が経過することによ

160　第3章　損害保険契約

り履行遅滞に陥り，保険契約者・被保険者の保険保護継続を阻害する帰責原因となり，それでも保険金が支払われることとすれば保険者の財政的基盤をも危うくさせるものであるためである。

IX　損害保険契約の消滅

1　総説

損害保険契約もまた契約の1類型である以上，当事者の合意による解約等の民法の一般原則によって消滅することはもちろんである。しかし，そのような契約の一般的消滅原因によるほか，損害保険契約特有の消滅原因として次のようなものがある。

2　当然の消滅原因

(1)　保険期間の満了

保険事故が発生しなかったときであっても，保険期間の満了によって保険契約は当然に消滅する。

(2)　被保険利益及び保険の目的物の消滅

保険者の保険金支払義務を発生させる保険事故以外の事由によって，保険の対象の全部又は一部が消滅し，その結果，被保険利益の全部又は一部が消滅した場合，例えば，住宅火災保険の対象建物の流失（住火保標準約款14(1)），運送保険契約の対象運送の中止，イベント保険契約における保険事故の発生していないイベントの終了等の場合には，その時から保険契約はその全部又は一部につき将来に向って当然に失効する。

(3)　保険金額全額の支払

物保険契約では，保険事故の発生により全損を生じて，約定保険金額の全額（残存額が約定保険金額の一定割合以下となったときは契約が終了するものとされている場合が多い）が支払われたときは，保険契約はその目的の達成により消滅する[36]。分損の場合には，約款が全額主義をとる場合においては，保険金額は当

初の額まで復元され，逓減主義の場合には残存保険金額について保険契約が存続する。

(4)　保険の目的物（対象）の譲渡

　被保険者が物保険契約の目的物を譲渡した場合には，上記(2)のとおり，譲渡人である被保険者が有していた被保険利益は消滅し，保険契約は将来に向って当然に失効する（住火保標準約款14(1)）。保険法は，保険の目的物の譲渡に関して特に定めていない。よって，物保険契約の目的物の「保険（証券）付の物の譲渡」について，保険契約者・被保険者（譲渡人）・譲受人の利便性を考慮して，約款によって，物保険契約の目的物の譲渡前に保険者に承認請求を求めさせることにより，保険者の危険の選択を可能としている（住火保標準約款12。なお，この場合，保険者にとって引き受けたリスクと譲渡後のリスクが本質的に異なるとしても，危険選択のうえ，改めて引き受けるものであり，約款により便宜上保険契約を失効させずに満期まで契約を存続させる）。

　なお，自動車保険契約の被保険自動車の譲渡については，ノンフリート等級の維持，物保険契約以外の補償維持の必要性そして車両入替のために，保険契約を失効させず，かつ，保険契約上の権利義務を移転させず，譲渡後に免責を開始することとしている（自保標準約款基本条項7, 8）。そのうえで，保険契約を中断（ノンフリート等級の維持を認める特則を運用）させたり，譲渡先へ権利義務を移転させたり，車両入替を行う承認請求を行わせることとし，保険者は危険の選択を行い，請求事項を承認しない場合には，保険契約を解除することができる旨約款に定めている（自保標準約款基本条項12）。自動車保険契約は複合的な補償の集まりであり，かつ，ノンフリート等級があるため，物保険契約の考え方の射程外となる。自動車保険契約における被保険自動車は，リスクを判定し，補償の範囲を画する契約上の基本要素であり，いわゆる「保険の目的（物）」ではない。

---

[36]　物保険契約の代表的な約款である住宅火災保険普通保険（標準）約款32条1項は，「第2条（保険金を支払う場合）(1)または(2)の損害保険金の支払額がそれぞれ1回の事故につき保険金額の80％に相当する額を超えた場合は，保険契約は，その保険金支払の原因となった損害の発生した時に終了します」と定めている。

162 第3章 損害保険契約

(5) 保険者の破産後3箇月を経過したとき

保険者の破産手続開始決定後，保険契約者が契約の解除をしないで3箇月を経過した日に，保険契約は当然に失効する（保96）。破産手続開始決定が保険者の責任開始前であると否とを問わない。この3箇月の期間は除斥期間であって時効ではない。

3 当事者の意思による解除

保険法は，民法の一般原則による解除のほか，次のような解除原因を認めている。なお，保険法に定める解除の効力は，将来効である（保31）。また，当然ながら，当該損害保険契約の性質により一部解除も可能である。

(1) 保険契約者の任意解除

保険契約者は自由に損害保険契約を解除することができる（保27）。なお，保険法27条は任意規定であるが，保険約款は，保険法以前から，保険契約者の任意解除権を定めていた（住火保標準約款17，自保標準約款基本条項12(3)）。

(2) 保険者の破産による解除

保険者の破産手続開始決定により，保険契約者は，保険契約を解除することができる（保96）。このような場合，保険契約者は破産法53条2項に定める双務契約に関する一般手続にしたがって契約の解除を行うことができるが，保険法は保険契約者を保護するため，特に即時の解除権を強行規定として認めたのである。

(3) 告知義務違反による解除

保険契約者に告知義務違反があるときは，保険者は一定の条件の下に，その契約を解除することができる（保28）。

解除は，保険者から保険契約者に対し意思表示によって行うことになる（民540）。意思表示は，民法97条により，解除通知が保険契約者に到達したときから効力を生じる。しかし，告知義務違反についての解除権には，除斥期間の定めがあり，短期では，1箇月間の不行使により消滅することになってい

る。すると，告知義務違反をしても，保険契約者が，保険者に通知せずに転居して1箇月間経てば解除権は消滅するのであろうか。なぜなら，1箇月間という短い時間では，公示送達（民98）は事実上困難であるからである。除斥期間の制度的根拠は，法律関係の速やかな確定であり，告知義務違反については，保険者がその事実を知っていながら，いたずらに解除権を留保して，その後に保険事故が起きたときに解除権を行使するようなアンフェアから保険契約者・被保険者を保護するためである。しかし，保険者が告知義務違反の解除権を行使することを期限内に決め，期限内の通知の努力をした以上，保険者にはアンフェアはなく，保険契約者側に約款に定めた転居の通知義務を果たさなかったという帰責原因があるときは，転居先を保険者が知るまでの間，保険契約者側は，信義則上，1箇月の進行を主張し得ないと考える（民97 Ⅱ参照）。

(4)　危険増加による解除

　保険期間中，保険契約者又は被保険者に通知義務違反があるときは，引受けの範囲内であっても，保険者は一定の条件の下に，その契約を解除することができる（保29）。引受けの範囲外であった場合は，約款により，その契約を解除することができる。

　なお，本解除権の行使及び除斥期間についても前掲(3)告知義務違反による解除の議論が当てはまる。

(5)　重大事由解除

　継続的取引関係に関する信頼関係破壊の法理は，保険契約についても判例で保険者の「特別解約権」として導入された。保険契約については，過大なリスクの排除により保険者の財政的基盤を確保させ，適時適切に保険金の支払をさせなければならないからである。判例として確立すると，生命保険約款をはじめとして導入されてきた[37]。保険法では，損害保険契約についても導入された。保険法30条3号では，「前2号に掲げるもののほか」として，

---

[37]　この間の経緯は，大阪地判平12・2・22判時1728・124（保険百選184頁），仙台高判平20・9・5金判1386・126参照。

164　第3章　損害保険契約

1号，2号の具体例に類するバスケット・クローズを設定している。

　すなわち，保険者の保険契約者・被保険者に対する信頼を，保険金取得目的の故意の事故招致や保険金請求についての詐欺行為等，保険契約者・被保険者の不正に保険契約を利用又は利用しようとする行為によって損ない，当該損害保険契約の存続を困難にするほどの信頼関係の破壊＝重大な事由が生じることで，保険者に保険契約の解除権が生じる（保30）。

　損害保険契約においては，その射倖契約性から，契約当事者ではないが，利益を受ける被保険者に対する保険者の信頼をも保護対象としている。

　保険契約者・被保険者による，保険契約の存続を困難にする信頼関係の破壊であり，理論上，保険者は，重大事由を認知すれば，必ず保険契約を解除することになるのであって，保険契約者・被保険者を保護するための除斥期間の定めはない。また，重大事由が発生してから後は，保険契約の存続ができない（保険者が引き受けられない）リスク状況であるので，保険事故については，因果関係不存在特則の適用なしに免責となる（重大事由が発生する前に発生した当該損害保険契約の保険事故は，重大事由を理由とする免責には該当しない）。ただし，自動車保険契約等において，被害者保護の観点から必ず解除しなければならないとする議論には大いに疑問がある。

　保険法30条は，片面的強行規定という位置づけとなっているため，重大事由が発生した当該保険事故（保険事故自体は重大事由発生前に発生している）についての免責と保険者による解除権を約款で設定する場合については，重大事由に限って解除・免責できるとする保険法の脱法となるおそれが出てくる。ただし，片面的強行規定の射程は，重大事由に類する事由で重大事由を超えるに至らない程度のものに限られ，他の事由によるものは脱法とはならないものと考える。また，重大事由が生じた保険契約者・被保険者の実際に受け取る保険金についてのみの免責も脱法とはならないのではないかと考える。

4　損害保険契約の無効・取消し

　保険法の規定によれば，保険契約者側が保険事故の発生を知って申し込んだ遡及保険契約，保険者が保険事故の不発生を知っている遡及保険契約（以上，保5）について無効としている。そのほか保険法の規定からは，被保険利

益の不存在が無効原因と考えられる（保3）。

　損害保険契約の取消しについての保険法の規定は，保険金額が保険価額を超える場合の超過部分の取消し（保9），保険契約者側の詐欺・強迫による取消し（保32）がある。

　このほかにも，民法や消費者契約法等の他の法規により，契約の無効，取消しが規定されている。

第3節　責任保険契約

I　責任保険制度の目的と機能

1　企業責任の強化と無過失責任制度の誕生

　18世紀後半になると，欧米をはじめとする先進工業国において機械文明の急速な発展がみられ，人類は多くの利便を享受したのであるが，これに不可避的に随伴する労働災害や，自動車・航空機等による交通事故等の災害が頻発することになる。その結果，これらの災害の被害者を救済する必要性が高まったが，ローマ法以来の伝統的な民法の過失責任理論をもって，これらの災害に関する企業責任の強化を根拠づけることは，ほとんど不可能に近かった。

　そこで，民法の過失責任の原則を修正し，人類社会にとつて特別に重大な危険を新たに創り出す者は，この危険から他人を保護すべき責任があるから，もしこれによって損害が生じたときは，たとえ過失がない場合でもその結果について責任を負うべきであるとする危険責任理論や，必然的に危険をともなう行為によって収益をあげている者は，その収益や利益はある程度他人にその被害を忍受させた結果として得られるのであるから，これにともなう損害をも当然に負担すべきであるとする報償責任理論が提唱された。このような理論に立脚して，大陸法系の諸国では立法によって，また英米法系の諸国では判例によって，企業に無過失責任を認める傾向が顕著となる。

166　第3章　損害保険契約

2　履行確保措置としての責任保険

上記の立法や判例が，企業に無過失責任を課すことに踏み切ることができたのは，企業の損害賠償責任の実質的な裏付けとして，当時は未だ荒削りではあったが，すでに発展過程にあった「責任保険」という強力な履行確保措置を入手する途が拓かれていたことによる。すなわち，現実に賠償責任を負担すべき企業の賠償資力が不十分な場合には，被害者がたとえ裁判で勝訴判決を得て強制執行をしても満足が得られず，企業に無過失責任を課した意味が事実上失われてしまうだけではなく，その企業を破綻させ，産業の発展を阻害し，ひいては雇用機会の喪失をも生じかねない。

危険責任理論・報償責任理論等に基づく無過失責任主義の立法・判例は，文明の発展が人類社会にもたらした種々の悪影響をかなりの程度において軽減するものではあるが，もし立法者や裁判官が，責任保険制度という信頼できる裏づけを持たなかったならば，容易に陽の目を見ることはできなかったであろう。このように責任保険制度は，沿革的には企業に無過失責任を課する立法・判例とともに成長してきたものであるが，時代の変遷とともに，適用される責任原則が過失責任であるか無過失責任であるかを問わず，また，責任の帰属主体が企業以外の，例えば医療法人，学校法人，スポーツ団体やボランティア団体（任意団体），個人等である場合の，ほとんどあらゆる損害賠償責任に対応する責任保険制度が整備されつつあり，今後ますますその発展が予想される。

(1)　責任保険制度の機能

上述したように，責任保険制度は，被保険者が負担することあるべき損害賠償責任を保険者に転嫁するための制度であって，責任を負担する被保険者が，これによって自己の財産の保全をはかり，倒産の危険を防止できるだけではなく（加害者保護機能），損害を被った第三者が，被保険者の賠償資力の不足によって，自己の有する権利が有名無実となる危険を防止する機能（被害者保護機能）をもつものである。

(2) 責任の意義

責任保険制度における責任は，必ずしも法律上の責任（例えば，自動車保有者の自動車事故被害者に対する賠償責任）に限らず，契約による責任（例えば，被用者の労災について法定外補償規定を設けている場合，政府の労災保険の上乗せ補償義務が生じる）をも含む。また，責任保険制度における責任は，不法行為・債務不履行による損害賠償責任（特に，被用者の行為による責任）に限らず，契約による責任（例えば，保証人の責任）にもおよび得る。責任保険制度における責任は，民事上のものでなければならない。したがって，刑事上の責任は，たとえ罰金や科料等の金銭的利益の剥奪を目的とする場合であっても，これは刑事責任を負う者の専属的責任であって，転嫁的な責任保険制度の対象となるものではない。

以下の責任保険制度に関する論考は，責任保険契約に関するものである。

II　責任保険契約の意義

1　定義

責任保険契約とは，契約上定められた事故の発生により，被保険者が第三者（被害者）から裁判上又は裁判外の損害賠償請求を受けたことによって被る損害につき，保険者が保険給付を行うことを目的とする損害保険契約である。責任保険契約に関しては，保険法は 17 条 2 項かっこ書に定義を設け，「損害保険契約のうち，被保険者が損害賠償の責任を負うことによって生ずることのある損害をてん補するものをいう」とする。22 条では，責任保険契約についての先取特権を規定し，36 条で，片面的強行規定の適用除外対象として，航空賠償責任保険契約（Aviation Liability Insurance）と原子力賠償責任保険契約（Nuclear Energy Liability Insurance）を定めている。

2　種類

責任保険契約は，被保険者の職業や責任の種類によって仕組みが異なる場合があり，約款の内容も必ずしも統一されていない。所有者に対する賃借人の（原状回復義務による）損害賠償責任について給付を行う責任保険契約，自動

168 第3章 損害保険契約

車駐車場施設などの施設管理者や，エレベーター・エスカレーターの設置・管理者，有価証券・動産等の受託者，粉ミルクや食品・薬品等の生産者，土木・建築等の請負業者等の企業者の責任保険契約，医師・薬剤師・弁護士等の専門職の職業危険についての責任保険契約，原子力事業者の被害第三者に対する責任保険契約，航空機運航者の旅客及び地上第三者に対する責任保険契約などがある。なお，強制保険である自動車損害賠償責任保険（自賠責保険）契約及び任意自動車保険（対人・対物賠償）契約について，本節でも適宜触れていく。

Ⅲ 被保険利益と保険価額

1 被保険利益

　火災保険契約，運送保険契約等の積極保険と同様に，責任保険契約についても被保険利益を認めることができるか否かについては，見解が対立している。しかし，まず，責任保険契約について被保険利益の認否を論ずる必要性があるのであろうか。保険法3条では，「損害保険契約は，金銭に見積もることができる利益に限り，その目的とすることができる」として，明文において，損害保険について被保険利益の存在は前提である。同法17条2項かっこ書の責任保険契約の定義では，「損害保険契約のうち，被保険者が損害賠償の責任を負うことによって生ずることのある損害をてん補するものをいう」としていて，責任保険契約は損害保険契約の1類型であることをこれも明文で宣言している。責任保険契約の合法性を確保し，損害保険契約の諸原則が当てはまるかどうかを判断するために，被保険利益の認否を論ずる必要性があるのであれば，合法性については立法により決着がつき，諸原則については，具体的商品分析による責任保険契約の機能から論じるべきである。被保険利益否定論は，殊に責任免脱型の責任保険契約にあっては，その法構造上からも，また保険保護の対象となる利益の性質上からも，被保険利益なる観念を問題にする余地がないということから論じているが，責任保険契約の機能としての免脱給付が，被保険者による責任負担の損害性を否定するとは限らない。責任保険契約の保険契約者・被保険者の意図は，損害賠償債務の負担に

第3節　責任保険　　*169*

よって生じる財産の減少ないし債務超過状態の拡大を防止することにある。そして，責任保険契約の機能とその限界は，責任負担者を被保険者とする構造にあると考える。

2　保険価額

保険法では，保険の目的「物」の価額を保険価額という（保9）が，責任保険契約においては，保険の目的物は存しないので，保険価額という概念は存在しない。したがって，一部保険（保19），超過保険（保9）の適用の問題は生じないが，保険法において，保険給付の調整の問題として位置付けられている重複保険（保20）の問題については，責任保険契約の存在を前提にその適用を排除しておらず，逆に，保険価額から，保険法における重複保険の法理を説明することにもならない。保険法において，責任保険契約については，てん補の上限を定める保険価額を論じる必要性はなく，責任保険契約の機能からてん補損害額（保18）をどのように算定することになるのかが問題である。

Ⅳ　保険事故

1　保険事故に関する諸学説

保険法5条は，保険事故の定義を「損害保険契約によりてん補することとされる損害を生ずることのある偶然の事故として当該損害保険契約で定めるもの」としている。そのうえで17条により責任保険契約の定義を「損害保険契約のうち，被保険者が損害賠償の責任を負うことによって生ずることのある損害をてん補するもの」しており，文理的には，責任保険契約の保険事故は，「『被保険者が損害賠償の責任を負うことによって生ずることのある損害』を生ずることのある偶然の事故として当該責任保険契約で定めるもの」ということになる。すなわち，保険法の文理上，責任保険契約の保険事故は，「被保険者が損害賠償の責任を負うことのある偶然の事故として当該責任保険契約で定めるもの」であるが，保険事故と保険期間との関係で，損害事故発生ベース（Occurrence Basis）と損害賠償請求ベース（Claim-made Basis）の双方が存在すること（生産物賠償責任保険契約—PL保険契約，会社役員賠償責任保険契約—

170　第3章　損害保険契約

D&O 保険契約等が損害賠償請求ベース），被保険者に賠償責任なしの場合の防御
費用についての給付＝権利保護給付を責任保険契約の本来の給付とするか否
か，という観点から，責任保険契約の保険事故の本質的定義について諸学説
がある。

(1)　損害事故（約定事故）説

①定義

　この説は，第三者（被害者）の請求ないし被保険者の責任負担を生じさせ得
る事実（具体的には，保険契約において当事者が約定したところの「物の毀損」「人の傷
害」又は「被保険者の過失行為」）を保険事故と解する説である。例外はあるが，
一般に第三者の請求又は被保険者の責任負担の前提となる「物の毀損」「人の
傷害」等が約定事故とされる場合が多いことから，「損害事故説」と呼ばれて
いる。ドイツの学説及び責任保険普通保険約款の採るところであり，わが国
では田辺康平博士等によって支持されている[38]。

②長所

　この説の最大の長所は，損害事故を保険事故と解することにより，保険期
間との関係で，保険事故の要件である偶然性の要請を無理なく充足すること
ができる点である。すなわち，責任保険契約における保険事故は，それが発
生するか否かにつき偶然性を有する事実でなければならず，そしてその偶然
事故が一定期間内に発生したならば，保険者の給付義務が生じるところに責
任保険契約が成り立っているのである。請求説のように，保険事故とは認め
ない別個の事実を持ち出して，それが保険期間中に生じたか否かにより，保
険者の給付義務の存否を定めることは，保険契約の基本構造上認められない
のみならず，請求説においては，第三者の請求という事実は，約定事故と密
接な関連性を有するものであるから，約定事故が発生した時点以後を基準と
してみるときは，請求が提起される蓋然性があり，厳密にはこれを偶然的事
実とはいえないからである。また，損害事故説においては，責任負担説と異
なり，そしてこの点については請求説と同じく，いわゆる権利保護給付をも

---

[38]　田辺・保険法 203 頁，西嶋・保険法 271 頁，坂口・保険法 235 頁等。

責任保険契約の範囲内で行うことができる。損害事故説においては，責任保険契約における本質的機能を被保険者の責任負担に対する保険保護の供与に求めるが，同時に付随的機能としての権利保護機能もこれを認めて，損害事故が発生した限りにおいて，それに基づく第三者の攻撃に対しても保険保護を与えるものだからである。

③批判

もっとも，請求説の立場から，損害事故が発生しても，被害者が現実に請求してこない場合には，被保険者の責任は具体化していない（損害が生じていない）のであるから，これを保険事故とするのは誤りではないかとの批判がなされている。これに対し，損害事故説側からは，保険事故というものは，必然的に被保険者の損害を発生させるものであることは必要でなく，通常の成り行きにおいて損害を生じさせるべきもので足りるとの応接がなされている。

また，損害賠償請求ベースの契約の場合であっても，偶然性との関連でいえば，損害事故（D&O 保険契約については原因行為）の発生について一定期間内（通常は，最初の保険契約の保険期間始期＝遡及日以降）にある必要があり，保険期間が二重概念とはなるが，遡及保険の問題を含め，説明は可能である。すなわち，本質的な保険事故である損害事故が，遡及日以降の連続した保険期間（全体を保険期間ととらえる）内にあると考え，損害賠償請求の事実（形式的な保険事故）が当年度の保険期間内に発生することは，てん補する損害の発生についての条件であると説明することになる。

(2) 責任負担説
①定義

この説は，被保険者が第三者に対して財産的給付をなすべき法的責任を負担した事実をもって保険事故と解する説である。この説の中にも，(ア)被保険者の責任が生じた限りにおいて，損害事故をもって保険事故と解する見解，いわゆる「責任事故説」[39]と，(イ)被保険者が責任を負担すること自体を保険事

---

[39] 中西正明「責任保険における『第三者』の地位」香経 29 巻 4 号 351 頁（1956 年）。

172 第3章 損害保険契約

故と解する見解，いわゆる「責任負担自体説」[40]とがある。もっとも，後者といえども，被保険者の責任負担が確定したことをもって保険事故とするものではないから，結局，両者は時間的には同時に生じるものであって，概念的に区別されるにすぎない。責任負担自体説は，支持者が多く，わが国における有力説である。

②長所

責任負担説の特色は，その前提となる責任保険契約概念から導かれる。すなわち，責任保険契約は，債務履行保険契約でも被請求保険契約でもなく，責任についての保険契約であり，被害者の請求が正当な根拠に基づくものである場合について，加害者をこの責任債務から解放することを目的とするものであって，責任の有無とは無関係に保険給付（理由なき請求に対する権利保護給付）を行う保険契約は，本来の意味における責任保険契約ではなく，純粋の責任保険契約と，それとは別個の特殊な保険契約，権利保護保険契約との結合したものである。したがって，理念型としての責任保険契約における保険事故は，被保険者が第三者に対して責任を負担したことであるとする。責任保険契約を以上のように定義づける限りでは，この説は，理論的に一応首尾一貫しており，保険期間との関係においても，請求説にみられるような不合理な結果は生じない。しかし，次の2点において他説からの批判を受けている。

③批判

まず，第1の問題は，権利保護給付の位置づけに関して生じる。請求説は以下のように説く。責任保険契約は，加害者に対しては，被害者について発生した損害を根拠にしてそこから加害者の財産になんらかの負担がかかってくることを防止することをその目的とする。そして，いかなる意味においても負担が生じないことが被保険者の最大の願いであって，その負担がいかなる形で排除されるか，その負担の種類が何かについて，被保険者は無関心である。したがって，正当な賠償請求に対する保険者による保険給付と，不当な賠償請求に対する保険者の防御の成功とは，被保険者にとってはまったく

---

[40] 大森・保険法218頁，石田・保険法235頁，田中＝原茂・保険法245頁等。

等価値をもつ。このような前提を肯定するならば，被保険者は当然に不当請求防御のための負担をも責任保険契約の給付として保険者に請求し得るものとし，また，結果的に被保険者が無責であることが確定したならば，被保険者は訴訟費用その他の費用を損害発生拡大防止費用として給付されることになろう。今日の責任保険約款のほとんどが権利保護給付や訴訟費用の負担を規定していることからしても，このような批判は的を射ているものといえよう。

　その第2は，責任負担なる事実自体をもって，保険事故として取り扱うことが，保険契約の法構造からして正当であるか否かという点である。前述のように，保険事故と損害という2つの概念は峻別されなければならない。責任保険契約においても，この両者は区別されなければならないが，責任負担という概念が損害概念と一致するものであるか否かはともかくとして，かりにこれを保険給付によって救済されるべき対象とみれば，一般の損害保険契約における損害と同一の地位にあることになる。したがって，責任負担を保険事故と解する立場は，一般の損害保険契約において保険事故と損害とを混同するのと同一の誤りを犯すものであるといえよう。

(3)　請求説
①定義
　この説は，被保険者がその法的責任につき，第三者から裁判上又は裁判外の請求を受けた事実をもって保険事故と解する説であり，西島梅治博士等の採られるところで，わが国における多数説である[41]。外国法でも，フランス保険法典 L124-1 条の規定するところであり，また，ドイツの判例が一貫してとっている立場でもある。

②長所
　請求説の特色は，第1に，保険事故の発生時点を，被害者の請求という客観的な事実によって明確に把握し得ること，第2に，被害者の請求を境として，それ以前に被害者に生じていた損害が一挙に顕在化し，かつ，被保険者

---

[41]　石井＝鴻・海商法・保険法 221 頁。伊沢・保険法 396 頁，西嶋梅治・責任保険法の研究 32 頁以下＜旧説＞（同文舘，1968 年）等。

174 第3章 損害保険契約

自身の損害へと転化すること，第3に，損害事故の存在しない，ないし発生時の不明確な種類の責任保険契約（例えば，公認会計士・税理士・会社役員・公証人賠償責任保険契約等）についても，被害者の請求を保険事故と解することによって，ほとんどの責任保険契約について，保険事故を統一的に把握することが可能となること，第4に，責任確定までの防御行為に要する労力や費用を，被保険者の有責・無責にかかわらず，すべて保険者の負担に帰し得ること等の点に求めることができる。

③批判

このように，請求説には一方においていくつかのすぐれた点があるが，他方，これに対するきびしい批判も存する。その第1は，保険期間との関係及び偶然性の有無の問題である。損害保険契約においては，保険期間内に「一定の偶然の事故」，すなわち，保険事故が生じることが保険者の給付義務発生の要件とされており，これ以外には保険事故はないはずである。そうだとすれば，請求という事実が保険期間内に存しなければ保険者の給付義務が発生しないわけであるが，前述のように，請求説をとるときは保険事故の要件である偶然性の点に疑いがある。

その第2は，請求は保険事故ではなく，むしろ損害であると解すべきではないかという疑問である。損害保険契約においては，保険者の給付義務は，保険事故による損害が発生して，はじめて具体化する。しかるに，請求説によれば，権利保護給付も保険給付の本質的な部分として把握される以上，被保険者に損害が生じなければこれをなし得ないはずである。そうだとすれば，被害者の請求は，これを保険事故ではなく，むしろ「損害」と解すべきではないだろうか。

2 保険事故に関する私見

結論を先に述べるならば，わたくしは，以上の学説のうち，若干の未解決の問題を意識しつつも，なお，損害事故説を支持すべきではないかと考えている。

損害事故を責任保険契約における保険事故と解すると，次のような結果が生じる。

(1) 偶然性

損害事故が，損害保険契約における保険事故の要件である「偶然性」を有する点については，請求説におけるような疑問が生じる余地なく承認されるであろう。ここでいう「偶然性を有する」とは，契約の成立当時において，その事故の発生と不発生とがいずれも可能であって，しかもそのいずれとも未だ確定していないことをいう[42]。なお，保険法5条に規定する遡及保険契約にあたるか否かについても，損害事故のそれをもって判定すべきである。ただし，損害賠償請求ベースの場合は，上述のとおり，遡及日で判定することになる。

(2) 消滅時効期間の始期

保険金請求権の消滅時効期間の始期については，損害事故を保険事故とみるときは，若干の問題が生じる。既述のように，保険事故発生時説をとった場合には，被保険者に対する第三者の請求が損害事故発生時からはるかに遅れて行われるような場合に，被保険者，ひいては被害者にも不利益な結果が生じるおそれがあるからである。しかし，保険事故発生時説は，保険事故の発生と損害の発生が時間的に接続している物保険契約の場合を念頭において，両者の時間的なへだたりは無視し得る程度に小さいという前提で主張されるものと解することができる。責任保険契約においては，両者の時間的へだたりは大きい場合があり，損害賠償請求があって初めて認識されることもある。実際に被保険者が，損害事故の発生により，結果として損害賠償責任を負わないが損害賠償請求を受ける場合を含め，損害としての損害賠償責任を負う可能性が具体化していなければ，保険金請求が可能な状況とはならず，保険金請求権を「行使することができる時」が消滅時効期間の始期であり（保95），それはまさに損害発生時であると解すべきことになる。したがって，私見によれば，損害賠償責任を負う可能性が具体化，すなわち，典型的には「請求」を損害とみるのであるから，被請求時から進行することになり，その難点はほぼ解消し得るものということができよう[43]。この考えは，不法行為に

---

[42] 大森・保険法 61 頁。

176　第3章　損害保険契約

よる損害賠償責任について消滅時効を定める民法724条1号にいう「損害及び加害者を知った時」とは，被害者において，加害者に対する賠償請求をすることが事実上可能な状況の下に，それが可能な程度に損害及び加害者を知った時を意味すると解するのが相当である[44]とすることと趣旨は同一である。

(3)　損害事故説の課題

　損害事故説の最大の課題は，請求説が，すべての責任保険契約について統一的に，請求という，発生した時点において明確に認識し得る事実をもって保険事故となし得るのと異なり，何をもって保険事故とすべきかについての明確な基準について疑問が存在する点である。もちろん，任意自動車保険契約の対人・対物賠償責任保険契約をはじめとする大多数の比較的単純な構造の責任保険契約においては，自動車事故というような損害事故の発生に基づき，被保険者に対する第三者の請求が生じてくるわけであり，損害事故以前には，保険事故と目すべきものを見出し得ないから，疑問が生じる余地はない。しかし，例えば，公証人賠償責任保険契約のように，損害事故と目すべきものが容易には認識しえない場合，あるいは生産物賠償責任保険契約の場合のように，損害事故（例えば，被害者の食中毒）が既に存在する原因事故（例えば，缶詰原料の腐敗）から生じる蓋然性が高いため，損害事故を保険事故とすることが不合理であると考えられる場合が存する。

　もっとも，これらの場合についても，損害事故（約定事故）説の立場からの回答が用意されている。要するに，原因事故と目すべきものの存在しない場合は損害事故をもって保険事故とし，損害事故がない場合及び損害事故（結

---

[43]　わたくしは，責任保険契約における保険者の給付には，損害てん補給付と権利保護給付のいずれもがその本質給付として含まれるべきものであり，また，被保険者に対する第三者の請求を，保険事故ではなく損害と解すべきではないかと考えている。その結果，責任保険契約の本質的定義としては，表現のうえでは，請求説の場合とほとんど同じもの，すなわち，「契約上定められた事故の発生により，被保険者に対し，第三者から（裁判上または裁判外の）損害賠償請求がなされたことによる損害につき，保険者が保険給付を行う契約をいう」表現を採ることになる。なお，保険法上の責任保険契約の定義につき，保険法17条2項かっこ書参照。

[44]　最2小判昭48・11・16民集27・10・1374参照。

果事故) 以前に原因事故が存在する場合については，原因事故をもって保険事故と解すべきものとする。理論的には，このようなルールによって処理すれば問題は解消するというのである。

⑷ 保険実務

しかし，保険実務においては，必ずしも上記のルールどおりには行われていない。たとえば，食品製造業者やLPガス業者などの賠償責任保険特別約款においては，原因事故が先行すると考えられるにもかかわらず，損害事故（結果事故）が保険期間内に生じたことをもって，また，医師や建築家賠償責任保険特別約款においては，損害事故（医師賠償責任保険契約の場合は，他人の身体の傷害〔死亡を含む〕を損害事故とする）が保険期間内に発見されたことをもって，さらに，公認会計士や日本医師会の賠償責任保険特別約款においては，被保険者に対する第三者の請求が保険期間内になされたことをもって，それぞれ保険者の給付義務発生の要件としている。

この分野の責任保険契約における保険事故のこのような定め方を，原因事故を確定することが困難なため，それによる紛争を避ける実務上の要求に基づくもの，つまり，1種の例外現象として説明することも可能であろう。しかし，今後，その種類の契約量のいずれについても，ますます成長するであろうこの分野の責任保険契約における保険事故のこのような定め方を，単なる例外にすぎないものときめつけるだけでは十分な納得を得ることは難しいのではあるまいか。損害事故説の立場からする，より説得力に富む理論構成が期待される。

V 保険金の支払

1 保険金支払義務の確定

既に述べたように，責任保険契約とは，契約上定められた事故の発生により，被保険者が第三者（被害者）から裁判上又は裁判外の損害賠償請求を受けることによって被る損害につき，保険者が保険給付を行うものであるが，保険者が確定的に保険金支払義務を負担するためには，その前提として被害者

178 第3章 損害保険契約

の被保険者に対する債権が確定されるのが原則である（例外，本節Ⅶ **被害者の直接請求権**の項参照）。

2 義務的（一部）不担保（découvert obligatoire）

ある種の責任保険約款においては，被保険者が，自己の負担する賠償責任の全部を保険者に転嫁することができるとすると，損害事故防止の注意義務を怠り事故の増加を招くおそれがあるとして，いわゆる「義務的不担保」条項により，保険金額の4分の1程度を自家保険部分として保有することを強制している（例えば，1965年（昭和40年）改正前の自動車保険普通保険約款〔1947年2月制定〕2章責任範囲2②参照）。この条項がおかれているときは，保険契約者（被保険者）は，「自家保険」部分の損害を最終的に負担することを要し，これを他の保険に付保することは許されない。

しかし，保険が付されていることが損害事故防止の注意力低下につながるとは，常識では考えられない（重大事故の加害者には，刑事罰や行政罰も課される）。そして，損害事故発生後の被害者の請求に対する被保険者の防御がおろそかになるという弊害の対策としては，被害者・被保険者間の訴訟・裁判上の和解への保険者の参加等の方法によってチェックすればよいのであり，義務的不担保の制度は被害者保護の見地からは好ましくないので，現在ではほとんど廃止されている[45]。

なお，被保険者の小額損害負担制度には，このほか，約款により免責金額（又は免責歩合）を設定する方法がある。これは，あらかじめ当事者間で約定された金額未満の小額損害については，これを被保険者の自己負担とするものであるが，損害額が小額の場合には，支払に要する損害査定費用や紛争処理費用が支払われるてん補額を超えるおそれがあるという不合理を回避することを目的としている。つまり，経済的合理性の観点から設けられるもので，「義務的不担保」とは目的及び理由を異にする。免責金額を設定すると保険料割引が適用されるのが普通であり，自動車保険契約の対物賠償保険契約で，（車両保険契約や他の物保険契約でも）利用されている。

---

[45] 金澤・責任保険201頁参照。

3 重過失の場合の免責

被保険者の故意・重過失による損害については，保険者は保険金支払の責任を負わないのを原則とするが（保17），これを責任保険契約の場合にも適用すべきか否かについては，同じく保険法17条2項で，「故意」のみを法定免責事由としている。ただし，保険法は，17条全体について任意規定としており，保険者は，他の片面的強行規定を含む強行規定に反しない限り，免責規定を保険料との兼ね合いを見て設定することができるし，担保範囲の拡張として法定免責事由を採用しないこともできる。

VI　保険金請求権の発生及び行使

1　保険金請求権発生の要件

既に述べたように，責任保険契約の本質的定義は「契約上定められた事故（保険事故）の発生により，被保険者に対し，第三者（被害者）から（裁判上又は裁判外の）損害賠償請求がなされることによる損害につき，保険者が保険給付を行う契約」であるが，被保険者の保険金請求権が発生するためには，その前提として被害者の被保険者に対する損害賠償請求権の額が確定することを要する。

責任関係における損害賠償額確定の方法には，(ア)判決，(イ)裁判上の和解，(ウ)裁判所による調停，(エ)裁判外の和解（示談）があるが，そのいずれでもよい。ただし，示談の場合には，被害者・被保険者間の馴合いを防止するため，普通保険約款の一般条項に，示談につき保険者の承認を要する旨を定めた「示談承認条項」を設けるのが通例である。

2　保険金請求権行使の要件

被保険者が保険金請求権を行使する前提として，損害賠償額の確定だけでなく，損害賠償義務を履行したことを要するか。自賠法15条は，自賠責保険契約につき，被保険者が保険金請求権を行使するためには，その前提として被害者に対し損害賠償義務を履行することを要する旨（いわゆる先履行要件）を定めている。これは，自賠責保険契約が義務保険契約であるため，被害者保

180　第 3 章　損害保険契約

護を目的とする立法政策がとられており，なかんずく被保険者の債権者など
に保険金が横取りされることのないよう，被害者に保険者に対する損害賠償
額の直接請求権が与えられている（自賠 16）ことによる。

　これに対し，保険法 22 条が責任保険契約全般について損害賠償請求権者
（被害者）の先取特権を規定している。損害賠償請求権者の保険金（保険給付）
ファンドに対する優先権を，法定しているものである。このため，この優先
権は絶対的なものであるが，同条 2 項で，先履行を果たした（支払った）金額
まで，及び，損害賠償請求権者が認めた金額までは，被保険者の保険金請求
権を認めている。

　同様に，同条 3 項で，損害賠償請求権者に対する保険金請求権の譲渡を認
めている。すなわち，譲渡という形によっても，被保険者から保険者に対す
る損害賠償請求権者への支払指図（1 種の譲渡と考えるか，「同時」を先履行の 1 形
態ととらえる）によっても，損害賠償請求権者に実質的に保険金が支払われる
ことは，この強行規定に抵触することはない[46]。

Ⅶ　被害者の直接請求権

1　責任保険契約における被害第三者の地位

　責任保険契約においては，被害者たる第三者は特殊な地位を有する。すな
わち，保険者の保険金支払義務は，被害者に生じた損害を契機として発生し，
保険者の支払う保険金は被保険者たる被害者の一般財産に混入されるべきで
はなく，直接的にであれ間接的にであれ，最終的には被害者の損害てん補に
のみ充当されるべきものである。したがって，被保険者の任意弁済等の行為

---

[46]　「原子力損害の賠償に関する法律」に保険法 22 条の嚆矢を見ることができる。
　　第 9 条　被害者は，損害賠償請求権に関し，責任保険契約の保険金について，他の債権
　　者に優先して弁済を受ける権利を有する。
　2　被保険者は，被害者に対する損害賠償額について，自己が支払つた限度又は被害者
　　の承諾があつた限度においてのみ，保険者に対して保険金の支払を請求することがで
　　きる。
　3　責任保険契約の保険金請求権は，これを譲り渡し，担保に供し，又は差し押えるこ
　　とができない。ただし，被害者が損害賠償請求権に関し差し押える場合は，この限り
　　でない。

によって保険金が他に流用されることを禁止し，また，被保険者の破産その他の倒産処理手続の場面において，他の債権者の保険金に対する配当加入を阻止する等，保険金が被害者以外の者に帰属する危険を防止する必要がある。

　被害者保護措置の類型としては，(ｱ)法律により保険金請求権の処分を禁止する，(ｲ)被害者に保険金請求権に対する質権・先取特権を付与する，(ｳ)保険者に被害者に対する損害賠償額の直接支払権能を付与する，(ｴ)被害者に保険者に対する損害賠償額の直接請求権を付与する，という４つが考えられる。この中では，(ｴ)の損害賠償額の直接請求権を付与するのが，被害者の救済手段として，もっとも確実，迅速かつ容易な方法である[47]。

　わが国をはじめとして，義務的自動車責任保険制度を有する多くの国々においては，被害者の直接請求権を法定するのが通例である。

2　保険法の下における直接請求権

(1)　保険法と直接請求権

　現代における責任保険制度の急速な発展と，その果たす役割の重要性から保険法の制定にあたって，責任保険契約が規定された（保17Ⅱかっこ書，22）。しかし，直接請求権については，責任関係を確定できることが前提であり，自動車保険契約のように示談交渉を保険者が行うような構造や自賠責保険契約のように法令による定型的な損害認定ができる必要がある。また，多数の被害者が存在し，１事故保険金額がある場合，直接請求権同士の優先劣後関係を保険者が決することは不可能であり，保険法は，民事執行法のルールに任せることにしている。保険法22条は，損害賠償請求権者の先取特権とその保護を規定している。

　この反対解釈では，直接請求権は，保険法の解釈から法律上の権利として導き出すことは肯定されない。しかし，自賠責保険契約に見られる法律上の直接請求権と任意自動車保険契約に見られる約款上の直接請求権とは，保険法によって肯定されないのであろうか。

　なお，保険法制定前の火災保険に係る商法667条「保管者の責任保険」を

---

[47]　金澤・民事責任120頁以下参照。

182 第3章 損害保険契約

物の保管者の責任保険契約一般に適用される規定と解して，さらに責任保険
契約一般に被害者の直接請求権を認める根拠規定とみる見解があったが，保
険法においては，商法 667 条に相当する規定は削除されている。

(2) 直接請求権肯定の論理

保険法 22 条は，損害賠償請求権者の先取特権とその保護を規定しており，
1 項で法定担保権である先取特権の設定，2 項と 3 項で先取特権を実質的に
保護するための被保険者の権利の制限を設定しているので，全体を通して強
行規定である。ただし，この強行規定は，保険金が被害者以外の者に帰属す
る危険を防止するためのものであり，先取特権によって被害者が受ける保険
金ファンドに対する優先権を侵さない（同条 2 項と 3 項で定める，被保険者の先履
行・被害者の承認，被害者への保険金請求権の譲渡等に該当する場合を含む）限り，被害
者の直接請求権を設定しても，強行規定に反するものではない。

3 自賠法 16 条 1 項の直接請求権
(1) 沿革

1955 年（昭和 30 年）7 月に，自動車事故による人身損害の被害者の救済を目
的として制定され，1956 年（昭和 31 年）2 月から完全施行された自賠法は，自
動車保有者の賠償責任を強化すると同時に，自動車保有者に自賠責保険契約
の締結を義務づけ，さらに被害者に責任保険者に対する損害賠償額の直接請
求権を付与した。

2002 年（平成 14 年），政府再保険制度の廃止に伴い，保険金及び直接請求権
による損害賠償額の支払基準が保険会社の義務として法定化され（自賠 16 条
の 3）たが，この支払基準の射程について，最高裁[48]は，次のような判断を示し
た。「保険会社が訴訟外で保険金等を支払う場合には，公平かつ迅速な保険金
等の支払の確保という見地から，保険会社に対して支払基準に従って支払う
ことを義務付けることに合理性があるのに対し，訴訟においては，当事者の
主張立証に基づく個別的な事案ごとの結果の妥当性が尊重されるべきであ

---

[48]　最 1 小判平 18・3・30 民集 60・3・1242（保険百選 62 頁以下）参照。

る」と述べ、「法16条1項に基づいて被害者が保険会社に対して損害賠償額の支払を請求する訴訟において，裁判所は，法16条の3第1項が規定する支払基準によることなく損害賠償額を算定して支払を命じることができる」と判示した。

2010年（平成22年）に，保険法と同時に自賠法改正が施行され，告知義務，履行期や時効期間の延長等が規定された（自賠16の9, 19, 22）。さらに，自賠責約款に請求権代位の際の差額説の導入や被害者が保険金請求権について先取特権を有していることを規定している。

なお，保険法は，責任保険契約全般の総則的規定を定めるものであり，自賠法の自賠責保険契約に関する規定は，保険法に対する特別法の位置づけとなる（自賠23）。

(2) 特色

自賠責保険契約における直接請求権は，次のような特色を有する。

(ア)自賠法16条1項の規定により与えられた法定の権利であり，約款等により，被害者からこれを奪うことはできない。(イ)加害者である被保険者は，被害者に対し損害賠償債務を履行した場合に限り，かつ，その額を限度として，保険金請求権を行使することができる＜先履行要件＞（自賠15）。(ウ)直接請求権の内容が，被害者にきわめて有利なものに強化されている。すなわち，保険者が被保険者に対して有する抗弁を，被害者に対する関係で遮断する等の措置がとられている（免責事由の制限〔自賠14〕，告知義務違反による契約解除の制限，解約の制限〔同21, 20の2〕，危険の増加による契約の効力に関する特則〔同22〕）。(エ)1事故保険金額がなく，被害者1名保険金額のみがあり，事故回数にも制限はない。(オ)法令による定型的な損害（重過失減額を含む）認定が行われることとなっている。(カ)加害者が損害賠償債務を先履行した場合で，加害者の保険金請求権と被害者の損害賠償額請求権が競合したときは，自賠法16条2項を根拠に，保険金請求権が優先されることとなっている。

(3) 直接請求権，保険金請求権と先取特権との関係

保険法22条の先取特権と自賠法16条の直接請求権は，併存するが，被保

険者が損害賠償債務について一部弁済を行った（一部先履行した）場合を考えてみよう。被保険者は，保険者に弁済額を上限に保険金請求を行うことになる。このとき，損害賠償額の残額の直接請求権は，自賠法15条の保険金請求権に劣後するものの，保険法22条2項に基づき，自賠法15条の保険金請求権は行使できないものと考えられるのであれば，保険金請求権の優先は覆され，直接請求権優先に転換する。しかし，被保険者による弁済は，保険法22条2項の保険金請求権の行使要件を併せて充たすものと考える。すなわち，保険法22条による被害者の保護は，保険金が被害者以外に属しないようにするという限度でのものであり，被保険者としての保険保護も責任保険契約の目的であるためであり，保険金請求権が優先する。

4 任意自動車保険契約の直接請求権

(1) 沿革

1974年（昭和49年）5月に制定された家庭用自動車保険約款（FAP）賠償責任条項6条において，人身損害の被害者に損害賠償額の直接請求権を与え，被害者への損害賠償額の支払によって被保険者に保険金を支払ったとみなすとする旨が規定され，1975年（昭和50年）3月には業務用自動車保険約款（CAP）にも同様の規定が設けられた。この規定は，FAPを統合し1976年（昭和51年）1月に発足した自家用自動車保険約款（PAP）に引き継がれ，1982年（昭和57年）10月の自家用自動車総合保険約款（SAP）の創設にともない，物的損害の被害者に対しても，直接請求権（損害賠償額の支払請求権）が付与された。

1998年（平成10年）7月から任意自動車保険商品（約款・料率）は完全自由化された。その後，各社は，それぞれ新たな商品・サービスを発売し，約款についても各社による変化がみられる。また，保険法の施行によっても変化している。よって，商品名が同じであっても，その約款内容は異なることがあり，支払うべき保険金等保険商品の内容については，保険約款の定め等，保険契約の内容を正確に確定した上で，必要な限度で約款解釈を行う必要性がある[49]。ただし，標準約款のないものについては，異なる点が多くみられるが，近時収れんする傾向にある。なお，任意自動車保険契約の賠償責任保険契約については，標準約款が直接請求権を含めて規定している。

(2) 特色

任意自動車保険契約における直接請求権は，次のような特色を有する。

㋐任意自動車保険契約の直接請求権は，法定の権利ではなく，保険者と保険契約者との間で締結される保険契約の内容となる約款によって創設された権利である。すなわち，この直接請求権は，法形式的には，任意自動車保険普通保険（標準）約款に含まれる「第三者のためにする契約」（民537〜539）によって，不特定の第三者（将来発生することあるべき人身損害又は物的損害の被害者）に対して付与されたものであり，その内容は，併存的債務引受又は履行の引受のいずれかと解するのが妥当である（自保標準約款賠償責任条項11・対物賠償保険の示談交渉に関する特約4）。

㋑任意自動車保険契約の直接請求権は，上述の「第三者のためにする契約」に基づいて創設されたものであるから，契約当事者間の約定に盛り込まれた各種の制限に服するものとされ，保険者は，被保険者に対抗し得る抗弁を，被害者に対する関係でも同様に対抗し得るものとされている。各種の約定免責事由，各種義務違反に対する制裁などがその1例であり，自賠責保険契約の場合と比較すると，被害者にとって制限が多くなっている。

㋒任意自動車保険契約の直接請求権と保険金請求権が競合した場合は，保険金請求権よりも直接請求権を優先させて損害賠償額を支払う規定となっている（同条項11・特約4）。本優先規定は，強行規定である保険法22条2項よりも被保険者の権利を制限しているが，前に述べた通り，強行規定の趣旨は，保険金が被害者以外の者に帰属する危険を防止するためのものであり，本優先規定は，先取特権によって被害者が受ける保険金ファンドに対する優先権をさらに進めたものであり，強行規定に反するものではない。なお，本優先規定は，保険会社が被保険者に代わって示談交渉を行う場合（同条項10・特約3）に，自動車保険（標準）約款賠償責任条項17条の規定と併せて，保険金額いっぱいまでの示談交渉が可能となる効果がある。

---

[49] 最3小判平20・10・7日裁判集民事229・19，判時2033・119。このような「まず保険約款の規定を重視し，保険約款の規定に則って解釈すべき」（大阪高判平24・6・7高裁判例集65・1・1）との考え方は，「契約は守られなくてはならない＝pacta sunt servanda」として重要な態度である。

第4章　生命保険契約

Ⅰ　生命保険契約の意義

1　生命保険契約の特色

　人の寿命は，これをマクロ的（巨視的）にみれば，国又は地域，男女別等を基準とする公的な統計（人口動態率，生命表[1]）が整備されているので，その数値を利用することによってかなり正確に予測することができる[2]。これに対し，ミクロ的（個別的）に観察すると，ある個人の寿命は，災害や病気等に左右され，少なくとも客観的には不確定であり，ある時点において将来の死亡の時期を予測することは極めて困難であるため，本人や家族の将来の経済生活の設計に暗い影を投げかける要素の1つになりかねない。一家の働き手が死亡すれば，その者の収入により生計を維持していた家族は大きな経済上の打撃を受ける。このような不安に備えて，人々は個人的貯蓄を行うのが通常である。しかし，個人が貯蓄可能な金額は各人の所得（収益能力）と寿命に依存しているから，すべての人が生存中に必要かつ十分な金額を貯蓄できるわけではない。したがって，貯蓄だけに依存しては，将来発生することのある遺族の経済生活の不安定に備えることは困難である。また，公的年金も，決して豊かな老後の生活を保障するものではない。生命保険は，この欠陥を補うために考案された制度である。

---

[1] 　生命表とは，誕生日を基準にして1年間に各年齢層の人の死亡率を示したものであって，各年齢層における生残数，死亡数，死亡率を記し各年齢における生存の経過を示した表をいう。

[2] 　第21回完全生命表の概況によれば，日本人の平均寿命（0歳の平均余命）は，男子は79.55年，女性は86.30年となっている。なお，2013年（平成25年）簡易生命表によれば，日本人の平均寿命は，男子は80.21年，女子は86.61年とそれぞれ1年弱延びている。なお，厚生労働省のHP（http://www.mhlw.go.jp/toukei/saikin/hw/life/life13/, http://www.mhlw.go.jp/toukei/saikin/hw/life/21th/）参照。

188 第4章 生命保険契約

すなわち，生命保険とは，同質の危険（例えば，死亡というリスク）の下にある多数人が保険料を拠出し共同のファンド（保険基金）を形成し，これによって特定人の経済生活の不安定を確実に除去・軽減しようとするものである。生命保険のこの目的を維持・実現するためには，保険者の保険金支払能力が確実に確保される必要があり，かつ保険料の額を低くすることによって保険契約の申込みの希望者側の加入機会を十分に保障する必要もあり，このためには，統計に基づく「大数の法則」により保険事故の発生率を算出して適正にしかもできるだけ低廉に保険料を定めることが，保険者側からもまた保険契約者側からもとくに重要視される。

2 定義
(1) 保険法上の定義

生命保険契約とは，当事者の一方（保険者）が，相手方（保険契約者）又は第三者（被保険者）の生死に関し，一定の金額（保険金額）を支払うことを約し，相手方が，これらにその報酬を与えること（保険料の支払）を約することによって効力を生ずる保険契約である（保2①⑧）。生命保険契約の特質は，この保険の保険事故が人の生死ということである。すなわち，保険事故の客体が人である点で，人保険契約の1種であり，保険事故発生の際に一定の金額の支払を行うことを約する点で，定額保険契約に属する。また，生命保険契約も，損害保険契約と同様，有償・双務契約であり，かつ不要式・諾成の契約であることはいうまでもない。

改正前商法では，生命保険契約の定義規定が，損害保険契約の定義規定である629条と対をなす形で，673条で定められてきたが，これは，保険契約につき統一的定義を与えることなく，損害保険契約と生命保険契約を異種の契約と捉え，それぞれに独立の定義を与える併行的定義主義の法制を採用していることを意味していた。保険法では，保険契約につき統一的定義を与えた上で（保2①），そのうち人の生存又は死亡に関する定額保険契約を生命保険契約と定義づけている（保2⑧）。

⑵　保険監督法上の定義

　保険業法は，生命保険業免許は，「人の生存又は死亡（当該人の余命が一定の期間以内であると医者により診断された身体の状態を含む。〔中略〕）に関し，一定額の保険金を支払うことを約し，保険料を収受する保険〔中略〕」の引受けを行う事業に係る免許である旨を定めている（保業3Ⅳ柱書・同①）。これは，保険法の定める生命保険契約の保険事故である被保険者の生死に，近年，生命保険各社によって開発された「リビング・ニーズ特約」[3]による死亡保険金生前給付条件の成就を加えたものであり，立法の迅速な対応といえよう。

3　要素

⑴　当事者及び関係者

　生命保険契約の当事者は，保険者（「当事者の一方」）と保険契約者（「相手方」）である（保2①）。保険者は人（被保険者）の生存又は死亡といった保険事故（「一定の事由」）が発生したことを条件として保険給付を行う（「金銭の支払」）義務を負う者であり（保2①②），それに対して，保険契約者は保険者に保険料を支払う義務を負う者である（保2①③）[4]。

　生命保険契約の関係者には，被保険者及び保険金受取人がいる。被保険者とは，その者の生存又は死亡に関して保険者が保険給付を行うこととなる者をいう（保2④ロ）。被保険者は，保険契約者と同一人であってもよいし，別人であってもよい。保険法は，保険契約者以外の者が被保険者となることを認めており，保険契約者と被保険者が同一人である生命保険契約を自己の生命の保険契約といい，保険契約者と被保険者とが別人である生命保険契約を他人の生命の保険契約という。後者の場合には，一定の規制に服することとし

---

[3]　保険契約者は，被保険者の同意を得て，死亡を保険事故とする生命保険契約（主に終身保険）にリビング・ニーズ特約を付加することができる。同特約は，被保険者の余命が6ヵ月以内と判断されるとき，死亡保険金額の全部又は一部（その額は約定されるが，その額から6ヵ月分の保険料相当額等を控除した金額が実際には支払われる）が被保険者に支払われる旨の特約で，実質的には，死亡保険金の受取人の変更及び繰上弁済の請求権を定めるものであると解されている（保業3Ⅳ①）。江頭・商取引法〔7版〕486頁註⑴，山下（友）・保険法447頁など参照。

[4]　保険者は一定の要件を充たす株式会社又は相互会社に限定されるが（保業6），保険契約者は自然人であると法人であるとは問わない。

190　第4章　生命保険契約

ている（保38）。それに対して，保険給付を受ける者として生命保険契約において定めるものを保険金受取人という（保2⑤）。保険法は，保険契約当事者以外の者が保険金受取人となることを認めており，保険契約者と保険金受取人とが同一人である生命保険契約を自己のためにする生命保険契約といい，保険契約者と保険金受取人とが別人である生命保険契約を第三者のためにする生命保険契約という。

(2) 保険事故

　生命保険契約における保険事故は被保険者の生死という事実である。生とは一定時期において生存しているという事実をいい，出生は含まれない。死とはもちろん死亡という事実であるが，失踪宣告がなされた場合（民30・31）も含む。傷害保険契約においても死亡保険金を支払うことがある。傷害保険契約における保険事故は，「急激かつ偶然な外来の事故による身体の損傷自体」までであって，死亡はそれに含まれない。この点で，死亡の原因の如何を問わずに死亡という事実を保険事故とする生命保険契約とは異なる。

　保険事故である被保険者の生存又は死亡は偶然であること，すなわち，契約成立時において不確定であることを要する[5]。一定の時期における被保険者の生存を保険事故とする生存保険，一定期間内における死亡を保険事故とする定期（死亡）保険においては，事故の発生自体が不確定であるが，単に被保険者の死亡（その時期にかかわらず）を保険事故とする終身保険のように，その時期のみが不確定な場合でも，これを保険事故とすることができる[6]。一定時期における被保険者の生存とその時期までの被保険者の死亡をともに保険

---

[5]　大森・保険法257頁。

[6]　なお，生命保険約款では，本文のほかに，被保険者が高度障害状態に至った場合には，死亡保険金と同額の保険金が支払われる旨の規定がおかれている。ここにいう「高度障害状態」とは，①両眼の視力をまったく失ったもの，②言語又は咀嚼の機能をまったく永久に失ったもの，③中枢神経系又は精神に著しい障害を残し，終身つねに介護を要するもの，④胸腹部臓器に著しい障害を残し，終身常に介護を要するもの，⑤両上肢とも，手間接以上で失ったか又はその用をまったく永久に失ったもの，⑥両下肢とも，足関節以上で失ったか又はその用をまったく永久に失ったもの，⑦1上肢を手間接以上で失い，かつ，1下肢を足関節以上で失ったか又はその用をまったく永久に失ったもの，⑧1上肢の用をまったく永久に失い，かつ1下肢を足関節以上で失ったもの等をいう。

事故とする場合を，生死混合保険という。その中でも，死亡保険金の額と生存給付金の額とが同一である保険を養老保険という。養老保険を主契約とし特約として組み合わせる保険を定期付養老保険という。

　なお，生命保険契約における保険事故は，損害保険契約におけるそれと異なり，その発生によって保険金受取人に経済的損害を生じさせるものである必要はない。

(3)　保険金額

　生命保険契約は，保険事故発生の際に一定の金額の支払をなすことを内容とする定額保険契約の一種である。この一定の金額を保険金額といい，保険者と保険契約者の間で自由に約定することができ，保険法上は金額についての制限はない[7,8]。

　損害保険契約においては，約定保険金額は単に保険者の支払うべき金額の最高限度額を画するに過ぎず，現実に支払われる金額は，保険事故によって発生した損害額に応じて定められるのに対し，生命保険契約においては，保険事故が発生すれば，損害の有無やその額に関係なく，約定した一定の金額が支払われる[9]。その意味において，生命保険契約は定額保険契約[10]の1種であるといわれ，被保険利益や保険価額が問題とならず，したがって，超過保

---

[7]　事業方法書には，保険料の収受並びに保険金及び払い戻される保険料その他の返戻金の支払に関する事項（保業規8I⑥）等を定めるのを通例とする。

[8]　事業方法書は保険会社のしたがうべき事業運営に関する準則を定めたものにすぎず，株式会社の保険契約者はもちろん，相互会社に社員も当然にはこれに拘束されないものと解すべきである。大森・保険法257頁。

[9]　ただし，保険契約者又は被保険者となるべき者の作成した告知書のみによって危険の選択を行う保険契約（従前の無診査保険）においては，被保険者が第1回保険料を払い込んだ時から2年以内に死亡したときは，災害又は伝染病による場合を除き，保険金額を削減して支払う場合がある。

[10]　当該保険契約の保険料積立金を特別勘定に分離して，もっぱら上場有価証券への投資等により運用し，その運用実績にしたがって保険金額・解約返戻金（保険給付額）を変動させる変額生命保険契約にも定額性はあるといわれる（江頭・商取引法〔7版〕487頁註(3)）。すなわち，生命保険契約が定額保険であり保険金として一定の保険給付を行う契約であるということは，契約上客観的な保険金額算定基準が定まっていなければならないという意味であって，保険金額が常に確定額で定まっているということではないためである（田辺・保険法233頁）。

険（保9条）・重複保険（保20条）・一部保険等も生ずる余地がない。また，保険者代位（保25条）が行われることも予定されていない[11]。

(4) 生命保険契約の種類

①主要類型

生命保険契約は種々の観点からこれを分類することができる。

(i)**保険事故による分類** 定期又は終身の死亡保険契約，生存保険契約[12]，及び生死混合保険契約[13]に分類することができる。

(ii)**保険期間による分類** 保険期間に終期の定めのあるものには，定期保険契約，養老保険契約，有期年金保険契約等があり，終期の定めのないものには，終身保険契約，終身年金保険契約等がある。

(iii)**保険金支払方法による分類** 保険事故の発生した場合に保険金の全額を一時に支払う資金保険契約と，年金の形式で順次に分割して支払う年金保険契約の2種がある。後者はさらに，被保険者の生存中毎年一定の金額を支払う終身年金保険契約と，これを一定期間中だけに限る定期年金（確定年金）保険契約に分類することができる。

(iv)**利益配当の有無による分類** 保険契約者を一定の時期以降において保険会社の利益配当[14]に参加させる利益配当付保険（有配当保険）契約と，利益配当のない保険（無配当保険）契約に分かれる。生命保険契約の配当金は，株式の配当金や預貯金の利息とは本質的に性質が異なることに注意を要する。すなわ

---

[11] 金澤・保険法下巻5頁，江頭・商取引法〔7版〕487頁等。なお，定額保険契約には，保険法25条の適用はないが，同契約につき保険金の支払を受けた者が加害者に対して有する損害賠償請求権が支払保険金額の限度で保険者に移転する旨の約定をすることはできなくはない（大森・研究148頁，洲崎博史「保険代位と利得禁止原則㈡」論叢129巻3号22頁（1991年））。

[12] 生存保険契約は生死混合保険契約の一部に含まれているほか，個人年金保険契約，貯蓄保険契約があるが，教育資金保険契約・婚資保険契約，こども保険契約等の名称によって行われている。

[13] このうち，最近では，死亡保険金と生存保険金との比率が1対1（同額）である養老保険契約よりも，死亡した生存保険金の5倍，10倍，20倍の死亡保険金が給付される（これは死亡保障に重点を置いていることを意味する）という養老保険契約に定期保険特約を付加した定期付養老保険契約が普及している。

[14] 配当金の受取方法としては，配当積立，買増，保険料相殺，現金配当があるが，多くは利息を付けて積て立てる。

ち，生命保険契約の保険料は予定死亡率・予定利率・予定事業費率の３つの予定率をもとに計算されているが，予定と実際の差から死差益・利差益・費差益を合わせた差益金[15]が生じることがある。その場合，保険契約者に分配される差益金を配当金といい，これは保険料の事後精算としての性格を持つものである。

②その他の類型

(i)被保険者の数による分類　被保険者１人の生死を保険事故とする単生保険契約，例えば，親子・夫婦・共同経営者等の複数の者を被保険者と定めてそのいずれか１人の死亡又は一定年齢までの生存を保険事故とする連生保険契約，及び，例えば，会社又は工場の全従業員のようにある特定の団体に属する者を包括的に被保険者とする団体保険契約等に分かれる。

(ii)選択方法による分類　保険者は，保険契約の申込みに際し，被保険者の身体が所定の身体的危険の選択基準に適合しているか否かを調査し，その結果に基づいて選択を行う。その選択方法には，次の３種がある。第１は，保険契約者又は被保険者となるべき者の記載した告知書のみに基づく選択方法である。第２は，上記の告知書と医師の診査又は診断等の資料を併用する選択方法である。第２の方法は，さらに，会社の指定する医師の診査による方法，団体の健康管理（定期健康診断に基づく資料）を利用する方法，医師の健康診断書による方法に細分される。第３は，告知書と生命保険面接士の観察報告書とを併用する選択方法である。

第１の方法は，従来の無診査保険契約にあたるものであり，第２・第３の方法は有診査保険契約と呼ばれていたものである。現行の生命保険実務では，無診査保険契約，有診査保険契約という用語は使用されていない。

なお，このほか，交通事故等の身近なリスクの発生に備え，基本契約（主契約）に特約を付加するのが通例である。すなわち，被保険者が不慮の事故等によって死亡し，又は高度障害となった場合に，約定保険金額に加えて災害保障（割増）特約や，被保険者が高度障害となった場合に高度障害保険金を支払うための特約を組み込み，給付の条件や保障の範囲を拡大した生命保険契約

---

[15]　死差益・利差益・費差益を合わせた差益金を，相互会社の場合は剰余金といい，株式会社の場合は利益金という。

194　第4章　生命保険契約

が一般化している。また，通常，被保険者の傷害・疾病について給付を行う
特約を付加する例が多い。

II　生命保険契約の成立と保険料の支払

1　生命保険契約の募集

(1)　総説

　生命保険契約は，生命保険募集人の勧誘（申込みの誘引）により保険加入の
申込が行なわれることが多い。保険者が保険契約者となるべき者の申込につ
いて必要な審査を行ない，これに承諾を与えることによって生命保険契約は
成立する（保険募集の概要及び保険募集人の説明義務等の詳細については，本書50頁以
下，63頁以下参照）。

(2)　生命保険募集人

①意義

　生命保険の募集行為をすることができるのは，登録された生命保険募集人
及び保険仲立人である（保業275 I①③④）。

　このうち，生命保険募集人とは，生命保険会社の役員・使用人若しくはこ
れらの者の使用人，又は生命保険会社の委託を受けた者（生命保険代理店）若し
くはその者の役員・使用人で，その生命保険会社のために保険契約の締結の
代理・媒介をなす者をいう（保業2⑲）。これらの者は，内閣総理大臣の登録が
必要である（保業276。なお，内閣総理大臣の権限は，保業313 I により金融庁長官に委
任される）。

　生命保険募集人は，原則として1社専属制に服し（保業282 I II），例外とし
て，保険募集に係る業務遂行能力その他の状況に照らして，保険契約者の保
護に欠けるおそれがないと認められる場合には，複数の生命保険会社のため
に保険の募集をすることができるものとされている（保業282 III，保業令40）。

②生命保険募集人の地位と権限

　生命保険の募集は，従来は1社専属制のもとで生命保険会社の営業職員（外
務員，外交員，勧誘員等ともいう）により担われてきた。ただし，生命保険契約の

締結の判断（危険選択）をなすには医学的診査等の専門的知識に基づく判断を要し，一般の営業職員はこれをなし得ず，生命保険契約締結の媒介，すなわち契約申込みの誘引をなす権限のみを有し，契約締結の代理権（契約締結権限）を有しないものと考えられてきた[16]。

　平成7年改正保険業法は，規制緩和による保険会社の営業政策の自由化を志向し，これにより生命保険募集人が契約締結の代理権を有する場合を認めている。この場合，生命保険募集人は，告知受領権も有することとなる。したがって，生命保険募集人は，会社法上の商業使用人（生命保険会社の使用人）又は締約代理商（生命保険会社と委託契約関係）に該当する場合もあり得ることになったが，実務上，契約締結の代理権を与えている実例はみられない（相互会社につき，保業21Ⅰによる会社法の準用）。なお，生命保険募集人の権限が不明確であると紛争の原因となることが多いため，保険募集人は顧客に対し権限を明示する義務が課されている（保業294Ⅲ）。

　一方，保険料受領権限については，一定の生命保険募集人にその権限が与えられている。現在の約款では，生命保険会社が派遣した集金担当者に保険料を支払うことができる旨を規定しているのが通例である。

　なお，生命保険業界は，一定の試験に合格した者のみに生命保険募集人としての登録申請をさせる「試験合格後登録制度」を設けており，投資性の強い変額生命保険の募集に従事する者にはさらに別の試験制度を設けている。

(3)　保険仲立人

　保険仲立人は，生命保険代理店のように生命保険会社のために保険募集を行なうものではなく，独立・中立の立場から，保険加入者の需要に適合する保険契約の締結を媒介するものである（保業2ⅩⅧ）。保険仲立人は，保険契約者と準委任の関係に立ち，顧客である保険契約者となる者のために，適切な保険契約が締結できるよう最善の助言をなすべき義務（ベスト・アドバイス義務）

---

[16]　平成7年保険業法改正により廃止された「保険募集の取締に関する法律」2条1項は，生命保険募集人に契約締結の代理権を認めていなかった。なお，契約締結権限を有していない営業職員は告知受領権も有しないと解されてきた（大判昭7・2・19刑集11・85，山形地判昭2・3・11生命保険判例集5・29，津地四日市支判平4・10・29生保判例集7・185）。

196　第4章　生命保険契約

を負う（保業299。詳しくは，本書第2章Ⅱ2(3)を参照）。

2　保険者の責任開始時

(1)　契約の締結

　生命保険契約は，諾成・不要式の契約である（保2①）。実務上は，契約相手方が保険者の用意した保険契約申込書に必要事項を記載し，かつそれに第1回保険料相当額をそえて，生命保険募集人に対し契約の申込みをし[17]，その後保険者は，被保険者となるべき者に医師の診査を受けさせる「診査医扱」等の方法[18]で諾否の決定資料を集め，申込みは保険者の基準を充たしていれば承諾の意思表示をして契約が成立する。保険者による承諾の意思表示は，通常，保険証券の送付がこれに当たるものとされており，保険者は契約を締結したときは，遅滞なく保険契約者に対し，一定の事項を記載し，かつ保険者が署名（記名押印）した保険証券を交付しなければならないとされている（保40条）。

　なお，申込者には，契約申込みの撤回ができる旨を記載した書面の交付を受けた日から8日以内の間であれば，契約申込みの撤回（クーリング・オフ）をなすことが認められている（保業309，保業令45・45の2，保業規240-242）。

(2)　保険者の責任の開始時

①責任開始条項及び責任遡及条項

　個人向けの生命保険の約款には，保険者の責任開始と契約の成立に関して次のような条項が使用されているのが通例である（本書第2章Ⅲ2を参照）。

---

[17]　生命保険業界では，自主規制として，1963年（昭和38年）から契約を締結する前に「契約のしおり」を申込者に交付すべきものとし，1977年（昭和52年）からは契約申込時に約款も交付するものとしている。

[18]　被保険者となるべき者の健康状態の調査，すなわち危険選択の方法には，本文で述べた診査医扱いのほか，同人の勤務先等の健康証明を用いる「健康証明書扱」，告知書記載事項の確認と被保険者となるべき者の外観観察を行なう「生命保険面接士扱」，「告知書扱」等がある。

Ⅰ　当会社は，次のときから保険契約上の責任を負います。
①　保険契約の申込みを承諾した後に第１回保険料を受け取った場合
　　第１回保険料を受け取った時
②　第１回保険料充当金を受け取った後に保険契約の申込みを承諾した場合
　　第１回保険料充当金を受け取った時（被保険者に関する告知の前に受け取った場合には，その告知の時）
Ⅱ　以上の①②により保険者の責任が開始される日を契約日とします。

　Ⅰ①は，保険者による第１回保険料の受領が承諾よりも後となるときは，保険者の責任は第１回保険料の受領の時から開始する旨の条項であり，保険者の責任開始の要件を定めたものであって，責任開始条項といわれる。生命保険会社の実務では，保険契約の成立前に第１回保険料相当額の支払を受けるのが通例であり，契約成立後に第１回保険料の払込みを受ける取扱いは原則的に行われていないことから，責任開始条項が機能する場面は限られている[19]。

　他方，Ⅰ②は，第１回保険料相当額の受領時または告知時のいずれか遅い時まで保険者の責任開始を遡らせる旨の条項であり，責任遡及条項といわれる。責任遡及条項は，保険契約の成立時に変更を加えるものではなく，保険契約が成立した場合に保険者の責任開始の時点を第１回保険料相当額の受領時又は告知時に遡らせる趣旨のものであるから，遡及保険の１種（保39）である。

②責任遡及条項と遡及保険との関係

　そうすると，生命保険契約においても，損害保険契約の場合と同様に遡及保険に関する規定（保39）との関係が問題となる。保険法は，死亡保険契約を締結する前に発生した保険事故に関し保険給付を行う旨の定めは，保険契約者が当該契約の申込みまたは承諾をした時点で，保険契約者又は保険金受取人がすでに保険事故が発生していることを知っていたときには，無効であるとする（保39Ⅰ）。これは，保険事故の発生を知って，申込み又は承諾をし，生命保険契約を成立させて保険金を得ることは不当の利得を認めることになり妥当でないという考えに基づいている。保険契約の申込み後，保険者が承

---

[19]　山下（友）・保険法212頁。

諾をするまでの間に保険事故が発生し，責任遡及条項により保険金受取人が保険金の支払を受けることになっても，不当な利得を得ることにはならず，同規定により責任遡及条項が無効となることはない[20]。

他方，死亡保険契約の申込みの時点よりも前に発生した保険事故に関し保険給付を行う旨の定めは，保険者又は保険契約者が申込みをした時点で保険者が保険事故の不発生を知っていたときは無効である（保39Ⅱ）。これは，保険金支払の責任が発生しないことが確定した期間について保険者がその事実を知りながら保険契約を締結し，保険料の取得を認める結果になる約定は，無駄であり妥当ではないことから，無効とするものである[21]。

(3) 承諾前死亡
①承諾前死亡における保険者の承諾義務

責任遡及条項は，第1回保険料相当額の受領の時に遡って保険会社に契約上の責任を負わせる規定であり，したがって，保険者が申込みを承諾しない場合には，責任の遡及も生じない。この責任遡及条項の適用がある場合において，保険者が承諾をする前に被保険者となるべき者が死亡したことを偶然に知った保険者が承諾を拒否することが許されるのかが問題となる（いわゆる「承諾前死亡」のケース）。

この点につき，申込者の平等取扱いの要請や保険者に承諾を拒否する自由を認めると，責任遡及条項が無意味なものとなってしまう。そこで，被保険者となるべき者が責任遡及条項に規定された責任開始時において「保険適格

---

[20] 中西正明「生命保険契約の成立および責任の開始」ジュリ734号32頁（1981年）。生命保険契約の実務では，保険契約者の申込みより前に発生した保険事故につき保険者が保険金を支払う旨の定めをする例はないので，当該規制により契約が無効となるケースは考えられない（江頭・商取引法〔7版〕498頁註(8)）。

[21] 山下（友）他・アルマ〔第3版補訂版〕252頁〔竹濱修執筆〕。なお，改正前商法642条によれば，保険者の承諾の時点で保険契約者又は保険金受取人が，被保険者の死亡を知っていた場合に無効とする規定にみえるが，特に家族の一員を被保険者とする生命保険契約では，被保険者の死亡を直ちに知るのが一般的なので，同条の規定によりその契約が無効になってしまう。そこで，同条は，保険事故の発生又は不発生の確定を知る関係者が相手方の不知に乗じて不当の利得を企図することを防ぐ趣旨であるから，そのようなおそれのない場合は有効と解されてきた（山下（友）他・アルマ〔第3版補訂版〕252頁〔竹濱執筆〕）。

体」であった場合には，保険者には申込みを承諾し契約を成立させる義務が信義則上あり，たまたま承諾前死亡を知ったケースについて承諾をしない取扱いをすることはできないと解すべきである[22]。

この点につき，東京地裁昭和54年9月26日判決[23]は，承諾前死亡のケースにつき，保険者の信義則上の承諾義務を認めつつ，当該事案では責任遡及条項に規定された責任開始時に被保険者となるべき者が「保険適格体」でなかったことを理由として契約成立を否定している。なお，申込条件を変更すれば同人が「保険適格体」となり得た場合には，保険者には当該特別条件を付した変更承諾の意思表示をなす義務があり，それに相手方が承諾の意思表示をすれば保険契約として成立したものと解すべきである[24]。

②**保険適格性の判断基準**

「保険適格体」とは，被保険者となるのに適する健康状態の状況のほか，多重契約等の道徳的危険も含むものであり，保険者はこのような事情も承諾の可否を判断する材料として用いられてよい[25]。

「保険適格体」であるか否かの判断基準は，各保険者の引受基準にしたがって，各保険者が申込みの諾否の決定に際して通常採用している基準によるところ，この引受基準は保険者しか知りえないものであるから，被保険者が保険適格性に欠けることの立証責任は，保険者側が負担する。

③**承諾前死亡における保険金請求方法**

保険者の承諾義務を肯定する考え方をとる場合，保険者が承諾をしない場合には，信義則上，当然に保険契約が成立したものと解する見解もあるが，保険者が承諾をしない場合には，保険金受取人は，被保険者に保険適格性が満たされている以上，保険者に対し，承諾の意思表示をなすこと（民414Ⅱただし書，民執174）及びそれにより成立した保険契約に基づく保険金の支払の求める訴えを提起することができる[26]。

---

[22] 江頭・商取引法〔7版〕497頁。
[23] 東京地判昭54・9・26判タ403・133（保険百選108頁）。
[24] 江頭・商取引法〔7版〕498頁註(9)。なお，札幌地判昭56・3・31判タ443・146。
[25] 東京地判平2・6・18金判875・26，東京高判平3・4・22生保判例集6・345。
[26] 山下（友）他・アルマ〔3版補訂版〕254頁〔竹濵執筆〕。

200　第4章　生命保険契約

3　保険料の支払

(1)　意義

保険料の意義は，損害保険契約につき述べたことと同様である（本書第3章第2節Ⅲ1を参照）。もっとも，生命保険契約の保険期間は，通常は長期であるため，保険期間と保険料期間は一致しないのが通例である。また，生命保険契約においては，保険契約期間が長期にわたることが多いから，全期間の保険料を一時前払すること（一時払保険）もあるが，年払・半年払・月払等の分割払の方法がむしろ原則である。

(2)　支払方法・支払場所

①支払方法

分割払保険料の支払方法として，生命保険契約においては，集金担当者による取立て，預金口座自動振替，団体扱いの3つがあるが，現在では集金担当者による取立て方法は稀で，預金口座自動振替と団体扱いが約2対1の割合で行なわれている[27]。

②支払場所

保険料の支払場所は，特約又は慣習がなければ保険者の営業所・住所となる（商516Ⅰ，保業21Ⅱ。取立債務となる）[28]。

③第2目以降の保険料不払

生保険契約も諸成契約である。だが，保険料前払主義の要請（これを保険料期首払の原則という）を充たすため，約款では，第1回目の保険料を受領した後でなければ，保険者は責任を負担しない旨を定めるのを通例としている。また，申込み以後承諾までの間に第1回保険料相当額を受領しその後に保険者が契約を承諾した場合には，上記の金額を受領した時に遡って保険者が責任を負担する旨の約款規定（責任遡及条項）も設けられている。これらについて

---

[27]　江頭・商取引法〔7版〕499頁。

[28]　預金口座自動振替の場合には，保険契約者が振替取扱銀行に対し，振替請求書（振替磁気テープ）を送付しなければ振替は行なわれないが，約定の払込期日に保険契約者が保険料相当額の預金残高を有していれば，保険者の懈怠により同日に振替がなされなくても保険契約者は義務を果たしたことになると解される（福岡地判昭60・8・23判時1177・125）。したがって，その限りで取立債務である。

II　生命保険契約の成立と保険料の支払　　*201*

は前述した。

第2回目以後の保険料の支払については，約款により猶予期間[29]を設けて，この期間を経過するまでは生命保険契約を存続させるとともに，この期間を経過すれば生命保険契約は当然に失効するものとしている。このとき，保険者は実務上，普通郵便により督促を行なっているが，約款上保険者に義務づけられているものではない[30]。そこで，保険契約者による保険料の払込猶予期間満了日の翌日に契約が当然に失効する旨の条項（無催告失効条項）は，民法541条に定める履行の催告なしに契約を失効させるもので，消費者契約法10条に基づき無効であるとする裁判例が見られたが，その後，最高裁は，払込猶予期間が1ヵ月長いこと，自動振替貸付が行なわれる等の事情に加え，前記督促の運用が確実に行なわれているのであれば，当該失効条項は，「信義則に反して消費者の利益を一方的に害するもの」（消費者契約法10条）には当たらないと判示している[31]。しかし，この期間が経過した場合でも，解約返戻金があれば，保険料の自動振替貸付[32]を行い，失効した場合については保険契約の復活の制度を設ける等，生命保険契約の維持が図られている。

(3)　生命保険契約の失効と復活

保険契約者が第2回以降の保険料を支払わず，所定の猶予期間を経過すると保険契約は失効するはずである。しかし，保険契約者はその後一定期間（3年と定める約款が多い）内は復活申込書に必要事項を記載して契約の復活を請求し（保険者が被保険者の健康診断書の提出も求める場合がある），これに対して保険者が承諾して契約を復活させ得る旨を約款で定めるのが通例である[33]。

契約の復活の法的性質については，失効前の契約と同一内容の新たな契約を締結したものと解する余地もあるが，通説は，失効前の状態を復活させる

---

[29]　猶予期間は，月払契約では，払込期月の翌月の初日から末日まで，年払または半年払契約では，翌々月の払込期日応答日までと約款に定められているのが通例である。

[30]　東京高判平 21・9・30 判タ 1317・72（保険百選 160 頁）。

[31]　最 2 小判平 24・3・16 民集 66・5・2216。

[32]　保険料自動振替貸付とは，保険料の払込がないまま猶予期間を経過した場合，解約返戻金の範囲内で保険料相当額を保険契約者に貸付保険料に充当させ，保険契約を継続させることをいう（山下（友）・保険法 675 頁）。

202　第4章　生命保険契約

特殊な契約であり復活した契約は新契約ではなく従前の保険契約の継続したものと解している[34]。

4　告知義務

(1)　意義

①告知義務の意義

　保険契約者及び被保険者には，保険事故の発生可能性の測定にとって重要な事項のうち，保険者になる者が告知を求めたもの（告知事項）について，保険契約締結時に事実を告げる義務，すなわち告知義務が課されている（保37条）。保険契約者又は被保険者が，告知事項について故意又は重大な過失により事実を告げず，又は不実のことを告げた場合には，保険者は，その生命保険契約を解除することができ（保55 I），解除された時までに発生した保険事故に関しては責任を負わない（保59 II①）。

②告知義務の法的根拠

　保険契約者・被保険者による告知義務違反に対して保険者は，保険契約を解除して保険金支払義務を免れることができるが，保険契約者・被保険者になる者に告知義務の履行の強制できず（民414），またその不履行に対して損害賠償請求をすることもできない（民415）。したがって，告知義務は，真正の義務ではなく，自己義務又は間接義務（契約締結前に求めるものであるから，法律の規定により特別に認められるもの[35]）であると解されている。もっとも，告知義務違反が問題となるのは保険契約が成立した場合のみであり，この問題につ

---

[33]　保険契約の復活を希望する保険契約者は，「復活請求書兼告知書」を提出して，保険者の承諾を求めることとなる。復活の際に告知（保37）が求められるのは，死亡危険の高い者が復活を望む傾向があり得るためである。保険者が復活を承諾すると，保険契約者は，復活時までの保険料及び利息を支払うことを要し，保険者がそれを受け取った時に復活した契約に対する保険者の責任が開始される。自殺免責期間はこの責任開始時から新たに起算される。なお，この問題全般について，潘阿憲「生命保険契約における失効・復活制度の再検討」生保論集140号49頁（2002年）。

[34]　大森・保険法314頁，田辺・保険法268頁，西島・保険法378頁，石田満・保険法340頁。しかし，約款には，自殺免責期間についての計算の始期は，従前の保険契約の責任開始時ではなく，復活時から改めて計算する旨の約定がおかれている（江頭・商取引法〔7版〕501頁註(4)）。

[35]　大連判大6・12・14民録23・2112（保険百選136頁）。

いて保険契約の定めによることもできる[36]。ただし，告知義務に関する規定の多くは，保険契約者又は被保険者の不利益に変更することのできない片面的強行規定であるため（保41条・65条），約定による変更は，保険契約者又は被保険者の不利益にならないことを要する。

ところで，告知義務の法的根拠として，次の2つの見解がある。すなわち，第1に，保険契約の締結にあたり保険者は，引き受ける危険の大きさを判定し，その契約の諾否及び契約条件を決定しなければならないが，危険測定の資料となる事項は，通常，保険契約者側にある事実であり，とりわけ被保険者の健康状態等は，保険者がこれを単独で調査することが困難であることから，保険契約者側に協力を求める必要がある（危険測定説[37]）。

第2に，保険契約者側が協力すべき根拠を保険契約の射倖契約性，善意契約性に求めるものである。すなわち，保険契約は，当事者間の給付の有無・大小が偶然の事情に影響されるため，その事情に影響のある事実を知る保険契約者側が，それを知らない保険者にその事実を伏せたまま契約を締結するのは，公平・公正ではなく，これを開示して契約を締結することが信義則上要請される（射倖契約説[38]）。

(2) 告知義務者及び相手方

①総説

告知義務を負うのは，保険契約者又は被保険者になる者である（保37）。代理人により告知を履行することは，その代理人についても告知義務違反が問題となる。

他方，告知は，保険者になる者又は保険者に代わって告知を受領する権限を有する者に対してなすことを要する。とくに，この場合，生命保険募集人，

---

[36] 札幌高判昭8・6・14判タ506・191。

[37] 江頭・商取引法〔7版〕439頁。

[38] 本文のように，保険契約者・被保険者の協力を求めずに危険状態の調査をなすことは不可能なことから，告知義務はその存在が制度的に認められている。このような保険の制度的要請に基づく特有の保険契約者の義務は，契約法理の側からみて，保険契約者の「善意契約性」と表現される。石山卓磨「英国保険法における最高信義の義務」長濱洋一＝酒巻俊雄＝奥島孝康編・現代保険法海商法の諸相（中村真澄教授＝金澤理教授還暦記念2巻）535頁（成文堂，1990年）。

204　第4章　生命保険契約

診査医，生命保険面接士について，保険者により告知受領権限が授与されているかが問題となる。

②告知受領権限が問題となる相手方

(i)生命保険募集人　生命保険募集人は，生命保険の勧誘業務に従事するのみであり，告知受領権限も契約締結権限も与えられておらず，この者に対する告知は保険者に対する告知にはならないと解されてきた[39]。これは，生命保険契約の締結の判断（危険選択）をなすには医学的診査等の専門的知識に基づく判断を要するところ，生命保険募集人はこのような知識を有しておらず，また契約が不成立であると手数料を得られないという関係にあるため，生命保険募集人が告知を保険者に正確に伝えることは難しいと考えられたことによる。

　もっとも，「告知書扱」の保険にあっては，生命保険募集人が告知書とともに被保険者の健康状態を外観から判断することになるため，少なくともこの場合，告知受領権を認めるべきであるという主張がなされてきた。さらに，被保険者の告知等により知った事実が保険者に伝わらなかった場合の不利益を保険者に負わせることは，適当でないという判断から，一般に募集人に告知受領権を認めるべきであるという見解も主張されるに至っている。

　(ii)診査医　診査医は，保険契約の締結前に，被保険者の身体・健康状態につき医的診査を行い，保険加入に適当か否かを調査・報告することを保険者から委託されたものである。その職務上，被保険者等から告知を受ける権限が与えられていると解されている[40]。その意味で，診査医の知・不知は保険者のそれと同様に考えることができる[41]。

　以上のような実質的判断に加えて，保険者は，生命保険募集人を使って広く大衆に保険募集を行なっており，一般の保険加入者はその募集人を保険者側のものと考え，この者に告知すれば保険者に伝わると考えているのが通常である。この信頼を保護する見地から，生命保険募集人が告知受領権を有し

---

[39]　大判昭7・2・19刑集11・85，東京地判昭37・2・12判時305・29頁，大阪高判平4・3・25生保判例集7・71等。

[40]　福岡地小倉支判昭46・12・16判タ279・342。

[41]　大判大9・12・22民録26・2062等。

ないことにつき相手方に誤解を生じさせている場合には，保険者はこのこと
を保険契約者側に主張することはできないと解すべきである[42]。約款では，
被保険者が告知書に書いて告知すべきことを求めるのが通例であり，生命保
険募集人に対する口頭の告知だけでは足りないと解することになる[43]。

(iii)**生命保険面接士**　生命保険面接士は，被保険者に面談をして，被保険者
の健康状態を外観から判断し，告知義務者が記入した告知書の回答を確認し
て，保険者に報告する者である。約款上，生命保険面接士も生命保険募集人
と同様に告知受領権が与えられていないが，その職務の性質上，募集人より
も告知受領権を有することにつき保険加入者側の信頼が大きいため，保険契
約者側に権限の範囲に関して誤解を生じさせている場合には，告知受領権が
ないことを保険者が主張することはできないと解すべきである[44]。

(3)　告知義務違反の要件

①告知事項

(i)**告知事項の範囲**　告知事項は，危険測定につき「重要な事項」のうち保
険者になる者が告知を求めたものである（質問応答義務）。これに加えて，生命
保険契約の場合に，告知すべき事項の範囲は，「保険者が告知書（質問表）で告
知を求めた事項」または「診査医が口頭で質問した事項」に限る旨が約款上
規定されている。

(ii)**質問表**　一般の保険契約者・被保険者はいかなる事実が告知事項に該当
するのかを判断することは困難である。しかし，保険法は告知義務を質問応
答義務にしたことによって，保険契約者側が告知義務の履行をしやすくなっ
た。一般に，告知義務者は，保険者が作成した告知書（質問表）に回答する形
で告知することになっている。この場合，質問表において保険者が質問した
事項は告知事項であるという事実上の推定的効力があるものと解されてい
る。そして，質問表に答える形で告知が求められているときは，告知義務者
は質問表で質問された事項に適切に回答すればよく，告知事項は質問表に網

---

[42]　山下（友）他・アルマ〔第3版補訂版〕258頁〔竹濵執筆〕。
[43]　山下（友）他・アルマ〔第3版補訂版〕258頁〔竹濵執筆〕。
[44]　山下（友）他・アルマ〔第3版補訂版〕258頁〔竹濵執筆〕。

羅されているものと解される。

なお，質問表により実際に保険者から告知を求められる事項としては，被保険者の既往症[45]，現在の健康状態[46]，薬の常用状態，身体の障害等が一般的であり，被保険者の身分・職業[47]，血族の疾病[48]等は，告知すべき事項とはされていない[49]。

(iii)**他保険契約の告知**　他保険契約は，生命保険契約では告知事項とされていない。生命保険では，同一の被保険者につき他の保険契約が締結されている事実は危険測定に関係ないという理由で保険法 37 条にいう重要な事項に該当しないという判例[50]があり，現在の実務でも他保険契約の告知を求めていない。しかし，複数の契約の合計保険金額が過大であることは，保険金の詐取を疑わせる事情であるので，弊害がとくに顕著であった入院給付金につき，1980 年（昭和 55 年）から，保険契約者の同意を得た上で被保険者の氏名，入院給付金の種類，給付日額等の情報を生命保険協会に登録し，各保険者が当該情報を契約締結の諾否の参考として使用する「契約内容登録制度」が開始され，1994 年（平成 6 年）からは死亡保険金についても高額の契約の登録が行なわれるようになっている[51]。

なお，他保険契約との重複により保険給付が著しく過大となる場合には，重大事由解除の原因となる旨が約款に定められている[52]。

---

[45]　東京地判昭 40・3・30 判タ 176・188。婦人科疾患の既往症につき問診にとどめた診査医に過失はないとした事案である。

[46]　東京高判昭 63・5・18 判タ 693・205。病名が肺ガンであることを告げられていなくても医者からの説明で相当重大な状態であることを自覚していれば，被保険者に故意・重過失があるとした事案である。

[47]　大判明 40・10・13 民録 13・939。被保険者の職業は重要事項ではないとした事案である。

[48]　大判大 13・4・18 民集 3・132。被保険者の伯父等の結核性疾患による死亡は重要事項ではないとした事案である。

[49]　なお，最近の傾向としては，反社会的勢力排除の観点から告知事項とされている（大野徹也他「生命保険分野における暴力団排除の方策に関する契約法的観点からの考察(上)(下)」NBL 930 号 21 頁以下，931 号 35 頁以下（2010 年））。

[50]　大判昭 2・11・2 民集 6・593。

[51]　江頭・商取引法〔7 版〕503 頁註(5)。

[52]　洲崎博史「人保険における累積原則とその制限に関する一考察」論叢 140・5＝6・224 以下（1997 年）。

(iv)**年齢の誤り**　被保険者の実際の年齢は,危険測定上重要な事実であるが,年齢を誤った告知が保険事故の原因となることは考えがたいため,一般の告知義務とは異なる特殊な取扱いが約款上なされている。すなわち,約款では,被保険者の実際の年齢が保険者の定める保険可能年齢の範囲外であるときは契約を無効とし,その他の場合には実際の年齢に基づき保険料を更正する旨を定めている[53]。この約款規定は,告知義務者の故意・重過失を要しない点,解除権消滅の除斥期間の適用がない点等において保険法の告知義務違反よりも保険契約者側に不利な定めともいえる。しかし,年齢の誤りは,不実告知と保険事故との間に因果関係を認めることが困難であること等,一般の告知義務違反と同様に扱えない面がある。そこで,この約款規定が告知義務規定の特則か,それとも民法95条の錯誤規定に対する特約かにつき見解が分かれている。判例は,かかる約款規定を有効と解し[54],民法95条の特約と解するものがある[55]。

②故意・重過失

保険契約者又は被保険者が「故意又は重大な過失」により告知事項について事実の告知をせず,又は告知事項について不実の告知をした場合に,告知義務違反となる。これは,危険率測定の要請からすれば,告知義務者の主観的事情のいかんにかかわらず告知義務違反の成立を認める考え方もあり得ないではないが,保険契約者・被保険者に重い負担を課すことは公平の見地から適当ではないということがその理由である[56]。

ここで「故意」とは,告知義務者が重要な事項の存在を知り,かつ,それが告知事項に該当することを知る場合をいう。もっとも,保険者を欺罔する意思を有する必要はない。他方で,「重過失」とは,告知義務者が重要な事項の存在を知りつつ,重過失によりそれを告知しない場合をいう。例えば,それが告知事項に該当しないと誤解した場合や,他人がすでに誤解した場合等がこれにあたる。したがって,告知義務者が重過失により重要な事項の存在

---

[53]　江頭・商取引法〔7版〕503頁註(5),山下(友)他・アルマ〔第3版補訂版〕264頁〔竹濱執筆〕。

[54]　大判大6・3・20新聞1261・26。

[55]　大判昭13・3・18判決全集5・18・22。

[56]　江頭・商取引法〔7版〕441頁。

208　第4章　生命保険契約

を知らなかったために告知しなかった場合には，告知義務違反は成立しない[57]。

③告知の時期

　保険者は，告知内容に基づいて申込みの諾否を判断し，契約内容を決定することになるので，告知の時期は保険契約の成立の時までである[58]。申込時の告知内容を契約成立時までに訂正・補充することにより，告知義務違反を避けることは可能である[59]。

　約款では，保険者が，第1回保険料相当額を受領し，かつ，告知を受けた後に保険契約の申込を承諾した場合には，第1回保険料相当額を受領した日又は告知を受けた日のいずれか遅い時に遡って責任を負うものとして，責任開始の日を契約日とするものとしているが（責任遡及条項），この場合にも，責任開始前に存在する事実をその時までに告知することになる。

(4)　告知義務違反の効果

①解除権の発生

　保険契約者・被保険者に告知義務違反があれば，保険者は契約を解除することができる（保55 I）。ただし，告知義務違反があっても，(ア)重要事実を保険者が知り又は過失により知らなかった場合（保55 II①），(イ)保険媒介者が告知妨害又は不告知・不実告知の勧奨を行なった場合（保55 II②③・III），(ウ)解除権が一定期間内に行使されなかった場合（保55 IV。除斥期間），(エ)保険事故と告知義務違反の対象事実との間に因果関係がない場合（保59 II①但書）には解除することはできない。なお，(ウ)は強行規定であるが，(ア)(イ)及び(エ)は片面的強行規定である（保65①②）。

②解除が認められない場合

　(ⅰ)保険者の知又は過失による不知　保険者は，生命保険契約の締結時において，保険者が告知事項に関する事実を知り，又は過失により知らなかった

---

[57]　江頭・商取引法〔7版〕442頁註(5)。

[58]　大森・保険法122頁，西島・保険法45頁・353頁，山下（友）・保険法290頁，山下（友）他・アルマ〔第3版補訂版〕258頁〔竹濵執筆〕。

[59]　江頭・商取引法〔7版〕441頁。

場合には，保険者は契約を解除することができず，保険金支払義務を免れない。保険者が悪意の場合には制度の趣旨からしても解除を認める必要はなく，過失がある場合についても，保険者に相当の注意をつくさせる趣旨で解除を認めないとするものである[60]。

(ⅱ)保険媒介者の告知妨害・不告知教唆　保険媒介者が，保険契約者等が告知事項について事実の告知をすることを妨げた場合，又は保険媒介者が，保険契約者等に対し，告知事項について事実の告知をせず，若しくは不実の告知をすることを勧めた場合には，保険者は契約を解除することができず，保険金支払義務を免れない[61]。

(ⅲ)解除権の除斥期間　契約の解除の時期は，保険事故発生の前後を問わないが，除斥期間内であることを要する。すなわち，解除権は，保険者が解除の原因を知った時から1ヵ月間これを行使しないとき，又は保険契約締結時から5年が経過した時は消滅する（保55Ⅳ）。「解除の原因を知った時」とは，保険者が解除権行使のために必要な諸要件を確認した時をいう[62]。

約款では，保険契約が責任開始日から2年を超えて有効に継続したときは解除権が消滅すると定めているのが一般的である。ただし，被保険者が責任開始日から2年経過後に死亡した場合には，解除権が消滅するので，保険法の定める除斥期間が短縮されることになるが，その日から2年以内に死亡した場合には，保険契約が2年以上継続しなかったことになり，解除権は消滅せず，除斥期間は短縮しない[63]。

(ⅳ)因果関係不存在の特則　不告知の事実又は不実告知の事実に基づかずに発生した保険事故については，保険者は契約を解除することができず，保険金支払義務を免れない（保59Ⅱ①ただし書）。

③解除の効果

保険者は，解除によって保険金支払義務を免れるが，解除時の属する月の終わりまでの保険料を取得できる（保59ⅠⅡ①）。なお，解除の際，約款の定め

---

[60]　江頭・商取引法〔7版〕442頁～443頁，山下（友）・保険法311頁～312頁。

[61]　山下（友）＝米山編・保険法解説536頁～538頁〔山下（友）執筆〕。

[62]　最3小判平9・6・17民集51・5・2154（保険百選130頁）。

[63]　山下（友）＝米山編・保険法解説544頁～547頁〔山下（友）執筆〕。

210 第4章 生命保険契約

により，解約返戻金は保険契約者に対し支払われる[64]。

Ⅲ　他人の死亡の保険契約

1　総説

(1)　意義・趣旨

　他人の生命の保険契約とは，保険契約者以外の第三者を被保険者（この者の生死が保険事故となる）として締結される保険契約をいう。これに対して，保険契約者自身を被保険者として締結される保険契約は，自己の生命の保険契約という。

　生命保険契約の保険事故は生存と死亡である。生存保険契約は，被保険者が満期に生存したこと，すなわち一定期間まで生存した時に保険金額を支払う契約であり，この保険契約では，多くの場合，払込保険料の総額と保険金額との間には差が大きくないことから，被保険者が他人であってもこの保険が賭博的に悪用される等の弊害を生ずるおそれは少ない。死亡保険契約のうち，自己の死亡の保険契約は不法の目的に利用されることはきわめて稀である。しかし，他人の死亡の保険契約は，これを無制限に認めると，未知の他人の生命について保険契約を締結し賭博的にこれを利用する等の弊害を生ずるおそれがある。そこで，諸外国の立法でも他人の死亡の保険契約の有効性を何らかの方法で制限している。その方法として，次の3つがある。

　第1に，英米法系の諸国が採用している利益主義であり，保険金受取人が被保険者の生死について被保険利益を有しなければならないとする立場である。利益主義は，被保険者の生死にかかる被保険利益を金銭上の利害関係に限定しており，親子間の愛情といった精神的・感情的利益を除外される[65]。

　第2に，わが国の1911年（明治44年）の改正前商法が採用していた親族主

---

[64]　西嶋梅治「生命保険と告知義務──弔慰金制の問題点を中心として」生命保険契約法の変容とその考察105頁（保険毎日新聞社，2001年）。

[65]　このように，英米法の利益主義では，適用範囲が狭く，生命保険契約に期待される社会的機能が減退してしまう。福田弥夫「他人の生命の保険契約と保険会社の義務と責任(I)・(II)」文研論集83号65頁・85号123頁（1988年）。わが国においても，旧商法678条が利益主義を採用していた。

義であり，保険金受取人が被保険者の親族であることを要するとする立場である[66]。

第3に，他人の死亡の保険契約の締結について，当該被保険者の同意を要求する立場であり，今日，多くの国が採用している立法例である。わが国の改正前商法も1911年（明治44年）の改正以来，この立場を採用してきた（改正前商法674 I本文）[67]。保険法は，38条の規定において，他人の死亡の保険契約の効力が発生するためには被保険者の同意を要する旨を定めている。なお，保険法38条の規定は強行法規であるから，保険契約当事者の合意で被保険者の同意を不要とすることは許されない。

(2) 法的性質

被保険者の同意は，保険契約について異議がないことを表す被保険者の意思の表明であって，契約当事者の保険契約の意思表示の内容とは無関係である[68]。したがって，被保険者の同意は，他人の死亡の保険契約の意思表示に密接に結びついて保険契約の成立要件となるものではない。しかし，被保険者の同意は，保険が賭博的に利用されるおそれを未然に防止する歯止めとして他人の死亡の保険契約に要求されるものであるから，保険契約と分離しては何ら独立した存在意義をもつものではないので，その意味では，保険契約と密接な関係を有するものではある。したがって，被保険者の同意は，同意があるまで契約の効力を発生させないという外部的な効力要件と解すべきである[69]。

この同意は，契約に異議がないことについて被保険者の意思の表明であり，その法的性質は準法律行為と解すべきであるから，法律行為に関する一般法

---

[66] 1911年（明治44年）の改正前の商法（明治32年法律第48号）428条は親族主義を採用していた。青谷和夫・改訂保険契約法論 I（生命保険）〔再版〕110頁～111頁註(3)(1974年)。

[67] 例えば，ドイツ保険契約法150条，フランス保険法典 L.132-2条～132-4条，スイス保険契約法74条なども同意主義を採る。なお，江頭憲治郎「他人の生命の保険契約」ジュリ764号59頁（1982年）。

[68] 大森・保険法270頁～271頁，西島・保険法324頁，石田・保険法282頁，山下（友）・保険法269頁。

[69] 大森・保険法270頁。

212　第4章　生命保険契約

則が準用される[70]。したがって，同意は，相手方の受領を必要とする単独行為に準じ，保険契約当事者のうち，保険者又は保険契約者のいずれかに到達すれば足りる。

　なお，被保険者が同意をした後に，生命の危険にさらされる等の事情が生じた場合に，同意が撤回できるか否かについて，従来から議論があった。被保険者が同意を与えた前提条件が大きく変化したことを理由として，被保険者保護の観点から，撤回を認めることも考えられなくはない。しかし，学説の多数では，同意の撤回を認めることによって法律関係が不安定になることから，これを認めてこなかった。保険法は，同意の撤回を認めるのではなく，同意後の前提条件や事情の変化及び被保険者保護に配慮して，死亡保険契約の被保険者が保険契約者に対してその死亡保険契約を解除するよう請求する権利を与え（保58），このような問題に対処している[71]（後述の本章Ⅲ「5 被保険者の保険契約者に対する解除請求」を参照）。

2　被保険者の同意を必要とする場合

(1)　他人の死亡を保険事故とする保険契約の締結

①個人保険の場合

　被保険者の同意を要する生命保険契約は，他人の死亡の保険契約である（保38）。被保険者が一定時期まで生存した場合にだけ保険金額を支払う生存保険については，被保険者が他人の場合でも賭博行為に利用されるおそれがまったくないから，被保険者の同意は不要である[72]。

　改正前商法では，他人の死亡の保険契約であっても被保険者が保険金受取人となる場合には，保険を賭博的に利用する等の弊害が生ずるおそれはないので，被保険者の同意は不要であるとされていた（商674Ⅰただし書）。ただし，立法論としては，この場合でも，被保険者が死亡しなければ保険金は支払われないから，事実上は相続人が保険金受取人となるので，その意味で，これ

---

[70]　石田・保険法282頁，西島・保険法324頁，山下（友）・保険法269頁。

[71]　山下（友）他・アルマ〔第3版補訂版〕237頁〔竹濱執筆〕。

[72]　もっとも，被保険者の人格権の尊重という観点からは，この場合において被保険者の同意を要求しないことは妥当なのかという問題はある。山下（友）他・アルマ〔第3版補訂版〕232頁～233頁〔竹濱執筆〕，潘・保険法205頁。

を例外とすることは妥当ではないと批判されていた[73]。そこで，保険法では，従来からの批判を受けてこの規定が削除されている。したがって，保険法の下では，被保険者が保険金受取人として指定されている場合でも，被保険者の同意が必要であると解されている。

なお，他人を被保険者とする傷害疾病定額保険契約についても，保険事故が傷害疾病による死亡のみと定められた場合には，その締結につき被保険者の同意を要する（保67Ⅱ）が，保険事故が死亡のみではなく（後遺障害保険金，医療保険金等も支払われる），かつ被保険者が保険金受取人（被保険者の死亡の際には被保険者又はその相続人が保険金受取人）とされている場合には，被保険者の同意は不要である（保67Ⅰただし書・74Ⅰただし書・Ⅱ）。

②団体保険の場合

従業員全員を被保険者とし，事業者が保険契約者・保険金受取人となる団体定期保険契約は，従業員が死亡した場合の死亡退職金等の支払財源や，従業員の死亡に伴う代替要員の雇用，研修費用等の確保を目的として利用されている。このような団体定期保険契約の締結に際しては，本来，被保険者である従業員の個別的な同意が必要である。しかし，従業員が多数にのぼり，異動が頻繁になされ得るため，個々の従業員から個別的な同意を得ることが困難であることから，実務では，従業員の個別的な同意がなくても，労働組合の代表者による一括同意で足りる，又は，就業規則等に保険加入規程が設けられていれば足りる等の取扱いがなされてきた。

しかし，保険金受取人（事業者）が受け取った死亡保険金のごく一部しか被保険者（従業員）の遺族に死亡退職金等として支払われないというケースにつき，遺族が死亡保険金全額に相当する金額の支払を事業者に対して求める訴訟へと発展していくことが少なくなかった。裁判例には，被保険者から同意を得ていなかった団体定期保険契約についてもその有効性を認めた上で，当該契約の締結に際し，保険契約者である事業者が保険者との間で保険金額を被保険者の遺族に対する給付として充当する旨の合意があったこと，又は事業者と当該従業員との間に保険金の全部若しくは相当部分を遺族に支払う旨

---

[73] 田辺・保険法239頁註(1)。

214　第4章　生命保険契約

の明示又は黙示の合意があったことを認定し，保険金の全部又は一部が従業員の遺族に帰属することを認めるものもある[74]。

　最高裁は，「他人の生命の保険については，被保険者の同意を求めることでその適正な運用を図ることとし，保険金額に見合う被保険利益の裏付けを要求するような規制を採用していない立法政策が採られていることにも照らすと，死亡時給付金として〔事業者〕から遺族に対して支払われた金額が，本件各保険契約に基づく保険金の額の一部にとどまっていても，被保険者の同意があることが前提である以上，そのことから直ちに本件各保険契約の公序良俗違反」とはいえず，事業者が「団体定期保険の本来の目的に照らし，保険金の全部又は一部を社内規定に基づく給付に充当すべきことを認識し，そのことを本件各生命保険会社に確約していたからといって，このことは，社内規定に基づく給付額を超えて死亡時給付金を遺族等に支払うことを約したなどと認めるべき根拠となるもの」ではなく，「死亡従業員の遺族に支払うべき死亡時給付金が社内規定に基づく給付額の範囲内にとどまることは当然のことと考え，そのような取扱いに終始していたことが明らかであり，……社内規定に基づく給付額を超えて，受領した保険金の全部又は一部を遺族に支払うことを，明示的にはもとより，黙示的にも合意したと認めることはできない」と判示した[75]。

　実務上は，上記最高裁判決よりも早い1996年（平成8年）から，新しいタイプの団体定期保険契約（総合福祉団体定期保険）が導入され，被保険者となるべき者全員に対し保険契約の内容を通知し，被保険者となることを拒絶する機会を与える等の取扱い（通知同意方式）がなされている[76]。

---

[74]　青森地弘前支判平8・4・26判時1571・132，名古屋高判平11・5・31金判1069・35等。この遺族に支払う旨の明示又は黙示の合意を認めないものとして，東京地判平10・3・24金判1047・35，名古屋地判平14・4・24判タ1123・237等。

[75]　最3小判平18・4・11民集60・4・1387（保険百選112頁）。

[76]　この総合福祉団体定期保険は，事業者の死亡退職金規程等に基づく遺族への支払財源にあてる主契約と代替従業員の育成などの従業員の死亡に伴い事業者に生ずる費用を保障する「ヒューマンバリュー特約」とを分離して，後者の額が前者を上回ることを認めない等の取扱いをしている（金融庁「保険会社向けの総合的な監督指針」II-3-3-4(3)）。なお，江頭・商取引法〔7版〕507頁註(4)。

(2) 保険金受取人の指定・変更

他人の死亡の保険契約において，保険契約成立後，保険契約者が保険金受取人を新たに指定し又は変更する場合には，その他人たる被保険者の同意が必要である（保45）。これは，保険金受取人が自己の親族等とされているので被保険者が安心して同意を与えた後に保険金受取人が変更される場合には，危険な場合があり得るということがその理由である[77]。

(3) 保険金請求権の譲渡・質入

他人の死亡の保険契約において，被保険者の同意を得て保険契約が有効に成立した後に保険金受取人が保険金請求権を他人に譲渡又は質入れする場合には，この保険が賭博的に利用されるおそれがあるので，さらに被保険者の同意が必要とされる（保47）。保険の賭博的利用のおそれは，保険事故発生前に認められるので，保険事故発生前の譲渡にのみ被保険者の同意が必要とされる（保47かっこ書）。すなわち，保険事故発生後は被保険者は死亡しており，同意を与えることは不可能であり，また，保険金請求権は事故発生後は通常の金銭債権となり自由に譲渡できるからである。

他人の死亡の保険契約でも被保険者が保険金受取人となる場合は，本来被保険者の同意を必要としない契約であるが（前述），保険金受取人（兼被保険者）からこの保険金請求権をさらに他人に譲渡する場合にも，再び，被保険者の同意を得ることを要すると解されている。

自己の死亡の保険契約の場合は，被保険者の同意の問題が生ずる余地はないが，保険金受取人が保険金請求権を他人に譲渡・質入れする場合には，他人の死亡の保険に準じて被保険者の同意を要するものと解されている。この場合には，他人を被保険者とする死亡保険契約の場合と同様の弊害が生ずるおそれがあるためである。

---

[77] 江頭・商取引法〔7版〕506頁，潘・保険法208頁。

216　第4章　生命保険契約

3　被保険者の同意の方式及び確認方法・時期・撤回

(1)　同意の方式及び確認の方法

　同意の方式について，わが国の保険法は何らの規定もおいていないので，一般原則に従い，法律上は不要式でよいと解される。したがって，同意は明示でも黙示でもよく，また，書面でも口頭であってもよい。ただし，保険業法上の規制として，被保険者の書面により同意する方式その他これに準じた方式であり，かつ当該同意の方式が明瞭に定められていることが要求されている（保業5Ⅰ③3ホ，保業規11②）。そのため，保険実務は，保険契約申込書に被保険者の同意を表示する欄を設け（例えば，「契約内容を了知し，契約締結に同意します。」という印刷文言の下に），署名（記名捺印）を求めるのが通例である。被保険者に同意を求める趣旨に鑑みると，この場合，被保険者が当該契約の保険契約者及び保険金受取人を正しく認識していることはもちろんのこと，保険金額及び保険期間についても認識があることが望ましい[78]。

　なお，被保険者の同意は，各保険契約につき個別的に行うことを要し，今後締結される一切の死亡保険についてあらかじめ同意するというような包括的な同意はすることができないと解すべきである（前述の本章Ⅲ「2(1)②団体保険の場合」を参照）。

(2)　同意の時期

　同意の時期については，保険法上特別な規定はなく，保険契約締結前に与えられることが必要であると解する説もあるが[79]，必ずしも事前又は保険契約締結時である必要はなく，事後の同意でも差し支えないと考える[80]。この場合，当該同意があった時点から，保険契約の効力が生ずることとなる。

(3)　同意の撤回

　被保険者は，契約が成立する以前であれば1度与えた同意を撤回すること

---

[78]　被保険者が当該契約の保険契約者及び保険金受取人を認識していない場合には，同意は無効であると解される（江頭・商取引法〔7版〕507頁註(2)）。

[79]　ほぼ同旨，田辺・保険法241頁，田中＝原茂・保険法295頁。

[80]　大森・保険法271頁，西島・保険法325頁，石田・保険法282頁。

はできるが，契約成立後はこれを任意に撤回して契約の効力を失わせることはできない。ただし，保険契約者・保険金受取人の承諾がある場合は同意の撤回は認められると解する[81]。同意の撤回も，同意と同じく保険契約当事者のいずれか一方に対して行えばよいが，撤回が行われたことの挙証責任は被保険者側に課せられるから，書面でこれを行うのが適当である。

4 未成年者が被保険者の場合の同意の取り方

未成年者を被保険者とする死亡保険契約において誰の同意が必要であるかについて，保険法に規定がないことから，保険実務の取扱い[82]に委ねられている。すなわち，被保険者が未成年者（民4）である場合[83]には，法定代理人（親権者・後見人）による同意が必要である（民5 I，824，825，838，840以下，859，860等）[84]。

このような保険契約について，意思能力のない未成年者，すなわち，一定年齢未満の未成年者を被保険者とする死亡保険契約の保険金額の上限は法定

---

[81] 山下（友）＝米山編・保険法解説189頁，203頁〔山本哲生執筆〕，福田弥夫「被保険者の同意」甘利＝山本編・論点と展望207-209頁。

[82] 保険実務では，法定代理人の同意を得るということで共通しており，保険会社により，被保険者が意思能力を有する未成年者である場合にはこの者の同意も得るという取扱いと，その場合でもこの者の同意を得ることはしないという取扱いとに分かれており，保険法においては，未成年者を被保険者とする死亡保険契約における同意者が明示されなかった理由は，意思能力があるとみなす年齢を一律に定める等の措置を講ずることが困難であると考えられたためであるとされる（江頭憲治郎「他人の生命の保険」竹濱他編・改正の論点〔以下「前掲他人の生命の保険論文」という〕233頁以下，241頁）。山下（友）＝米山編・保険法解説195頁以下，210頁〔山本執筆〕。

[83] 一方で，被保険者が成年被後見人（民7）である場合には，常に成年後見人が成年被後見人の行為を取消すことができる（民9）。被保険者が被保佐人（民11）の場合，他人の生命の保険契約の有効要件として被保佐人が同意をするにつき，本人（被保佐人）・保佐人等の請求に基づいて家庭裁判所が保佐人開始の審判をしそれを受けたとき（民10・11）は，保佐人の同意を条件として被保佐人はその保険契約の同意を為すことができる（民13③）。被保険者が被補助人の場合も，本人（被補助人）・補助人等の請求に基づいて家庭裁判所が補助人の同意を要する旨の審判を行えば（民15 I II・16），同様に補助人の同意が必要となる（民17）。

[84] ただし，法定代理人が保険金受取人又は保険契約者であるときは，利益相反行為として，家庭裁判所によって特別代理人に選任された者による同意が必要となろう（民826，860，家事審判法9 I甲10）。なお，営業を許可された未成年者が，その営業の範囲内で行う同意（民61），婚姻した未成年者の同意（民753）には，法定代理人の同意は不要である。

218 第4章 生命保険契約

されていないが，2009年（平成21年）4月1日以降，保険業法では，保険者に対し，保険金額の上限を1000万円とする社内規則の整備することが義務づけられている（保業規53の7Ⅱ）[85]。したがって，保険者はこれに拘束されることとなるため，保険実務では，保険金額に上記の上限が設けられることとなろう[86]。

5　被保険者の保険契約者に対する解除請求

(1)　意義

　保険法は，他人の死亡の保険契約の効力が発生するためには被保険者の同意を要する旨を定めている（保38）。これは，他人の死亡の保険契約を無制限に認めると，未知の他人の生命について保険契約を締結し賭博的にこれを利用する等の弊害を生ずるおそれがあるためである。ところが，被保険者が同意をした後に，保険契約者や保険金受取人との信頼関係が喪失される事態が生じたり，親族関係の終了により保険契約に同意した時の基礎的事情が大きく変化したりする場合がある。この場合，被保険者に同意の撤回を認めることも考えられるが，これを行使して契約をいつでも失効させることができるとすると，保険契約者の利害関係者の利益が害されることとなる[87]。そこで，保険法は，被保険者が同意を与えた基礎的事情が大きく変更した場合には，被保険者がその死亡保険契約の解除を保険契約者に請求することができることとした（保58Ⅰ）。

　すなわち，保険契約者又は保険金受取人が，保険者に保険給付を行なわせることを目的として，故意に被保険者を死亡させ，又は死亡させようとした場合（保57①，58Ⅰ①）（以下「故殺の場合」という），保険金受取人が，生命保険契約に基づく保険給付の請求について詐欺を行ない，又は行なおうとした場合（57②2，58Ⅰ①）（以下「詐欺の場合」という），これらのほか，被保険者の保険契約者又は保険金受取人に対する信頼を損ない，死亡保険契約の存続を困難

---

[85]　江頭・前掲他人の生命の保険論文242頁。上限を設けなかった理由については，萩本編著・保険法156頁を参照。

[86]　江頭・前掲他人の生命の保険論文242頁，萩本編著・保険法157頁。

[87]　江頭・前掲他人の生命の保険論文239頁。

とする重大な事由がある場合 (58 I ②)（以下「重大事由がある場合」という），保険
契約者と被保険者との間の親族関係の終了その他の事情により，被保険者が
同意をするにあたって基礎とした事情が著しく変更した場合(58 I ③)(以下「事
情著変の場合」という）である。

(2) 解除請求ができる場面の具体的内容とその趣旨

上記故殺の場合および詐欺請求の場合は，重大事由による保険者の解除事
由がある場合である。これらの行為は，保険者の保険契約者等に対する信頼
関係を破壊するだけではなく，被保険者のそれをも破壊する行為であり，こ
のような事由が発生した場合には，保険契約を維持する根拠に乏しく，解除
請求を認めるに足りるといえるためである[88]。

なお，被保険者が，保険契約の解除を請求することができるのは，保険者
に対してではなく，保険契約者に対してであるが，上記 2 つの場合，被保険
者が保険法 57 条に基づき，保険者に対して保険契約を解除するよう依頼し，
保険者が自己の意思に基づいて契約を解除することがあるが，被保険者が保
険者に対して強制することはできない。これは，保険契約者が被保険者を故
意に死亡させようとしたということを主張しても，保険者にはその事実を確
認できる証拠がないことなどがその理由である[89]。

「重大事由がある場合」は，重大事由による解除の場合と同様と考えられお
り，保険契約者が保険金取得目的で被保険者以外の者を殺害し，又は殺害し
ようとした場合や，別の生命保険契約が存在し，保険契約者等による保険金
詐欺がなされた場合等がこれに該当する[90]。

「事情著変の場合」は，事情変更の原則が働くケースであり，離婚等による
保険契約者と被保険者との間の身分関係の変更，債務返済完了による債権債
務関係の終了，企業が保険契約者となっている契約における退職等が考えら
れる[91]。

---

[88]　萩本編著・保険法 198 頁，福田・前掲論文 210 頁，江頭・前掲他人の生命の保険論文
240 頁，山下（友）＝米山編・保険法解説 582 頁〔洲崎博史執筆〕。
[89]　江頭・前掲論文 240 頁。
[90]　萩本編著・保険法 198 頁，福田・前掲論文 210 頁。

220　第4章　生命保険契約

(3)　手続

　保険契約者は，被保険者から請求を受けたときは，保険契約を解除することができる（保58Ⅱ）。保険契約者はいつでも保険契約を解除することができる旨が規定されている（保54）のは，保険契約者の契約解除権は反対の特約を認める任意規定であるから，この場合については強行規定とする趣旨である[92]。すなわち，被保険者から上記の要件を充たす解除請求を受けた保険契約者は，死亡保険契約を解除する義務を負うというものである。そして，被保険者による解除請求は，被保険者の利益保護のために認められたものであるから，保険契約者の解除権が約款で制限されている場合であっても，保険契約者は解除権を行使することができる。保険契約者がこの請求を受けたにもかかわらず，解除請求に応じないときには，被保険者が保険契約者を被告として，意思表示に代わる裁判（民414Ⅱただし書，民執174Ⅰ）を求めることになる。勝訴判決が確定した場合には，その確定の時に解除の意思表示をしたものとみなすこととなる[93]。

Ⅳ　第三者のためにする生命保険契約

1　総説

(1)　意義・法的性質

　生命保険契約において，保険事故が発生した場合に，保険者に対し保険金額の支払を請求する権利を有する者（損害保険契約における被保険者に相当する者）を保険金受取人という。保険契約者を基準にして，保険契約者自身が保険金受取人となる生命保険契約を「自己のためにする生命保険契約」といい，これに対し保険契約者以外の第三者が保険金受取人となる生命保険契約を「第三者のためにする生命保険契約」という（保42）[94]。

　第三者のためにする生命保険契約の法的性質は，第三者のためにする損害

---

[91]　萩本編著・保険法199頁，福田・前掲論文210頁，山下（友）＝米山編・保険法解説586頁〔洲崎執筆〕。

[92]　萩本編著・保険法200頁，江頭・前掲論文240頁，江頭・商取引法〔7版〕508頁註(5)。

[93]　福田・前掲論文211頁。

保険契約（保8）と同様，民法上の第三者のためにする契約（民537）の1種であるといわれている。

生命保険契約においては，保険契約者が自己の扶養している親族や相続人等特別の関係にある者に保険金を受領させることによって，死後扶養の目的を達成する等の理由により，これらの者を保険金受取人に指定する場合が多い。

生命保険契約における保険金受取人は，損害保険契約の被保険者のように被保険利益を有する必要がないから，保険契約者は何人でも保険金受取人に指定することができる。また，自然人のみでなく，法人も保険金受取人となることができる。

第三者のためにする生命保険契約には次の3つの類型がある。すなわち，保険契約者と被保険者とが同一人で，別人を保険金受取人とする場合（自己の生命の保険契約）と，被保険者と保険金受取人が同一人で，保険契約者が別人である場合，及び保険契約者・被保険者・保険金受取人がそれぞれ別人である場合とがある。後者2つは同時に，他人の生命の保険契約でもある。

(2) 保険金受取人の権利・義務
①保険金受取人の権利

第三者のためにする生命保険契約は第三者のためにする契約の1種に属するのであるが，保険契約者が別段の意思表示をしない限り，保険金受取人は，受益の意思表示（民537）を必要とせず，当然に保険契約上の利益，すなわち保険金請求権を取得する。もっとも，保険金受取人はこれを放棄することができ，その場合は，保険金受取人の指定のない保険契約者自身のためにする保険契約となる[95]。保険金受取人が取得する権利は，原則として保険金請求権のみである。

保険契約者は，第三者を保険金受取人に指定した場合でも，保険金請求権

---

[94] 改正前商法の下では，保険契約者以外の第三者が保険金受取人となる生命保険契約を「他人のためにする生命保険契約」と一般的に呼んでいたが，保険法では，この契約が第三者のためにする契約の1種であることを明確にする趣旨で「第三者のためにする生命保険契約」（保42）と呼んでいる。

[95] 大森・保険法274頁。

222　第4章　生命保険契約

以外の契約解除権 (保54)，保険料返還請求権又は保険料減額請求権 (保64)，保険証券交付請求権 (保40 I)，及び，保険料積立金返還請求権・約款上の解約返戻金請求権 (保63)，保険金受取人の変更権 (保43)，約款上の契約者配当請求権，契約者配当請求権等を依然として有する。反面，保険料支払義務を負う。

　保険金受取人に指定された者は，保険契約者が取得した権利を承継取得するのではなく，指定によって自己固有の権利として原始的にこれを取得する[96]。したがって，たまたま保険契約者や被保険者の相続人が保険金受取人に指定された場合でも，保険契約者・被保険者の権利を相続により取得するのではないから，保険金請求権は保険金受取人の固有財産に属し，限定承認が行われたときは，保険契約者たる被相続人の債権者は，保険金に対する強制執行をなし得ないことになる。しかし，保険金請求権は保険契約より生ずる権利であるから，保険者に対する関係では保険料の不払，告知義務・通知義務違反，各種の免責事由等を理由とする抗弁の対抗を受けることになる。

②保険金受取人の義務

　保険金受取人は，保険契約の当事者ではないから，原則として契約上の義務を負わない。もっとも，保険金受取人は，本来，保険契約上の受益者であることから，改正前商法では，保険契約者が破産手続開始の決定を受けた場合には，保険金受取人がその権利を放棄しない限り保険料支払義務を負うものとされていた (商683 I・652)。ただし，保険金受取人が保険料を支払って保険契約を継続しようとしても，保険金請求権は破産財団に帰属しないため，保険契約者の破産管財人は，解約して解約返戻金を受領することができる。そのため，この規定の存在意義はないとの指摘を受けて，保険法では削除された。

　なお，保険金受取人は被保険者死亡の場合には通知義務を負う (保50)。これは，損害保険契約における被保険者の損害発生についての通知義務 (保14)と同趣旨である。

---

[96]　大判昭11・5・13民集15・11・877，最3小判昭40・2・2民集19・1・1 (保険百選144頁)。

2 保険金受取人の指定

(1) 保険金受取人の指定の方法

生命保険契約においては，被保険利益は必要とされていないから，保険契約者は自由に保険金受取人を指定[97]することができる[98]。保険実務では，保険契約者が保険申込書の保険金受取人欄に受取人となるべき者の氏名等を記入する形で行われるのが一般的である。もっとも，保険契約者が保険金受取人を指定する方法も保険契約者が自由に定めることができる。この場合，考えられる方法としては，第1に，具体的に保険金受取人の氏名を表示する方法と，第2に，抽象的に「被保険者の法定相続人」と表示する方法とがある。そのほかにも，第3に，例えば，「妻A」というように，被保険者との続柄と氏名を併記して表示する方法もある。第2の方法及び第3の方法によるときは，保険契約時と保険事故発生時との間に相続人の変動や続柄の変更があった場合に，誰が保険金受取人であるかが問題となる。

(2) 保険金受取人の指定の法的性質

保険金受取人の指定の法的性質をどのようにとらえるかについては，従来から議論がある。学説の多くは，保険契約締結時の指定は，契約締結後に行われる変更の場合と同様に，保険者の承諾を要しない保険契約者の一方的意思表示でなされる単独行為であると解しており，判例は，それに加えて，保険者を相手方とする意思表示と解釈をしてきた[99]。実務においても，保険金受取人の指定は，保険契約締結時に行われているのが通常であり，この場合，保険契約者が保険契約申込書の保険金受取人欄にその氏名等を記載する形式

---

[97] 改正前商法とは異なり，保険法では，保険金受取人の「指定」という概念が用いられていない。その理由は，保険金受取人を定めることなく契約を締結しているのではなく，誰かを受取人を定めて契約を締結していることがほとんどであり，そのため，契約締結時の「指定」という概念は用いられておらず，その後に契約当初の受取人を別の者にする行為を「変更」としている。

[98] もっとも，東京地判平8・7・30金判1002・25及び東京高判平11・9・21金判1080・30では，保険金受取人として不倫関係にある女性を指定したという場合において，当該保険金受取人の指定が，不倫関係の維持・継続を目的としたものであるときには公序良俗に反し無効であるとされている。

[99] 最1小判昭58・9・8民集37・7・18（保険百選138頁）。

で行われていることから，実質的には，保険者を相手方とした意思表示として行われている。

(3) 保険金受取人の指定の解釈問題
①解釈の方向性──主観的解釈か客観的解釈か──

一般に，保険契約者は自己を被保険者とすると同時に配偶者・子等を保険金受取人に指定し，遺族の死後扶養の目的を達成しようとする場合が多い。このような場合，保険契約者が死亡しても，債務超過の状態になければ問題はない。しかし保険契約者の負債がその相続財産を超過し相続財産が破産しまたは相続の限定承認が行われる場合，被相続人（保険契約者兼被保険者）の債権者との関係で，保険金受取人の指定の効力が問題となる。すなわち，指定の保険証券上の記載の解釈如何によっては，ある生命保険契約者が「自己のためにする保険契約者」となり，また，「他人のためにする保険契約」となり得るからである。

相続人を保険金受取人と指定する生命保険契約は，第三者のためにする生命保険契約であるから，保険金請求権は相続人の固有財産となるため，相続財産が破産しても，被相続人（保険契約者）の債権者は保険金請求権を破産財団に組み入れることができず，債権の満足を得ることができないという結果を生ずるおそれもある。

そこで，保険契約者による保険金受取人の指定行為をどのように解釈すべきかが問われる。もとより指定行為は法律行為であるから，法律行為の解釈としては，保険金受取人の指定が保険契約者の一方的意思表示であること，つまり，指定行為が単独行為であることを重視すれば，保険金受取人の指定行為の解釈の際には，保険契約者の意思に沿うように，またできる限り保険金受取人を保護するように解すべきであるといえよう。しかし，だれが保険金受取人であるかということについて，当該保険契約につき将来保険金支払義務を負う又はすでに保険金支払義務を負っている保険者は，正当な保険金受取人に保険金を履行期までに支払わなければその保険金支払義務は消滅せず，遅延損害金を負担することになるので，保険者にとってだれが保険金受取人であるかについてまったく利害関係がないとは言い切れない[100]。した

がって，保険金受取人の指定行為の解釈は，保険契約者の真意を探究する主観的解釈よりも，一般的に理解される意味を探究する客観的合理的解釈によるべきであろう[101]。

②表示の具体的事例と解釈

(i)具体的に特定の氏名を表示した場合　保険金受取人として，例えば，「山田太郎」と具体的に特定の氏名が表示されたときは，指定行為の解釈上，問題はない。保険金受取人として具体的な氏名をもって指定された者が同時に保険契約者兼被保険者の相続人であっても，保険金請求権は相続財産とはならず，保険金受取人たる相続人の固有財産に属することは明らかである[102]。

(ii)抽象的に「相続人」または「正当な相続人」と表示した場合　問題は，抽象的に「相続人」または「正当な相続人」と表示した場合をどのように解釈すべきかにある。生死混合保険契約においては，満期保険金受取人は保険契約者（兼被保険者），死亡保険金受取人は第三者とする記載例が多い。「相続人」又は「正当な相続人」の表示は，保険金受取人の指定行為の解釈としては，㈠保険金請求権は相続財産に属し，相続法の規程によって相続される旨を注意的に記載したに過ぎないとする説[103]，㈡保険契約締結当時または保険金受取人指定当時の相続人を特に指定した者とする説[104]，㈢保険事故発生時の相続人を特に指定したものとする説[105]，㈣被保険者の相続人のためにする契約であるものとの事実上の推定がはたらくとする説[106]の4説がある。

　上記の場合，保険契約者の意思を合理的に推測して解釈するならば，保険金受取人指定制度の趣旨からみて，相続財産としない趣旨と解するのが正しく，また，契約の締結から保険事故発生時までの間に自己の親族に生ずる変

---

[100]　山下（友）・保険法 490 頁。

[101]　最 1 小判昭 58・9・8 民集 37・7・918（保険百選 138 頁）。

[102]　大判昭 11・5・13 民集 15・11・877。

[103]　三浦義道・保険法論〔9 版〕314 頁（巌松堂書店，1927 年），松本烝治・保険法〔13 版〕224 頁（中央大学出版，1923 年）。

[104]　我妻栄＝唄孝一・判例コンメンタール相続法 69 頁（コンメンタール刊行会，1966 年）。

[105]　大森・保険法 247 頁，田辺・保険法 243 頁，西島・保険法 328 頁，石田・保険法 283 頁，江頭・商取引法〔4 版〕493 頁註(5)，山下（友）他・アルマ〔3 版補訂版〕281 頁〔竹濵執筆〕。

[106]　倉澤・法理 322 頁〜323 頁。

226　第4章　生命保険契約

動の可能性を考慮に入れて保険金受取人の変更の手続を省くための方法と解すべきであり，(ウ)説が妥当であろう（通説・判例）[107]。

(iii)「妻」等の続柄を表示した場合　現在の通説・判例の支持する，上記の(ウ)説との整合性と保つためには，「妻」と記載されている場合において，契約締結時の妻と保険事故発生時の妻とが異なるときは，後者を保険金受取人に指定したものと解すべきである。

保険金受取人の記載が，「妻・A野B子」のように被保険者との続柄と氏名の両方でなされている場合に，A野B子が夫であるA野氏と離婚し他の男性と再婚した後，A野氏が死亡したため，この指定の意義が争われた。最高裁は，「このような表示をもって保険金受取人を指定したときは，客観的にみて右『妻』という表示は，……氏名による保険金受取人の指定におけるその受取人の特定を補助する意味を有するに過ぎないと理解するのが合理的であり」，C山（旧A野）B子は，「被保険者との離婚によって保険金受取人の地位を失うものではない」旨を判示し，氏名による指定が優先することを明らかにした[108]。この判決の結論はこれを妥当として支持すべきである。しかし，今後の保険実務における保険金受取人の表示の氏名・続柄併用方式は廃止されるべきであろう[109]。

なお，最近の保険実務では，保険証券又は保険契約書申込書において死亡保険金受取人として複数の氏名が記載されているときには，各人の受け取るべき保険金の分割割合を申込書において指定するのが通例である。

(4)　保険金請求権と相続

①保険金請求権の法的性質

保険金受取人に指定された者は，保険契約者が取得した権利を承継取得するのではなく，指定によって自己固有の権利として原始的にこれを取得する[110]。したがって，たまたま保険契約者や被保険者の相続人が保険金受取人

---

[107]　最3小判昭40・2・2民集19・1・1（保険百選144頁）。
[108]　最1小判昭58・9・8民集37・7・918（保険百選138頁）。
[109]　竹内昭夫「判解」生保百選213頁。
[110]　大判昭11・5・13民集15・11・877，最3小判昭40・2・2民集19・1・1（保険百選122頁）。

IV　第三者のためにする生命保険契約　*227*

に指定された場合でも，保険契約者・被保険者の権利を相続により取得するのではないから，保険金請求権は保険金受取人の固有財産に属し，限定承認が行われたときは，保険契約者たる被相続人の債権者は，保険金に対する強制執行をなし得ないことになる。

②他の相続人との関係

(i)特別受益の持戻し・遺留分減殺請求　保険契約者兼被保険者である者の相続人のうちのある者が死亡保険金受取人として指定された場合には，判例・通説の理解によれば，保険金受取人は保険金請求権を自己固有の権利として原始的に取得するのであり，権利を被相続人から承継的に取得するものではないから，被保険者が死亡した際に保険金請求権は相続財産に属せず，したがって，相続放棄又は限定承認をした当該相続人は保険金を取得することができ，相続債権者は，保険金請求権から満足を受けることができないと解されている[111]。

しかし，相続人中の特定の者が死亡保険金受取人とされた場合，当該保険金請求権が他の相続人との関係で保険金請求権が特別受益者の相続分（民903）又は遺留分減殺（民1029～1031）との関係でどのように扱われるかが問題となる。

判例[112]は，遺留分減殺請求との関係については，死亡保険金受取人の指定・変更は，民法1031条にいう遺贈・贈与に当たらず，その対象とならないと解し，他方で，特別受益の持戻しとの関係については，それにより保険金受取人である相続人と他の相続人との間に生ずる不公正が著しい特段の事情がある場合にのみ持戻しの対象となると解している[113]。上記判例が出る前には，特定の相続人が得た保険金請求権が特別受益の持戻しの対象となるか否かについてはそれを否定する裁判例もあった[114]が，学説では，特別受益の持戻し及び遺留分減殺の双方につき，その対象となるものと解する見解が多数で

---

[111]　大判昭11・5・13民集15・11・877，最3小判昭40・2・2民集19・1・1（保険百選122頁）。

[112]　最1小判平14・11・5民集56・8・2069。

[113]　最2小決平16・10・29民集58・7・1979（保険百選146頁），東京高決平17・10・27家月58・5・94。

[114]　大阪家審昭51・11・25家月29・6・27。

228　第4章　生命保険契約

ある[115]。

　この場合，利害関係人を保護すべき範囲，すなわち相続財産に持ち戻す財産の価額は，どのように定めるのが妥当であろうか。この額は，保険金額とする説，支払済総保険料の額とする説，解約返戻金の額とする説のいずれかと思われるが，解約返戻金の額と解するのが最も合理的であろう。もし，保険金額とする説であるとすれば，利害関係人は，被相続人の死亡によってその生存中よりもかえって有利な地位に立つことになるが，保険金受取人の利益を全面的に犠牲にしてまで利害関係人にこのような地位を認める必要はない（保険契約者の保険金受取人指定の意思がまったく無視されることになる）。したがって，支払済総保険料の額とする説又は解約返戻金の額とする説によるべきであるが，相続財産から流失した金額が支払済総保険料の額であるとしても，死亡直前において被相続人が保険契約者たる資格において有していた権利（この権利は相続財産の一部を構成する〔民896〕）の価額は解約返戻金の額として表されるから，この金額を相続財産に持ち戻せば足りると解する。この点に関し，山下友信教授は，相続財産に持ち戻すべきは保険金請求権そのものであるが，これは算定不可能なものであるので，支払済総保険料の額をもって保険金請求権の評価額に代えるとする解決で満足せざるをえないのではないかとされる[116]。

　解約返戻金の額とする説によれば，相続財産の破産の場合には，破産管財人は破産法72条又は80条の類推適用により，実質上相続財産に帰属すると考えられる解約返戻金相当額につき，保険金をもってする破産財団の原状回復を行い，また，相続の限定承認又は放棄が行われた場合には，被相続人の債権者は上記の額を限度として保険金の自己の債権への充当を請求することができ，さらに，保険金受取人以外の相続人も，遺留分を保全するのに必要な限度で，右の額につき遺贈又は贈与の減殺請求権（民1031）を行使することができる。

　(ii)保険金請求権の取得割合　保険契約者が，保険金受取人を「（被保険者の）相続人」と指定した場合，指定時から保険事故発生時までの間に被保険者の

---

[115]　山下典孝「保険金受取人の権利」竹濱他編・改正の論点268頁～269頁。

[116]　山下（友）・生命・傷害保険81頁。

IV 第三者のためにする生命保険契約 **229**

親族関係が変動することを予測して，変動のたびに保険金受取人の変更手続をとる手数を省略するためと解するのが合理的であるから，指定時の相続人ではなく，保険事故発生時の相続人を保険金受取人と指定する趣旨と解される（前述）。この場合に，各相続人の取得する保険金請求権の割合については，保険契約者による指定に「法定相続分の割合による」とする旨の指定も含まれていると解するのが，保険契約者の通常の意思に合致するという[117]。もっとも，保険契約者の指定によらずに，法律又は約款の定めにより被保険者の法定相続人が保険金受取人となる場合には，判例[118]は，各相続人の取得する保険金請求権の割合は，各人平等割合（民 427）になると解している。

3 保険金受取人の変更

(1) 保険金受取人の変更の意義・趣旨

保険契約者により指定された保険金受取人が一度保険金請求権を取得した以上，契約当事者は，一般原則としては，この者の同意なしにこれを変更し又は消滅させることができないはずであるが（民 538），生命保険契約は，通常，いわゆる継続的契約に属し，その存続期間中には種々の変更があり得る。そこで，保険法では，保険契約者は，保険事故が発生するまでは，保険金受取人の変更をすることができるとされている（保 43 I）。なお，この変更権について定める保険法の規定は任意規定であるから，保険金受取人の変更権を何らかの必要上制約することもできる。

(2) 保険金受取人の変更の意思表示の方式と効力発生

保険契約者による保険金受取人の変更は，保険者に対する意思表示によって行う（保 43 II）[119]。変更の意思表示は，保険契約者の一方的意思表示でなさ

---

[117] 最 2 小判平 6・7・18 民集 48・5・1233（保険百選 208 頁）。

[118] 最 2 小判平 4・3・13 民集 46・3・188。なお，最 3 小判平 5・9・7 民集 47・7・4740（保険百選 152 頁）。

[119] 改正前商法は，意思表示の相手方を定めていなかったことから，判例では，指定・変更の意思表示は，保険者，新旧保険金受取人のいずれに対してなしてもよく，その意思表示によって，ただちに変更の効力が生ずるものとされていた（最 1 小判昭 62・10・29 民集 41・7・1527）。

230　第 4 章　生命保険契約

れる単独行為であり，明示的のみならず，黙示的にもこれをなし得る。したがって，指定・変更権は形成権の一種である[120]。そして，保険金受取人の変更の意思表示（通知）が保険者に到達した時は，当該通知を発した時に遡って保険金受取人の変更の効力が生ずる（保 43 Ⅲ）。しかし，当該通知の保険者の到達前に保険者が変更前の保険金受取人に対して保険金の支払を行っていたときは，その効力は妨げられず（保 43 Ⅲ但書），変更後の保険金受取人は，旧受取人に対して，受領保険金の引渡しを請求することができるにすぎない。

　なお，この規定は，意思表示の方法を定めるものであり，その性質上，強行規定である[121]。そのため，約款において，保険金受取人の変更の通知が，保険会社の本社に到達しなければ効力を生じない旨や，保険会社の営業担当者等が受領しても変更の効力を生じない旨を定めたとしても，このような定めは無効である[122]。

(3)　遺言による保険金受取人の変更

①遺言による保険金受取人変更に関する保険法の規定

　保険契約者による保険金受取人の変更は，遺言によっても行うことができる[123]（保 44 Ⅰ）。遺言による保険金受取人の変更は，民法の定める遺言の要件（民 960 以下）を充たしていればその効力を生ずる[124]。もっとも，遺言は相手方のない意思表示であると解されており，保険者としては，遺言による保険金受取人の変更があったことをすぐに知り得ないので，二重払の危険が生じ得ないようにすることが必要である[125]。そこで，遺言による変更は，その遺言

---

[120]　会社が保険契約者兼保険金受取人である生命保険契約の保険金受取人を取締役に変更する行為は，利益相反取引として取締役会の承認を要する（会 365 Ⅰ）。保険契約者の一方的意思表示によりなされる形成権の行使であるからといって，当該変更行為の利益相反取引の該当性を失わせるものではない（名古屋地判昭 58・9・26 判タ 525・287，仙台高判平 9・7・25 判タ 964・258。反対する裁判例として，東京地判昭 63・9・26 判時 1299・141）。

[121]　萩本編著・保険法 181 頁，山下（友）＝米山・保険法解説 305 頁以下〔山野嘉朗執筆〕。

[122]　萩本編著・保険法 182 頁。

[123]　改正前商法には，遺言による保険金受取人の変更について規定がなく，保険契約者は遺言によって保険金受取人を変更することができるかが問題となっていた。

[124]　遺言に関する民法の規定は強行規定であるので，約款で遺言の記載事項と異なる内容を定めたとしても約款規定の効力は否定される（萩本編著・保険法 186 頁）。

が効力を生じた後に，保険契約者の相続人がその旨を保険者に対し通知しなければ，これをもって保険者に対抗することができないものとしている（保44Ⅱ）[126]。

②効力発生時期

遺言は相手方のない単独行為であり，原則として，遺言者の死亡の時から効力を生ずるため（民985Ⅰ），その時から保険金受取人の変更の効力も生ずる。なお，遺言による保険金受取人変更の事実を知らない保険者が二重払の危険から保護されるよう，遺言の効力発生後に保険者に対する通知を要することはすでに述べた通りである。

4 保険金受取人先死亡と保険金請求権の帰属

(1) 総説

改正前商法では，被保険者と保険金受取人が異なる場合において保険金受取人が死亡したときは，保険契約者はさらに他の者を保険金受取人に指定できるものとし（商676Ⅰ），保険契約者がこの指定権を行使する以前に死亡した場合には，保険金受取人であった者の相続人が保険金受取人となり，保険契約者の相続人は右の指定権を行使できないものとされていた（商676Ⅱ）。諸外国では，保険金受取人が保険事故発生前に死亡した場合には，保険契約者自身が保険金請求権を取得するという立法例が多いが，わが国の改正前商法では，保険契約者による再指定権の行使を認めたうえで，この再指定権を行使せずに死亡した場合には，死亡した保険金受取人の相続人に保険金受取人の地位を原始的に取得させるという立法（「保険金受取人優先主義」）を採用していた（商676Ⅱ）。

保険法も，改正前商法の立場を踏襲し，保険金受取人が保険事故発生前に死亡したときは，その相続人の全員が保険金受取人となるとしている（保46）。もっとも，このような場合についても，保険事故が発生するまでの間は，保

---

[125] 萩本編著・保険法185頁。
[126] なお，相続人による通知は，相続人全員で行うことを要するか，相続人の1人でも可能であるかという問題があるが，保険契約者の意思の実現のための保存行為として（民252但），相続人の1人でも可能と解すべきである（長谷川仁彦「保険金受取人の変更の意思表示と効力の発生」竹濱他編・改正の論点258頁）。

232 第4章 生命保険契約

険契約者は，約款等で変更権が制限されていない限り，保険金受取人の変更をすることができる[127]（保43Ⅰ）。したがって，保険金受取人が保険事故発生前に死亡したときには，その相続人の全員が保険金受取人となるが，その地位は暫定的なものであり，一時的なものにすぎない。

(2) 相続人の範囲
①従来の解釈論

改正前商法の下では，保険契約者が上記の指定権を行使する以前に死亡した場合には，保険金受取人であった者の相続人が保険金受取人となり，保険契約者の相続人は右の指定権を行使することができないとされていたが（商676Ⅱ），その「相続人」とはいかなる範囲の者が含まれるかが議論となっていた。

この点につき，大審院判決[128]は，保険金受取人である妻が死亡し，保険契約者兼被保険者である夫が保険金受取人を再指定せずに死亡したため，保険金受取人は妻の相続人であった父親となるのか，それとも，夫とその後妻の子となるのかが争われた事案について，保険金受取人が死亡した後，保険契約者が保険金受取人を指定しないで死亡したときは，死亡した保険金受取人の相続人もしくは順次の相続人で保険契約者が死亡した当時に生存する者を保険金受取人とする趣旨であると判示する。

また，保険金受取人である妻Bが死亡した後，保険契約者兼被保険者である夫Aが保険金受取人を再指定しないまま死亡した場合に，Aの相続財産管理人が，Aはその妻である保険金受取人Bが先に死亡したことによりその地位を相続したとして，保険金の支払を求めた事案である。なお，同事案においては，約款上に「死亡保険金受取人の死亡時以後，死亡保険金受取人が変更されていないときは，死亡保険金受取人は，その死亡した死亡保険金受取人の相続人に変更されたものとする」旨の規定があった。判例[129]は，同約

---

[127] なお，約款にも，通常，保険金受取人が被保険者よりも先に死亡した場合には，保険契約者は，保険金受取人を他の者に変更することができ，又は変更をせずに保険契約者が死亡した場合であっても，その地位を承継した相続人が保険金受取人を変更することができる旨が規定されている。

[128] 大判大11・2・7民集1・1・19。

款規定の解釈として，改正前商法676条2項と同趣旨の規定であると解した上で，指定受取人の死亡後，「保険金受取人の変更のないまま保険金の支払理由が発生して，右変更をする余地がなくなった場合には，その当時において指定受取人の法定相続人又は順次の法定相続人で生存する者を保険金受取人とすることにあると解するのが相当である」と判示する。すなわち指定受取人Bの死亡によってその法定相続人であるA，C・D（いずれも子）が保険金受取人としての地位を取得し，さらにAの死亡によって，その法定相続人であるC・Dが保険金受取人となることが確定したため，C・Dが保険金請求権を取得したものとして，Aの相続財産管理人の請求を棄却している。さらに，保険契約者兼被保険者Aが，保険金受取人をBとして締結した生命保険契約において，Bが死亡し，A及びXら3名がBの共同相続人となった後，Aが新たな死亡保険金受取人を指定しないまま死亡したため，Xら3名が保険者に対し，保険金の支払を求めたのに対し，保険者はAのほか共同相続人11名も保険金受取人の地位を均等割合で原始取得したとして，Xらの取得額を争った事案について，判例[130]は「商法676条2項にいう『保険金額ヲ受取ルヘキ者ノ相続人』とは，保険契約者によって保険金受取人として指定された者（以下「指定受取人」という。）の法定相続人又はその順次の法定相続人であって被保険者の死亡時に現に生存する者をいうと解すべきである」と判示し，Aの法定相続人としてXら3名のほかにAの11名の異母兄姉等の計14名が保険金受取人になるとした。

　上記の2つの最高裁判決は，大審院判決の立場を受け継ぎ，改正前商法676条2項にいう保険金受取人の相続人を「順次の相続人」へと拡張させたうえで，保険金受取人の相続人が保険契約者兼被保険者である場合において，当該保険契約が保険契約者自身のためにする契約に変更されることを明確に否定し，その相続人が保険金受取人の地位を原始的に取得することを明らかにしたものである[131]。

②保険金受取人先死亡の場合の保険法の規律

　保険法は，保険金受取人が保険事故の発生前に死亡したときは，その相続

---

[129]　最2小判平4・3・13民集46・3・188。
[130]　最3小判平5・9・7民集47・7・4740（保険百選152頁）。

234　第4章　生命保険契約

人の全員が保険金受取人となる旨を定める（保46）。この規定は，保険金受取人が死亡してから保険事故が発生するまでの間に，死亡した保険金受取人の相続人が保険金受取人となることを明確に規定したものであり，上記の指定非失効説の立場を前提としている。すなわち，指定された保険金受取人が死亡したときは，その相続人が保険金受取人となり，同人が死亡した場合であっても保険契約者又はその相続人による変更権の行使がない限り，同人の相続人が保険金受取人となる趣旨である。したがって，同規定にいう「その相続人の全員」とは，死亡した保険金受取人の「法定相続人又はその順次の法定相続人であって被保険者の死亡時に現に生存する者」の全員を指す者と解される[132]。

③保険金受取人とその相続人の同時死亡の場合

交通事故等で保険金受取人と保険契約者兼被保険者が同時に死亡したものとされる場合において，例えば，それらの者が夫婦でその間に子があれば，その子が保険金受取人の相続人として，保険金受取人となると解することに異論はない。それに対して，同時に死亡したものとされる夫婦間に子がなく，それぞれの親族が相続人となる場合に，だれが保険金受取人となるのかが問題となる。同時死亡の場合には，相続が生じないと解されており（民32の2・882），保険金受取人の「相続人」とは，保険金受取人の尊属や兄弟姉妹のみと

---

[131] なお，「指定受取人の法定相続人又は順次の法定相続人で生存する者」が保険金受取人となるとする理論構成については，次の見解が対立していた。すなわち，指定された保険金受取人が先に死亡した場合には，もはやその者に保険利益を享受させるべき実質的根拠が失われることから，指定の効力が消滅し，自己のためにする保険契約に変更され，保険契約者が受取人を再指定せずに死亡した場合には，保険金請求権は，本来その相続財産に帰属することとなるが，死亡した保険金受取人の相続人がいる限り，例外的にその相続人が保険金受取人としての地位を取得するという見解（指定失効説＝1回適用説）と，保険金受取人が死亡した場合であっても，指定の効力は失われず，死亡した保険金受取人の相続人が保険金受取人としての地位を取得するが，それは不確定なものであって，保険契約者が再指定をせずに死亡したときに初めて保険金受取人としての権利が確定するという見解（指定非失効説＝2段階適用説）である。最高裁判決は，前者の見解を採用しているところ，保険法46条は後者の見解に基づいて規定されたものである。

[132] なお，保険契約者が保険金受取人の唯一の相続人であり，かつ保険契約者が死亡したときに保険金受取人の相続人又は順次の相続人で生存している者がいない場合には，保険金受取人死亡時の第2順位の相続人又は順次の相続人には保46（商676Ⅱ）を適用することはできず，保険契約者の自己のためにする契約になるとする裁判例がある（名古屋地判平12・12・1判タ1070・287）。

なり，被保険者の相続人は保険金受取人とはならないとされる[133]。

(3) 保険金請求権の取得割合

　保険契約者が保険金受取人を「(被保険者の)相続人」と指定した場合の各相続人が取得する保険金請求権の割合については，保険契約者による指定に「法定相続分の割合による」とする旨の指定も含まれていると解するのが，保険契約者の通常の意思に合致するとして，法定相続分の割合による権利を取得する旨を述べる判例がある[134]。それに対して，保険契約者の指定によらず，法律又は約款の定めにより当然に被保険者の法定相続人が保険金受取人となる場合については，各人平等割合により権利を取得する旨を述べる判例がある[135]。

V　生命保険関係

1　解約又は解除

(1) 保険契約者側からの解約

①解約と解約返戻金

　生命保険契約は，通常長期にわたる継続的契約として締結されることが多く，これによって保険契約者を拘束することが妥当でない事情が生ずることも少なくない。そこで，保険契約者はいつでも将来に向かって生命保険契約を解除できるものとされている(保54・59Ⅰ)。したがって，解除後の保険期間の保険料について保険契約者は支払義務を負わないことになる。また，保険契約者がこれにより解除したときは，保険者は保険契約者に対しその契約のための保険料積立金から一定の費用を控除した額を支払う。これを解約返戻金という。解約の場合に現金をもって解約返戻金を払い戻すことを保険契約の買戻しという。なお，これは任意規定であるが，約款にもその旨が定めら

---

[133]　最3小判平21・6・2民集63・5・953頁(保険百選154頁)，最3小判平21・6・2判時2050・151。

[134]　最2小判平6・7・18民集48・5・1233(保険百選208頁)。

[135]　最2小判平4・3・13民集46・3・188，最3小判平5・9・7民集47・7・4740(保険百選152頁)。

236　第4章　生命保険契約

れており，解除された場合には解約返戻金を保険契約者に対し支払う旨の条項が置かれているのが通例である[136]。

②払済保険・延長定期保険への変更

生命保険契約は，通常，その存続期間が長期にわたるため，当事者が時間の推移にともって事情の変更の影響を受ける場合が多いので，約款では，保険契約者に契約内容の変更を請求する権利を認めるのを通例とする。

(i)払済・延長保険への変更　保険契約者が一定期間保険料の支払を継続し解約返戻金の生じるに至った生命保険契約においては，次回以降保険料の払込みを中止しこの解約返戻金をもって一時払保険料に充て払済保険として保険契約を存続させることができる。この場合は，解約返戻金額の範囲内で，保険期間を据え置き満期及び死亡保険金額を削減することも（払済保険），死亡保険金額を据え置き保険期間を短縮して定期保険とすることも（延長保険）できる。

(ii)その他の変更　上記のほか，保険契約者は約款の定めるところに従い，保険期間の変更，又は保険料払込期間及び払込方法の変更を請求することができる。このほか，保険契約者はいつでも将来に向かって保険金額の減額を請求することができ，減額した場合には，減額分については契約を解約したものとして扱われる。

(2)　保険者側からの解除

①総説

生命保険契約の解除事由は法定されている。すなわち，告知義務違反による契約の解除（保55 I），危険増加による契約の解除（保56 I。約款所定の通知義務違反）が規定されているほか，保険契約者の債務不履行も保険法には規定されていないが，一般原則に基づき契約の解除事由となる[137]。

②危険増加による解除

危険増加による契約の解除の制度趣旨及び解除権行使の要件・効果等につ

---

[136]　この場合には，その契約のために積み立てられた責任準備金（保険料積立金）のうち，費用の賠償として一定の金額を控除した金額を保険契約者に払い戻す旨を定めるのが通例である。

いては，既に述べたところである（本書第3章第2節Ⅷ3を参照）。生命保険契約においても，保険契約の成立後，保険者によって引き受けられた危険が増加した場合には，「給付反対給付均等の原則」から，保険者に保険料の調整等を認めることが必要となる。生命保険契約において，保険者が引き受けている危険は，保険事故の発生の可能性であり（保37），したがって，危険の増加とは，告知事項についての危険が高くなり，生命保険契約で定められている保険料が当該危険を計算の基礎として算出される保険料に不足する状態となることを意味する（保56Ⅰかっこ書）。

　生命保険契約の締結後に，危険の増加が生じた場合に，保険料を当該危険の増加に対応した額に変更するとしたならば，当該生命保険契約を継続することができるとき（保険者の引受範囲内の危険の増加が生じたとき）は，原則として，保険者は保険料の調整によって対応すべきであり，保険契約を解除することはできない。しかし，例外的に，保険者の引受範囲内の危険の増加が生じたときであっても，当該危険の増加に係る告知事項について，その内容に変更が生じたときは，保険契約者又は被保険者は，保険者に対して遅滞なく通知すべき旨が当該生命保険契約において定められており，かつ保険契約者または被保険者が故意又は重過失により遅滞なく通知をしなかった場合には，保険者は当該保険契約を解除することができるものとする（保56Ⅰ）。そして，危険の増加を理由とした解除をした場合には，当該解除に係る危険の増加が生じた時から解除がなされた時までに発生した保険事故については，保険者は保険金を支払う責任を負わない（保59Ⅱ②柱書）。ただし，当該危険の増加

---

[137] 　第2回以後の保険料が契約で定められた払込期日に支払われない場合には，保険者は，実務上，普通郵便により督促を行っている。そして，約款上，払込猶予期間（月払の契約では「翌月末日まで」，年払又は半年払の契約では「翌々月の払込期日応当日まで」）の内に支払がなされない場合には，保険契約は払込猶予期間満了日の翌日に失効するものと定められている。このような保険者の普通郵便による督促は，約款上義務づけられているものではない。そこで，約款における払込猶予期間満了日の翌日に契約が失効する旨を定める条項は，民法541条に定める履行の催告なしに契約を失効させるもので，消費者契約法10条に基づき無効であるとする裁判例があったが（東京高判平21・9・30判タ1317・72（保険百選160頁）），判例は，払込猶予期間が長く，自動振替貸付けが行われる等の事情に加え，上記の督促の運用が確実に行われているのであれば，当該条項は，「信義則に反して消費者の利益を一方的に害するもの」（消契10）には当たらないとする（最2小判平24・3・16民集66・5・2216）。

をもたらした事由に基づかずに発生した保険事故については，保険金を支払う責任を免れることはできない（保59Ⅱただし書）。

③重大事由による解除

(ⅰ)**総説**　保険契約は，射倖契約であることから，不正な保険金請求等のリスクを常に内在しており，このようなモラル・リスクに対処するために種々の手段を講じてきた。従来，継続的契約関係である保険契約において，当事者の一方である保険契約者が信頼関係を破壊する行為をした場合，その保険金等の請求は免責することができるが，保険契約自体は保険集団から排除することができなかった。かかる保険契約を保険集団から排除し得る理論として「保険会社からする特別解約権」の導入が提唱された[138]。この特別解約権の導入が提唱された背景に，継続的契約において当事者の一方の強度の不信行為により信頼関係が破壊され，信義則上相手方に契約関係の維持を期待し得ないときは，相手方はその契約を即時に解約することができるという法原則が存在するとみることができる。そして，この原則は，射倖契約であり当事者が信義誠実の原則にしたがった行動をとることが強く要請される善意契約である保険契約にも適用されるべきであるとされていた[139]。

損害保険（とくに自動車保険）の分野においては，従来から保険契約者又は被保険者に保険金の請求に関して詐欺行為があったときは，保険者が将来に向かって解除権を行使する事由とする旨の約款規定が設けられていたが，生命保険の分野では，そのような約款規定は設けられていなかった。しかし，生命保険の分野においても，保険契約者等の背信的な行為により信頼関係を破壊された保険者に対して，ドイツの判例・学説にならってそのような理論が提唱されてきた。そこで，生命保険約款においては，1987年（昭和62年）4月から，重大事由による解除権という制度が新たに設けられるに至った[140]。

---

[138]　中村敏夫『生命保険契約法の理論と実務』369頁（保険毎日新聞社，1997年）。

[139]　中西・法理359頁以下，362頁。

[140]　約款に例示された解除事由は，①保険金詐取目的の事故招致（未遂を含む），②保険給付請求に関する詐欺行為，③多重契約により疾病給付が著しく過大となり保険制度目的に反するおそれがある場合，④その他保険契約を継続することを期待し得ない①から③と同等の事由のある場合がある。

(ii)重大事由による解除の要件

□1**故意の事故招致及びその未遂行為**（1号解除事由）　保険契約者又は保険金
受取人が故意に被保険者を死亡させた場合（故意の保険事故招致の場合）には，
保険者は免責される（保51②③）。しかし，この場合であっても，保険契約は
存続するため，保険法では，その後のモラル・ハザードを排除するために，
保険契約者又は保険金受取人が保険者に保険給付を行わせることを目的とし
て故意に被保険者を死亡させ，又は死亡させようとしたときは，保険者に保
険契約を解除することが認められた（保57①）。「1号解除事由」では，保険金
の詐取目的で「被保険者を死亡させた場合」としているが，これにかかる約
款の規定では，単に保険金の詐取目的で「被保険者を死亡させた場合」とは
していない。これは，「詐取目的の事故招致」には，生命保険契約では「死亡」
だけではなく，「高度障害状態」も保険事故とされていることによるものであ
る[141]。

　保険法上，この事故招致の主体には，被保険者は含まれていないことから，
被保険者の自殺は含まれず，保険法57条1号の対象とはならないが，自殺を
事故と偽装する保険金詐取目的についてはその対象とすべきかどうかを考え
るべきであろう[142]。それに対して，約款では，被保険者も事故招致の主体と
なっていることから，このような保険金詐取目的の自殺の偽装等については，
この規定の適用対象となる。また，未遂について，保険法では「死亡させよ
うとしたこと」と規定され，約款でも「未遂を含みます」と明示されている
ことから，未遂も含まれる。これは，未遂であっても保険事故を招致させる
ような行為として，保険者との信頼関係を破壊するものであるから，契約を
存続させることを困難ならしめるものと解されるためである[143]。

　重大事由がある場合解除できる保険契約は，損害保険契約では「当該損害

---

[141]　広島地判平8・4・10判タ931・273。X1社は，Y1生保社との間で，X1社の代表取締
　　役であるX2を被保険者とする生命保険契約を，X2はY2生保社（被告）との間で自己
　　を被保険者とする生命保険契約を締結し，さらにA損保社との間でも，複数の保険契約
　　を締結していたところ，X2が自宅において転倒し，後頭部・胸部打撲による129日間の
　　入院と133日間の通院治療をしたとして，それに関する給付請求をした事案に関して，
　　X1らの請求を棄却している。
[142]　榊素寛「保険法における重大事由解除」竹濵他編・改正の論点358頁以下，372頁。
[143]　落合監修・編著・コンメ100頁〔甘利公人執筆〕参照。

240 第4章　生命保険契約

保険契約」と明示されているのに対し（保30①），生命保険契約ではそのような限定がなされていない（保57①）。このことから，保険者を共通する他の契約または保険者を異にする他の契約において解除事由に当たる行為がある場合にも，解除事由とは関係のない生命保険契約を解除することができるものと解されている[144]。

　なお，1つの生命保険契約に複数の被保険者がある場合において，その1人に詐取目的の故殺・未遂が認められるときは，同一の保険契約における信頼関係の破壊が問題となっていることから，これは1号事由に該当するものと解される[145]。

2保険金請求の詐欺及びその未遂行為（2号解除事由）　保険法57条2号には，保険金受取人が，生命保険契約の保険給付請求について詐欺を行った場合，又は詐欺を行おうとした場合には，保険者が保険契約を解除することができることが定められている（保57②）。ここで，「詐欺」とは，保険者を錯誤に陥らせ，保険金を支払わせる意思で保険者に対して欺罔行為を行ったことを意味する。実際には，保険金受取人が，保険金請求権を有しないにもかかわらず，保険者を欺罔して保険金を受け取るために，保険事故の発生，発生原因，それによる被害の程度などに関し保険者に対して虚偽の事実を述べ，又は真実を告げない行為をいうものと解されている[146]。保険法57条2号の規定においても，「詐欺を行おうとした場合」が含まれているため，未遂であったとしても解除事由に該当し，保険者は契約を解除することができる[147]。この2号の解除事由により，保険契約を解除するためにも，保険者の保険契約者等に対する信頼を損ない，かつ，保険契約の存続を困難とすることが必要

---

[144]　東京地判平14・6・21（LEX/DB28072163）（平成13年(ワ)第6572号，平成13年(ワ)第10389号・保険金請求事件）。

[145]　田口城「重大事由による解除」甘利＝山本編・論点と展望148頁以下，164頁～165頁。

[146]　田口・前掲論文165頁，山下（友）＝米山編・保険法解説573頁～576頁〔甘利公人執筆〕。

[147]　東京地判平7・9・18判夕907・264。これは，Y生命保険会社（被告）ら10社との間で，1年間に自己を被保険者とする12件の生命保険契約を締結していたX（原告）が，自動車の追突事故で受傷し，4ヵ月余りの期間入院したとして，入院給付金の支払を求めたところ，Yら4社は，追突事故はXが知人Aと共謀のうえで起こした故意による事故又は偽装事故であるとして，重大事由による解除を主張したことに対し，Yらの重大事由による解除の主張を認め，Xによる保険金請求を棄却した事案である。

であるが（保57③），一般にこれらの場合にこの要件は充たされている。例えば，死因とはまったく関係のない事故報告書を提出して，死亡証明書に死因が事故死であるかのように記載されるよう検察医に働きかけた事例もこれに該当する[148]。

③その他の信頼関係破壊行為（3号解除事由）　保険法57条3号では，同57条1号・2号に掲げるもののほか，保険者の保険契約者，被保険者又は保険金受取人に対する信頼を損ない，生命保険契約の存続を困難とする重大事由について定められている。3号の規定は，包括的条項（バスケット条項）であり，1号または2号事由に該当しないが，これらと同程度に強度の背信行為を行った場合には，保険契約の解除を認めるという趣旨の規定である[149]。3号の適用については，保険金の不正取得目的が存在することが必要であるとする見解があるが[150]，保険金の不正取得目的がある場合には，少なくとも1号または2号で対応できるため，3号が適用されるためには保険金の不正請求目的は不要であると解される。

以上の保険法の規定に対して，生命保険約款では，「会社の保険契約者，被保険者または保険金の受取人に対する信頼を損ない，この保険契約の存続を困難とする第1号から第2号までと同等の重大な事由があるとき」と規定されている。

一方で，他の保険契約との重複によって，給付金額との合計額が著しく過大であって，保険制度の目的に反する状態がもたらされるおそれがある場合にも重大事由に該当するものと解されている。保険契約者がごく短期間のうちに著しく重複した保険契約に加入し，結果として毎月の保険料の支払が自己の月収を超えるような状況となり，かつ保険者にもそれを秘匿していたような事情があった場合には3号の解除事由に該当する[151]。

---

[148]　福岡高判平15・3・27（平成14年(ネ)第972号 保険金請求控訴事件，控訴棄却，確定）（判例集等未登載），長崎地判平14・10・31（平成13年(ワ)第382号保険金請求事件，請求棄却，控訴）（判例集等未登載）。

[149]　萩本編著・保険法97頁以下，99頁～101頁，山下（友）＝米山編・保険法解説576頁～578頁〔甘利執筆〕。

[150]　勝野義孝「重大事由による解除」落合＝山下（典）編・理論と実務217頁。

[151]　萩本編著・保険法100頁。例えば，大分地判平17・2・28判タ1216・28。

242　第4章　生命保険契約

(iii)**重大事由による解除の効果**　保険者が重大事由による解除を行った場合，その解除は将来に向かってのみ効力を有するが（保59 I），重大事由が生じた時から解除がされた時までに生じた保険事故について，保険者は保険給付を行なう責任を負わないとされている（保59 II ③）。保険者は，保険契約を将来に向かって解除できることに加え，重大事由が生じたとき以降に発生した保険事故については免責となることを意味する[152]。

　なお，重大事由による解除の規定は，片面的強行規定であり（保65②），これらの規定に反する特約で，保険契約者，被保険者又は保険金受取人に不利なものは無効とされる。

2　保険契約者貸付け

　生命保険契約は継続的契約のため，保険契約者の経済事情の変化によって一時的に金銭が入用となることがある。このような場合にも保険契約を存続させるほうが当事者双方にとって有利である。保険約款には，解約返戻金を担保としてその範囲内で保険者に対して貸付を請求できる旨，そして将来保険金額又は解約返戻金を支払う事由が発生したときは，保険者は貸付金及びその利息を控除してその残額を支払う旨を規定するのが通例である。これを保険契約者貸付という。このような約款規定があるときは，保険契約者から

---

[152]　2号解除事由に基づく解除の効果が本文のようなものであるとすると，保険事故発生後の保険金請求の詐欺又はその未遂行為を理由として解除した場合には，保険者の免責は，保険事故の発生時まで遡って生ずるわけではなく，保険者は発生した保険事故に対する保険金の支払の責任を負わなければならなくなる。このような詐欺的請求の場合について，解除の効力を保険事故発生時まで遡らせた裁判例がある（前掲・福岡高判平15・3・27）。仮に解除の効果を遡及させることを肯定するとしても，3号解除事由に基づく解除がなされる場合に，どの時点まで重大事由による解除の効果が遡及するかが問題となり得る。他の契約との重複によって給付金額等の合計額が著しく過大となっている時点を特定することが難しいためである。この場合，解除の効果が将来効に限定されるとその目的が十分に達成できないことから，保険契約締結時まで遡及効を認める見解（長谷川仁彦「重大事由による解除とその課題」保学571号54頁（2000年））や解除の効果は，原則として契約締結時まで遡るが，解除事由が生ずるよりも前に生じている信頼関係破壊の要素を含まない保険金・給付金の支払事由については，保険者は解除をしたときでも支払義務を負うとする見解（中西正明「生命保険契約の重大事由解除」大阪学院大学法学研究34巻1号106頁以下，127頁（2007年））が見られる。3号解除事由において，重大事由の生じた時点が明らかでなく，遡及する時点が不明なために保険者が有責となることはモラル・リスク排除の観点からも望ましくないと考えられる。

請求があれば，保険者は保険契約者貸付をしなければならない。なお，保険契約者貸付を行ったときは，保険証券にその旨の裏書をする方法がとられている[153]。

保険契約者貸付の法的性質については，(ア)これを保険契約者又は保険金受取人の保険者に対する請求権と相殺することによって弁済することを予約して行う特殊な金銭消費貸借契約であるとする説[154]と，(イ)保険金又は解約返戻金の一部前払とみる説[155]とが対立している。保険契約者はこの貸付金を保険者に返還する権利を有するが義務を負わないという点を重視して後説を妥当とする。

3　生命保険契約に基づく権利の処分及び差押え

(1)　総説

①保険契約上の権利の処分

保険契約上の権利のうち，保険金請求権は，保険契約の成立とともに保険事故の発生等の保険金請求権が具体化する事由の発生を停止条件とする債権として発生していると考えられている[156]。この具体化する事由の発生前の保険金請求権は，一般的に抽象的保険金請求権といわれ，具体化した後の保険金請求権は具体的保険金請求権といわれている[157]。このうち，具体的保険金請求権は，通常の金銭債権であることは明らかであり，保険金受取人が，譲渡や質入れといった処分をなし得ることは当然できるとされているが，抽象的保険金請求権についても停止条件付権利であれ，その処分は可能であると

---

[153] 保険契約者ではないが契約者の外観のある者に契約者貸付けを行った場合の問題について，最1小判平9・4・24民集51・4・1991（保険百選194頁）がある。保険契約者の妻が所要の書類，印鑑等を提示し，保険契約者が代理人と称して無断で契約者貸付けを受けた場合において，保険者が貸付けを実行するに相当の注意を尽くしたという事案について，民法478条の類推適用があるとする。

[154] 大森・保険法299頁，田辺・保険法260頁，石田・保険法320頁。

[155] 倉澤康一郎「保険契約者貸付」ジュリ766号55頁（1982年），西島・保険法375頁。

[156] 山下（友）・保険法541頁。

[157] 山下（孝）・生保財産65頁参照。同書では，抽象的保険金請求権について，さらに保険契約者が，保険金受取人の指定変更権を留保している場合の保険金請求権を「未必的保険金請求権」とされ，保険契約者が指定変更権を放棄している場合の保険金請求権を「確定的保険金請求権」と整理されている。

244 第4章 生命保険契約

解されている[158,159]。とりわけ，第三者のためにする生命保険契約では，保険契約者が保険金受取人の指定変更権を留保しているのが通常であり，その結果として，抽象的保険金請求権者である保険金受取人の権利は，保険契約者により一方的に剝奪され得るものであるから，権利として確実性は弱いものとなるが，そのことを理由として保険金受取人による処分が不可能となるわけではない[160]。

　他方，解約権の行使により具体的な金銭債権になった解約返戻金請求権も，保険契約者による譲渡や質入等の自由な処分の対象となる。解約権の行使前でも，解除権の行使という停止条件付の権利である解約返戻金請求権のみを譲渡することはできるが，解約権を保険契約者が留保している限り解約返戻金請求権のみの譲渡は譲受人にとって意味がないとされる[161]。

②保険契約上の権利の差押え

　生命保険契約に基づき保険契約者・保険金受取人が有する諸権利（保険金請求権，解約返戻金請求権，配当請求権等）は，いずれも一身専属的な身分法上の権利ではなく，財産法上の権利である。そのため，「法律に別段」の定めのない限り[162]，財産法上の諸権利と同様に譲渡・質入れ等の処分の対象となるとともに，債権者による差押えの対象ともなる。したがって，保険金請求権についていえば，具体的保険金請求権のみならず，抽象的保険金請求権の差押え

---

[158] 山下（友）・保険法541頁。

[159] 米国等では，生命保険買取業者が，被保険者の余命等から査定した金額を保険契約に契約者に対して支払い，それによって，以後当該買取業者自身が保険契約者兼保険金受取人とする実務が行われている。保険契約者の地位の譲渡には，保険者の承諾が必要とされているが，わが国の事例では，保険金受取人を買取業者とすることについて，保険者に承諾義務はないとする（東京高判平18・3・22判時1928・133（保険百選156頁））。

[160] 大森・保険法305頁以下，大森忠夫＝三宅一夫・生命保険契約法の諸問題89頁〔大森〕（有斐閣，1958年）。なお，山下（孝）・生保財産108頁では，保険金受取人は保険事故発生前でも将来の権利である具体的保険金請求権を単独で処分し，またこれとともに未必的保険金請求権もしくは確定的保険金請求権を処分できるとしているが，このように解すると抽象的保険金請求権と具体的保険金請求権が概念上併存していることとなるが，これらは本来1個の同一の権利であるから切り離して処分することはできないのではないかと疑問の生ずるところである。

[161] 山下（友）・保険法658頁。本文のように，保険契約者が解約権を留保している限り解約返戻金請求権のみの譲渡はあまり意味をもたないため，解除権の行使について委任を受けておく等譲受人が解約権を行使することができるのであれば意味がある。

V　生命保険関係　*245*

も可能であり，この場合，執行の手続については，民事執行法上の債権執行の方法によるものとされている[163]。なお，保険金請求権が具体化する場合には，保険金請求権者に深刻な経済的損失が招じていることが少なくないため，差押えを禁止することも保険契約の種類や支払保険金額によっては考慮することもできるが，保険金請求権一般についての差押えの禁止はできないと解される[164]。

　他方，生命保険に基づく解約返戻金請求権についても，差押えは禁止されておらず，金銭債権として保険契約者の債権者が差し押えることができる[165]。もっとも，行使前の解約返戻金のみを差し押えた場合には，生命保険契約では保険事故が発生すれば解約返戻金請求権は消滅するため，差押えの意味はなくなる[166]。

---

[162]　法律に別段の定めのある場合として，例えば，国民年金保険法（67条），労働者災害補償保険法（12条の52），国家公務員災害補償法（7条2項）等では，保険金請求権の処分及び差押えは全面的に禁止されており，また恩給法（11条3項），国民年金法（24条），国家公務員共済組合法（49条），地方公務員等共済組合法（51条）等では，滞納処分等以外による差押等以外の処分及び差押を禁止していることが掲げられる。もっとも，生命保険契約上の権利は，このように差押えが原則として認められるとしても，家族や被扶養者の経済生活の保護に資するために，政策的な特別の配慮を行なわれる場合があり得る。

[163]　なお，第三者のためにする生命保険契約で保険契約者が保険金受取人の指定変更権を留保している場合には，第三者が保険金受取人に指定されていても保険契約者は何時でも指定を撤回して自己のためにする保険契約とすることができるのであるから，保険契約者の債権者は，保険金請求権を差し押えることができ，この場合には特別の事情のない限り保険金受取人の指定の撤回権も同時に差押えの対象となるとする見解がある（大森・保険法307頁）。第三者が保険金受取人に指定されたままの状態で保険契約者の債権者が保険金請求権を差し押えることはできないと考えられる（山下（友）・保険法542頁）。

[164]　最2小判昭45・2・27判時588・91（保険百選190頁）は，生命保険の死亡保険金請求権は，通常の金銭債権として税の滞納処分による差押えの対象になるとする。

[165]　山下（友）・保険法659頁。

[166]　したがって，保険契約者の債権者としては，保険契約の有する経済的価値を全面的に把握しようとすれば保険金請求権も差し押える必要があるが，保険契約者以外の第三者が保険金受取人として指定されているときは，保険金請求権を差し押えることはできない。この場合，債権者代位権に基づき保険金受取人の指定の撤回権を代位行使して自己のためにする保険契約としたうえで保険金請求権を差し押えることができると解されており，その実例も実務上あるようであるが（糸川厚生「生命保険契約上の権利の差押についての考察」文研論集92号102頁，113頁（1990年）），否定的な見解も存在する（山下（友）・保険法659頁）。

246 第4章 生命保険契約

⑵ 保険契約上の権利の処分

①保険金請求権

保険事故が発生する前の保険金請求権は，停止条件付の権利であり，未だ一定の金額の支払を求めることのできる具体的な金銭債権とはなっていないが，保険金受取人はこれを自由に処分することができる（保47）。

自己のためにする生命保険契約である場合には，保険契約者兼保険金受取人は，その有する保険金請求権を譲渡・質入することができる（民467・363〔ただし，民法363条は平成27年改正法により削除〕）。譲渡・質入の対抗要件については，指名債権の譲渡・質入に関する民法の一般原則にしたがう（民467・364）。なお，第三者を被保険者とする死亡保険契約の場合には，当該被保険者の同意が必要である（保47）。第三者のためにする生命保険契約である場合には，保険金請求権は，当該保険契約の効力発生と同時に保険金受取人の固有財産となり保険契約者の財産から離脱しているから，保険契約者は保険金受取人の有する保険金請求権を当然に処分することはできない。もっとも，保険契約者は，保険事故発生前であれば，保険金受取人を変更することができるのであるから（保43Ⅰ），保険金受取人の変更権を行使して，自己のためにする契約としたうえで，保険金請求権を処分することはできると考えられる[167]。なお，第三者のためにする生命保険契約の場合の保険金請求権の処分の方法およびその対抗要件については，自己のためにする生命保険契約の場合と同様である。

保険事故が発生した後の保険金請求権は，通常の金銭債権であり，保険金受取人は，自由にこれを譲渡・質入することができる。

②解約返戻金請求権

生命保険契約が法定免責事由の発生及び一定の事由に基づく契約の解除によって中途で消滅した場合には，保険者は，その将来の保険金の支払に充て

---

[167] なお，実際に行われる質権設定の方法は，債務者を保険契約者・被保険者・保険金受取人とし，質権の目的をすべての保険金請求権及び解約返戻金と定めたうえで，質権設定契約書兼質権設定承認請求書上に保険者の承諾を得るというものである。もっとも，保険金受取人を第三者にしたまま，保険契約者兼被保険者が質権を設定した場合に，これを保険金受取人の変更と同視して有効であるとする（東京高判平22・11・25判タ1359・203）。

るために積み立てられた保険料積立金（責任準備金）の払戻しが求められるが（保63），解約返戻金は，この保険料積立金から一定の基準に基づく契約控除がなされた後の金額である。

　自己のためにする保険契約であるか否かにかかわらず，保険契約者は任意に保険契約を解約して（保54），解約返戻金の支払を求めることができる。このようにして具体化された解約返戻金請求権は当然に処分できるが，未だ具体化されていない解約返戻金請求権も処分することはできる。なお，解約返戻金請求権の処分の方法及び対抗要件については，前述の民法の一般原則による。

(3)　保険契約上の権利の差押え
①保険金請求権
　生命保険契約の保険事故が発生し保険金請求権が確定すれば，他の一般債権と同様，保険金受取人はこれを自由に譲渡・質入等の処分行為をなすことができる。また，保険金受取人の債権者は保険金請求権を差押え，債権者代位権（民423）の要件を充足すれば弁済の引渡しを受けることができる。

　生命保険契約の保険事故発生前においては，保険金受取人の有する保険金請求権はいわゆる未必的権利であるけれども，この権利を質入れ又は譲渡することが可能である。例えば，保険事故発生前に保険金請求権に債権質を設定するとき，債権質の設定は実質的には保険金受取人を変更することであるから，被保険者の同意を経なければならないと解すべきである。また，債権質の担保的価値を実効あらしめるためには，保険契約者の受取人指定・変更権を無留保とする必要がある。さらにまた，保険事故発生前の保険金受取人死亡の場合には消滅する運命にある権利である。したがって，保険事故発生前に保険金請求権を質入れする方法は権利保全的見地からは必ずしも十分なものとはいえない。

　未必的権利の譲渡は債権質設定の場合よりも障害はさらに顕著である。未必的権利の譲渡は実質的な保険金受取人を変更することであるから，被保険者の同意を要する（保45）。さらに保険契約者の受取人指定・変更の効果はほとんど無意味なものとなる。実際問題としても，保険契約者がこのような事

248 第4章 生命保険契約

実を知れば，解約権を行使する可能性が大きいと考えられるから，権利譲渡が保険金受取人の債権者にとっては実益に乏しい。

次に，強制処分に関しては，未必的権利についても債権者代位権の規定（民423）は適用される。だが，その債権の将来の条件成就までは現実の履行を受けることはできないから，この場合は，結局，裁判外での代位権行使では足りず，保険金受取人の債権者は，この者に対する債務名義をとり，その権利保全のための差押命令（民執143以下）を裁判所に請求することになる。

②解約返戻金請求権

生命保険契約の保険契約者は，常に契約の解除権及び解約返戻金請求権を有する。保険者はこの権利を他人の死亡保険の場合でも被保険者の同意を得ないで自由に譲渡[168]・質入れすることができる。また，保険契約者の債権者は，保険事故発生前においては，民法423条の規定の条件を充たすときは債権者代位権に基づき，保険契約者に属する解約権を行使し解約返戻金中より自己の債権について弁済を受けることができる。

⑷　保険契約者以外の者による解除——介入権
①介入権の意義

保険契約当事者以外の者（差押債権者，破産管財人，質権者等）は，一定の要件の下で[169]，生命保険契約を解除することができる。もっとも，生命保険契約は長期の契約が多く，将来の給付に備えて保険料積立金が蓄積されている。

---

[168]　東京控判昭11・1・31新聞3967・15。

[169]　差押債権者は，裁判所に対し，差押命令の申立てを行ない（民執144），差押命令が発せられた場合には（民執145），保険契約者に対する差押命令の送達の日から1週間を経過した時点で，当該債権者は取立権を取得したうえで（民執155Ⅰ），当該生命保険契約を解除して解約返戻金請求権を確保することができる。また，保険契約者が破産手続開始決定を受けた場合には，破産管財人は双方未履行の双務契約に基づく解除権（破53）また保険契約者の任意解除権（破54）の行使により，保険契約を解除することができる。解約権を行使する前の停止条件付債権である解約返戻金請求権は「破産者が破産手続開始前に生じた原因に基づいて行なうことがある将来の請求権」として，破産財団に属することとなり（破34Ⅱ），破産管財人は，生命保険契約を解除して，保険契約者が有する解約返戻金請求権を破産財団に組み入れることができる。なお，保険契約者について，民事再生手続又は会社更生手続が開始された場合も同様である（民再66，会更72）。保険契約者の債権者及び質権者は，それぞれ債権者代位権（民423）及び質権の実行としての取立権（民366Ⅰ）に基づいて，生命保険契約を解除することができる。

そのため，生命保険契約がこれらの者によって解除されると，債務者たる保険契約者側が保険契約を解約することによって得られる解約返戻金よりもはるかに高額な死亡保険金請求権を失うこととなる。生命保険契約が遺族の生活保障という機能が大きく損なわれることとなるし，また生命保険契約がいったん解除されると，被保険者の健康状態や年齢によっては再加入が困難となることもあり得る。

そこで，保険法は，保険契約者の生命保険契約が保険金受取人の生活保障機能を有することを重視して，保険契約の当事者以外の者が死亡生命保険契約を解除した場合について，解除の効力を直ちに生じさせずに差押債権者等が解約返戻金相当額を取得することによって不利益を被むらないようにしたうえで，保険金受取人に限り，保険契約を継続することできるようにした。これを保険金受取人の介入権という（保60〜62。なお，傷害疾病定額保険契約においても同様の規定がある。保89以下）。

②介入権の要件

（i）**対象となる保険契約**　介入権の対象となる保険契約は，死亡保険契約で，かつ保険料積立金のあるものに限られる（保60Ⅰ）。ここで，死亡保険契約が被保険者の死後の遺族の生活保障を図るためのものであるのに対して，生存保険契約が介入権の対象から除外されているのは，一定時点における被保険者自身の生活保障を図るものであるためである。なお，生死混合保険契約（養老保険）は，死亡保険契約の性質も有しているため，介入権の対象となる。

一方で，死亡保険契約であっても，保険料積立金のないものについては，介入権の対象とされていないが，これは差押債権者等が保険契約を解除するのは解約返戻金を確保するためであり，保険料積立金のない保険契約には解約返戻金もないのが通常であるからである。

（ii）**介入権者**　介入権者は，保険者に対する解除の通知の時における保険契約者以外の保険金受取人であって，かつ保険契約者若しくは被保険者の親族又は被保険者である者に限られる（保60Ⅱかっこ書）。ここで，介入権者が保険金受取人に限定されているのは，保険契約が解除されることに伴う遺族側の不利益を阻止する機会を付与するものであるが，すべての保険金受取人ではなく，保険契約者又は被保険者の親族であるものに限定するのが合理的であ

250   第4章　生命保険契約

るということによるものである（なお，親族は，6親等内の血族，配偶者及び3親等内の姻族であるが（民725），内縁関係にある配偶者は，親族に含まれる。また法人である保険金受取人は，介入権者に含まれない）。

(iii)**要件**　介入権者が介入権を行使するためには，保険契約者の同意を得ること，解除権者に対して解約返戻金等の相当額を支払うこと，保険者に対してその旨の通知をすることの各要件を充たす必要がある（保60Ⅱ）。

③介入権の効果

解除権者が保険契約を解除できる場合，解除権者がする解除は，保険者がその通知を受けた時から1ヵ月を経過した日に，その効力を生ずる（保60Ⅰ）。そのうえで，この1ヵ月の期間が経過するまでの間に，保険契約者・被保険者の親族又は被保険者である保険金受取人（介入権者）が，保険契約者の同意を得て，通知の日に保険契約の解除の効力が生じたとすれば，保険者が解除権者に対して支払うべき金額を解除権者に対して支払い，かつ保険者に対してその旨の通知をしたときには，解除権者の解除はその効力を生じないこととなる（保60Ⅱ）。

介入権者が介入権を行使した場合には，差押えの手続，破産手続，再生手続または更生手続との関係においては，保険者が当該解除により支払うべき金銭の支払をしたものとみなされる（保60Ⅲ）。

4　生命保険事故の発生と保険金の支払

(1)　保険事故の発生

①保険事故発生後の法律関係

生命保険契約において所定の保険事故が発生したとき，保険者は保険金を支払う義務を負う（保2①⑧）。保険実務では，保険金の支払は約款所定の手続によってなされ，その支払により当該契約は消滅する。しかし，保険事故が発生した場合であっても，保険者は保険金の支払を免れる（保51）。

②被保険者死亡の通知義務

生命保険契約の保険者は，保険事故が発生した場合，損害発生の有無やその範囲のいかんを問わず，原則として約定保険金額の支払をすべき義務を負う。ただ，保険事故発生の原因が法定免責事由（保51）又は約款上の免責事由

に当たるときは保険者は保険金支払義務を免れる。さらに，重要な事実について保険契約者・被保険者の告知義務違反と直接の因果関係ある原因によって保険事故が発生したときは，保険契約を解除することができ（保55 I），同様に保険金支払義務を免れることができる。しかし，保険事故の原因について迅速に調査を行う機会を失うと，証拠が滅失・散逸してしまい，原因の究明が困難となるおそれがある。そこで保険法は，保険契約者又は保険金受取人が被保険者の死亡を知ったときは（生存を保険事故とする生命保険契約においては，免責事由にあたるか，告知義務違反となるかなどの問題が生ずる余地がない），遅滞なく保険者にその旨の通知を発することを義務づけている（保50）[170]。約款にも同様の定めが置かれている。

③通知義務の懈怠

保険契約者又は保険金受取人が死亡の通知を怠った場合でも，保険者に対する保険金請求権を失うことはない。だが，保険者は，この通知があるまで保険金支払義務を履行する必要はない。また，保険契約者又は保険金受取人が通知を怠ったことによって損害が生じたときは，通知義務者は損害賠償の義務を負うことになる。

なお，約款では，保険金受取人が被保険者の死亡を知ったときは，保険者に対し遅滞なくその旨を通知し，かつ，約款所定の必要書類を保険者に提出してその支払を請求することを要する旨，及び，保険者が右の請求を受けたときは，原則として，必要書類が本社に到着した後5日以内に保険金の支払をする旨を規定するのが通例である。

(2) 保険金の支払

①履行期限・履行場所

（i）履行期限　保険給付の履行期限につき，保険法は，民法の規定（民412 I）の特則として，約款で保険給付を行う期限を定めた場合であっても，期限が保険事故，保険者免責事由その他の保険給付を行うために確認することが必要な事項の確認を要する相当の期間を超える場合には，当該「相当の期間」

---

[170] 大串他編・保険法69頁〔濱須伸太郎執筆〕，福田＝古笛編・保険法146頁〜147頁〔平尾正隆執筆〕，山下（友）＝米山編・保険法解説422頁〔後藤元執筆〕。

252 第4章 生命保険契約

を経過する日が履行期限となる（保52 I）。

約款には，保険金受取人は，保険者の定める書類（死亡保険契約の場合，請求書，保険証券，保険金受取人の印鑑証明，被保険者・保険金受取人の戸籍抄本，死亡診断書等）を提出して保険金を請求すべきこと，保険者は，請求書類が本店に到達した日から一定期間以内（通常5営業日以内）に保険金を支払うこと，及び保険金を支払うために確認が必要な場合（免責事由，告知義務違反に該当する場合などが列挙されている）には保険金支払の履行期限が一定期間の延長（最長で180日とするのが通例である）があることが定められている[171]。

(ii)履行場所　保険給付の履行場所は，約款上の持参債務の原則（商516 I，保業21 II）を変更し，保険者の本店又は支社と定められていることが多い。なお，保険金の支払場所を定める約款条項は保険金支払請求訴訟の裁判籍の決定において重要な意義を有することから（民訴5），例えば，その場所を保険者の「本店」のみと定める約款条項は消費者保護の要請に反するため，その効力は限定的に解されている[172]。

②支払の相手方

約款では，保険金受取人が2人以上あるときはその代表者を定めるべきことが要求されている。この約款条項は，保険金支払手続の簡明さを確保するとともに権利割合をめぐる保険金受取人間の紛争に保険者が巻き込まれることを防止する目的でおかれている[173]。しかし，保険金受取人の間で，長期間代表者を定めることのできない事情があるときは，個々の保険金受取人が自己の権利割合を証明して個別に保険金の支払請求をすることができ，保険者が同条項を根拠にいつまでも支払を拒むことはできないと解されている[174]。

---

[171]　保険金請求権の消滅時効期間は3年である（保95 I）。保険金請求権の消滅時効の起算点として，約款上は，被保険者の死亡の日の翌日と定められていることが多いが，民法の消滅時効の起算点は「権利を行使することができる時」（民166 I）である。被保険者が行方不明であった場合には，同人が死亡した時点から遺体発見までの間は，保険金受取人による権利行使を現実に期待することはできないから，消滅時効は進行しないと解されている（最1小判平15・12・11民集57・11・2196（保険百選178頁）。

[172]　札幌高決昭45・4・20下民集21・3＝4・603，広島高松江支決昭56・8・17判タ451・97，高松高決昭62・10・13高民集40・3・198，広島高決平9・3・1判タ962・246。

[173]　江頭・商取引法〔7版〕519頁。

[174]　東京地判昭61・4・22判時1227・136頁，東京地判平21・6・11金判1341・44。

(3) 保険者免責事由

①総説

生命保険契約においても，「危険普遍の原則」にしたがい，保険事故が発生したとき，すなわち生存保険においては約定の時期に被保険者が生存していたとき，死亡保険においては約定の期間内に被保険者が死亡したとき，その原因の如何を問わず，保険者は原則として約定された保険金額の支払義務を負う。ところが，損害保険契約と同様に（保17），生命保険契約においても，法定免責事由が定められ（保51[175]），次のような一定の事由を原因として被保険者が死亡した場合は，保険者が保険金支払義務を免れる。これらの事由は，生命保険契約の特殊性から保険契約の当事者，関係者による被保険者の死亡への関与を中心に構成されている。

②法定免責事由

（ⅰ）**被保険者の自殺による死亡**　保険法51条1号の規定にいう「自殺」とは，被保険者が故意に事故の生命を絶ち死亡の結果を生ぜしめる行為をいい，意識的に行われた自殺を指す[176]，過失による死亡はもちろん，意思無能力者や精神病その他による精神障害又は心神喪失中の被保険者が自己の生命を絶つような場合はここにいう「自殺」にあたらない[177]。さらに，「自殺」といい得るためには，故意を要するだけでなく，死亡を目的とするものでなければならない。例えば，他人の生命を救助するために危険を冒したことによって死亡した場合は，救助行為の結果死亡する可能性があることの認識はあるけれども，死亡を目的とするものではないから「自殺」とはいえない。正当防衛の結果，相手方が強くて殺された場合，他人の脅迫によって自殺させられた場合も，同様である。ただし，自殺の方法は問わないから，直接にみずから手を下す場合に限らず，嘱託殺人等のように他人に自己を殺害させた場合も「自殺」となる。

---

[175]　保険者の免責事由を定める保険法51条の規定は任意規定である。なお，山下（友）＝米山編・保険法解説428頁〔潘阿憲執筆〕。

[176]　大判大5・2・12民録22・237。

[177]　東京控判昭13・11・8新聞4371・18。なお，被保険者が自殺時に精神・心理状態に相当のうつ病の影響により自由な意思決定をする能力が相当程度制約を受けていたとして，保険者免責を認めなかった裁判例がある（大分地判平17・9・8判時1935・158）。

254　第4章　生命保険契約

「被保険者」の自殺による死亡を保険者の免責事由としたのは，射倖契約である生命保険契約において当然要請される当事者の信義誠実則に反し，また，保険金受取人に対して生命保険金を取得させることを目的とする被保険者の自殺が助長されるという，道徳的にも好ましくない行為を抑止するためである[178]。

保険法は，保険期間中の被保険者の自殺を一律に保険者免責としているが，この規定は強行規定ではないことから，約款では，保険者の責任開始日から所定の免責期間（「自殺免責期間」。通常1年ないし3年）を経過した後の自殺については，保険金を支払うことを定めるのを通例とする。このような約款条項を「不可争約款」という。自殺を予想して契約を締結することによって生ずる弊害は，締約後相当期間自殺について保険金支払をしないことにより防止することができるからである。また，自殺はその多くは精神錯乱や経済的・精神的に困窮した結果行われるので，とくに死後に残された遺族の生活などについて考えると，保険金をまったく請求できないとすることが適当でない場合もあり，公序良俗にも反しないから有効とされるのである。

自殺免責条項が定める免責期間は，責任開始の日から一定期間内の被保険者の自殺による死亡に限り，自殺の動機・目的を問わず，保険者免責としているが，当該期間経過後の被保険者の自殺による死亡については，当該自殺に関し，犯罪行為等が介在し，当該自殺による死亡保険金の支払を認めることが公序良俗に反する事情がある場合等の特段の事情がある場合を除いて，自殺の動機・目的を問わず，保険者は死亡保険金の支払を免れない旨の約定であると解される[179]。

(ii)保険契約者の被保険者故殺　保険契約者が被保険者を故意に死亡させた場合には，保険者は保険金支払の義務を免れる（保51②）。約款においても同様の旨を規定しているのが通例である。この免責の理由は，保険者に対する信義誠実の原則に反し，反社会的行為であるから，これを防止する必要があるためである。この場合は，保険者は被保険者のために積み立てた金額を保険契約者に払い戻すことは要しない（保63Ⅰ）。これは，積立金払戻しの相手

---

[178]　大森・保険法 292 頁。
[179]　最1小判平 16・3・25 民集 58・3・753（保険百選 166 頁）。

が殺害者であるため，その行為に対する制裁と解されている[180]。

保険契約者が被保険者を兼ねる場合には，当該被保険者が自殺をしたときは保険契約者による故殺ではなく，被保険者の自殺として扱われる（保51②かっこ書）。保険契約者が保険金受取人を兼ねる自己のためにする生命保険契約である場合において，被保険者を故殺したとき（保険契約者と保険金受取人とは別人であるが共謀して被保険者を故殺するときも含む）には，保険契約者による故殺に関する規定が優先的に適用される（保51③かっこ書）。

保険契約者と保険金受取人が異なる第三者のためにする生命保険契約においては，たとえ保険契約者が故意に被保険者を死亡させたとしても，保険金受取人は無関係なはずであり，保険金請求権を認めてよいと考えられるが，このような場合には，保険契約者は保険契約の一方の当事者であり，保険契約における信義誠実の原則に反するし，また，反社会的行為でもあるので，その防止の観点から，免責事由とされるのである。

(iii)保険金受取人の被保険者故殺　保険金受取人が故意に被保険者を死亡させた場合は，保険者に対する信義誠実の原則に反するし，反社会的行為であるから，これを防止する必要がある。保険者はこのような保険金受取人に対しては保険金支払の義務を免れる（保51③）[181]。

保険法は，保険金受取人による被保険者の故殺を免責事由として定めているが，ここにいう保険金受取人とは，保険給付を受ける者として生命保険契約で定めるものと定義づけられる（保2⑤）。したがって，保険証券等の書面に保険金受取人として記載された者（保40Ⅰ④）のみならず，被保険者の死亡によって法律上当然に保険金を受け取るべき地位にある者，及び保険金受取人から権利を譲り受けた者も含まれる。また，被保険者と故殺者が同時に死

---

[180]　大森・保険法293頁，山下（友）・保険法478頁，山下（友）＝米山・保険法解説450頁〔潘執筆〕。

[181]　この場合において，加害者である保険金受取人が保険金額の一部を受け取ることになっているときには，保険者は他の保険金受取人に対して保険金額の残額の支払をしなければならない（保51但書）。また，被保険者の故殺による保険金の取得は信義誠実の原則に反する反社会的行為であるから，被保険者殺害時に保険金受取人に保険金取得の意図がなかった場合にも，保険者は保険金支払の義務を免れる（最3小判昭42・1・31民集21・1・77（保険百選168頁））。ただし，過失致死（自動車事故による場合等）のように故意でない場合は，保険金支払義務は免除されない。

256　第4章　生命保険契約

亡して，故殺者が被保険者の死亡によって保険金受取人にならない場合であっても保険者は免責される[182]。

　保険金受取人のうち一部の者に保険事故招致者があっても，他の保険金受取人の保険金請求権は発生するのであり，その発生した保険金請求権は，独立した財産権として相続財産を構成し，相続により相続人に承継されるから，保険事故の招致者であっても，いったん発生した保険金請求権を相続し，その行使又は処分することができる[183]。

　保険金受取人が法人であるとき，最高裁判所[184]は，法人の代表者が被保険者を故殺した場合において，㋐第三者による故意の事故招致が保険金受取人（法人）によるそれと同一に評価される場合があること，㋑㋐の判断は，第三者の法人における支配的な地位の有無，または保険金受領による利益享受の可能性の有無に着目すること，㋒㋑の判断は法人の諸事情を総合的に判断することによって，保険者の免責を認めている。

　(iv)戦争その他の変乱による被保険者の死亡　戦争その他の変乱によって被保険者が死亡したときは，このような危険は保険料算出の基礎とされた通常の危険には含まれていないから[185]，特別に割増保険料を徴して戦争などによる危険を引き受けていない限り，保険者は，保険金を支払う義務を負わない（保51④）。ただし，約款では，戦争その他の変乱による危険の増加がこの保険の計算の基礎に及ぼす影響が少ないときは，保険金の全額を支払い，またはその一部を削減して支払う旨の規定をおくのが通例である。

　③約定免責事由

　保険法の制定前，被保険者が決闘その他の犯罪又は死刑の執行により死亡した場合には，保険者は死亡保険金支払義務を免れるものとされてきた[186]（商680Ⅰ①）。一般に，犯罪による死亡について保険金を支払うことは被保険者

---

[182]　大阪高判平元・1・26高民集42・1・9。
[183]　東京高判平18・10・19判タ1234・179。
[184]　最1小判平14・10・3民集56・8・1706（保険百選170頁）。
[185]　山下（友）＝米山編・保険法解説457頁〔潘執筆〕。
[186]　「決闘」による死亡については，決闘は法律で禁じられており（明治22年法律34号「決闘罪に関する件」），1種の犯罪であるから，「犯罪」による死亡と同一視することができる。また，「死刑の執行」による死亡も犯罪の結果としての死亡である。この3つの事由による死亡には犯罪行為に関連する死亡として共通する点がある。

が保険金受取人となる者のことを心配しないで安心して犯罪行為に走ることができることにつながり，公益に反するので，これを防止する趣旨であるとされている[187]。

しかし，このような場合には，被保険者が保険金受取人に保険金を取得させようとして死亡したものとは考えられないこと，また，保険金受取人の立場からすれば，偶然の出来事による被保険者の死亡にほかならないから，犯罪行為に関係のない保険金受取人（被保険者に扶養されていた配偶者や子が多い）にまで制裁をおよぼす必要はないことから，これらの場合に保険金を支払うという特約は有効であるとする見解が最近では有力である[188]。

---

[187] 保険者が免責となる「犯罪」は，刑事罰の対象となる行為すべてではなく，公益的見地からみて見て黙視できない強度の不法性のある行為に限る（江頭・商取引法〔7 版〕521 頁註(4)）。被保険者が飲酒をした上で，喧嘩で棒で殴りかかり包丁で刺し殺されたような場合には免責とはならない（大阪地判平元・2・23 判時 1326・147）。また，犯罪による死亡とは，被保険者の犯罪行為に起因するすべての死亡をいうのではなく，その犯罪行為と死亡の間に相当因果関係があることが必要である。したがって，強盗が逃走の途中，つり橋が壊れて谷に落ちて死亡したような場合は含まれない（濱田盛一「被保険者の犯罪による死亡についての一考察」保学 532 号 53 頁以下（1991 年））。

[188] 大森・保険法 292 頁，田辺・保険法 251 頁，石田・保険法 333 頁，坂口・保険法 328 頁。反対，伊沢・保険法 366 頁，田中＝原茂・保険法 285 頁。

第5章 傷害保険契約

I 傷害保険契約の概念

1 定義

(1) 傷害保険契約法試案上の定義

①傷害試案[1]1条の定義

「傷害保険契約は，当事者の一方が相手方または第三者の傷害に関して契約で定めた給付（以下，保険金の支払いという。）をなすことを約し，相手方がこれにその対価（以下，保険料という。）を支払うことを約することによって，その効力を生ずる」。

　この定義は，傷害保険契約法研究会が公表した「傷害保険契約法試案（2003年版）理由書」の「傷害保険契約」の定義規定（傷害試案1）に基づいたものである。

　傷害保険契約を分類するとき，支払われるべき保険金の定め方を基準にして，定額給付方式と損害てん補方式に分けるだけでは不十分であり，これらのいずれとも決めがたい，所得補償保険契約の保険給付方式のような準損害てん補方式があり得るので，傷害試案は，傷害保険契約の定義規定である1条においても，給付方式の違いに着目して定額給付方式と損害てん補方式を

---

[1]　改正前商法には，傷害保険契約自体に関する規定は設けられていなかった。そこで，商法上これに関する規定を新設すべきであるとの声を受けて，傷害保険契約法の新設のための試案として，損害保険法制研究会の作成した「傷害保険契約法（新設）試案」（以下，「損保傷害試案」という）（損害保険法制研究会編『傷害保険契約法（新設）試案（1995年確定版）理由書』及び生命保険法制研究会の作成した傷害保険契約法新設試案（生命保険法制研究会編『傷害保険契約法新設試案＜1998年版＞理由書』）が公表され併存していた。その後，これらの試案の調整・1本化が進められ，2つの案に代わって1本化されたのが，傷害保険契約法試案（以下「傷害試案」という）である（傷害保険法研究会縞『傷害保険契約法試案（2003年版）理由書』21頁（以下「傷保法研・理由書」という）。

260　第 5 章　傷害保険契約

並立させ定義するということはしないで,「傷害に関して契約で定めた給付をなすことを約」する保険契約と定めたという[2]。

②傷害試案の特色

傷害試案 1 条は,傷害保険契約を「傷害に関して契約で定めた給付をなすことを約」する保険契約と定義したが,この規定には次の 4 点において特色があるとされる。

その第 1 は,保険事故の定め方いかんを問わず,人の「傷害に関して」契約で定めた給付をなすことを約するものを傷害保険契約として定義しており,保険事故の定義としての「傷害」の概念を放棄してしまっている点である[3]。そのため,責任保険契約,海外旅行傷害保険普通保険約款[4](以下「海旅傷保険普通標準約款」という)の救援者費用等補償特約[5]等の損害保険特有の法則により規整されるべき損害保険契約には傷害試案の適用を避けるべきだと思われるのに,「傷害に関する」契約として傷害試案の適用があることになるので,明確な「傷害」の定義を放棄している傷害試案には,これらの適用の区別について曖昧さが残る[6]。

その第 2 は,傷害試案 1 条の規定は,傷害に関する保険契約を保険給付の態様を問わず包括的に傷害保険契約と定義して傷害試案を適用することを予定しており,傷害損害保険契約であっても傷害試案の適用のみを肯定し,損害保険契約法の適用を予定してない点である[7]。すなわち,傷害保険契約の給付方式には,定額給付方式と損害てん補方式とそのいずれとも決めがたい準損害てん補方式があり得るため,傷害試案 1 条の規定はいわゆる定額給付方

---

[2]　傷保法研・理由書 22 頁。

[3]　傷保法研・理由書 22 頁,24 頁。

[4]　海外旅行傷害保険約款は,損害保険料率算出機構が作成した傷害保険標準約款(2016 年 3 月版)の海外旅行傷害保険普通保険約款及びその各特約条項を使用する。

[5]　海外旅行傷害保険の救援者費用等補償特約は,被保険者に傷害又は疾病を直接の原因とする死亡又は入院等の事実が発生したことにより,保険契約者,被保険者又は被保険者の親族が負担した費用を救援者費用等保険金としてその費用負担者に支払う契約である(同特約条項 1)。

[6]　傷保法研・理由書 28 頁〜29 頁。傷害試案は,人の傷害に関する保険約については,同試案が適用されるべき傷害保険と損害保険との区別の基準を解釈に委ねている(同理由書 27 頁〜28 頁)。

[7]　傷保法研・理由書 27 頁。

I　傷害保険契約の概念　　*261*

式と損害てん補方式とに分ける2分法を採用していない[8]。したがって，2分法の採用を前提にし，損害てん補型と定額給付型とに分け，傷害損害保険契約に損害保険固有の法則，すなわち重複保険の按分比例規整及び保険代位規整を適用するのは矛盾であるから，傷害試案32条及び33条の規定は，重複保険の按分比例原則及び保険代位規整の適用を，傷害保険に認めないとしている[9.10]。

　その第3は，任意自動車保険の担保種目の1つである現行の無保険車傷害保険契約及び人身傷害保険契約は「傷害に関する」契約である（傷害試案1）と思われるのに，傷害試案の適用が予定される傷害保険契約とは認められないという点である。その理由は，まず，無保険車傷害保険契約及び人身傷害保険契約はその各条項において，傷害試案32条及び33条の規定が適用を予定していない重複保険のてん補調整及び保険代位規整に関する条項を定めていることとの整合性がとれないからとされている[11.12]。

　その第4は，保険事故が「傷害を直接の原因とした人の死亡」である保険契約（以下「傷害死亡保険契約」という）が生命保険契約か傷害保険契約か，すなわちこの保険に適用されるのは生保試案の規定かそれとも傷害試案の規定かについては，傷害試案にはそれに関する規定が設けられておらず，基本的には解釈に委ねられているという点である[13]。ただ，保険金請求権の差押禁止

---

[8]　傷保法研・理由書26頁，29頁。

[9]　傷保法研・理由書26頁。

[10]　傷害試案は「傷害」について定義規定を設けないものとしているが，傷害保険契約は，人の傷害（身体の損傷）を担保危険とする保険契約である点にその存在意義と特色がある。つまり，傷害保険は，一般に人々の経験することの多い疾病による人体への侵襲（罹患）を原因とする死亡，後遺障害，入院・通院及び手術等については給付を拒絶し，例外的に被る事故や災害等による人の傷害を原因とする死亡，後遺障害等に限定して，生命保険に比べて少額な保険料を以って比較的高額な死亡保険金，後遺障害保険金等の給付を約することによって，傷害事故による被害者や遺族の救済を行うことを可能とする経済的制度なのである。そのためには，傷害を疾病と厳格に区別すること，及びその区別のメルクマールとなる「傷害」の定義を明文をもって定めることが有用であり，かつ，この点をめぐって発生の予想されるモラル・ハザードを回避するためにも適切であると思う。内容としては，損保傷害試案683条の2第2項が規定する「傷害とは，外部から急激に作用する偶然の出来事により，被保険者がその身体に損傷をうけることをいう」が示唆的である。

[11]　傷保法研・理由書27頁。

262　第 5 章　傷害保険契約

については，生保試案には傷害試案 37 条 1 項のような保険金請求権に対す

---

[12]　傷保法研・理由書は，自動車保険の一部として行われている総合自動車保険約款等の人身傷害条項（以下「人傷条項」という）及び SAP 約款（現在は廃止）等の無保険車傷害条項（以下注においては「無保険車条項」という）については，ともに「責任保険代替的」機能を有するといえるので，現時点における立法政策としては，傷害試案の適用対象から除外し，損害保険契約法の適用される損害保険契約として位置づけるのが適当であるからとされている（同理由書 29 頁〜30 頁）。しかし，同理由書みずから，「本条（傷害試案 1 条—著者）は，傷害に関する保険契約は保険給付の態様のいかんを問わず包括的に傷害保険契約にあたるものとして定義し，傷害試案の適用対象とするものである」との原則を確立されているのであって，しかも，人傷条項及び無保険車条項が本条にいう傷害保険契約に該当することを認めている（同理由書 29 頁，30 頁）。その上で，人傷条項及び無保険車条項が「責任保険代替的」目的を有し，それが重複給付の調整や保険代位のないこと等を原則とする試案との抵触を生じ，その旨の特約を用意しなければならず適当でないとされている（同理由書 29 頁〜30 頁）。

　思うに，ある種の傷害保険制度ないし約款が，いかなる機能ないし制度目的を有するかは，傷害保険契約の本質に関するものではない。傷害保険契約という契約類型ないし法的構造の中核は，その保険事故が急激かつ偶然な外来の事故（原因事故）による人の傷害（身体の損傷）であること，それに起因する死亡，後遺障害，入院・通院，手術等の結果について保険給付を行うものであることにあり，それが「責任保険代替的」機能を有するか否かは，副次的な問題に過ぎないように思われる。したがって，人傷条項及び無保険車条項にも傷害保険契約としての市民権を認めた上で，責任保険代替の機能に関する問題点の処理を図れば足りるのではないか。すなわち，重複給付の調整や保険代位の付与は，基本的には約款の規定に委ねることが可能なはずであり（傷害試案 32 条，33 条は任意規定），その上で，約款の規定が公序良俗に反せず，かつ，消費者保護の見地から被保険者・被害者の利益を害しないよう，事前的には約款認可の段階で監督官庁によるチェックを行い，事後的には裁判所による司法的規制に委ねれば足りると考える。

　損害保険契約と傷害保険契約との境界線付近には，人傷条項及び無保険車条項以外にも多くの保険契約が現存し，新しい責任保険の開発の行き詰まりから，今後もこの分野の新保険が続出することが予想される。あまり適切な設例ではないかもしれないが，例えば，スポーツ参加者が傷害により死亡し又は後遺障害等を被った場合に，主催団体が保険契約者となって，保険者が，まず被害者の死亡について有無責を問わずに 3,000 万円を見舞金として定額で支払い，有責が確定したときは損害賠償金を支払うが，その際に既払いの 3,000 万円を控除するような傷害定額保険と責任保険をセットした複合型（hybrid 型）保険も考え得る。この場合の傷害定額保険の部分は，場合により傷害保険であったり主催団体の有責の確定という条件成就によっては責任保険給付の一部を構成することになるが，この場合にも傷害試案の適用はあるのだろうか（類似の事例として，フランスの自動車保険における控除条項がある（金澤・保険給付 241 頁以下）。これ以外にもさまざまな事例が考えられる）。

　今後，新しく生まれる，「責任保険代替的」機能を持ち，構造のやや複雑な責任保険についても，傷害試案の原則的立場に戻って，傷害試案の適用を認めるのが望ましい。傷害保険契約法と損害（責任）保険契約法の適用の谷間（空白地帯）を生じ，行政法におけるいわゆる「消極的権限争議」の状態になることは避けるべきである。

[13]　傷保法研・理由書 31 頁。

る包括的な差押禁止規定は定められていないこと，しかし，生保試案682条の2第1号の規定は死亡保険金請求権に対し一定の範囲で差押えを禁止しており，さらに傷害試案37条1項は死亡保険金請求権に対しては例外的に差押えを禁止していないことから，生保試案と傷害試案のいずれの規定が適用されるかが問題となる。そこで，傷害試案37条3項の規定は，保険金受取人が取得する死亡保険金請求権に対して，生保試案682条の2第1号の規定と同様な内容を定めることによって，解釈上の争いが生じる余地を排除している[14]。保険者の免責事由についても，傷害試案25条の規定は，被保険者等の重過失を免責事由と定めているのに対し，生保試案680条・680条の2の規定はそうではなく，両試案の内容が異なるので，傷害死亡保険契約にはどちらの試案の規定が適用されるかは問題となるが[15]，傷害死亡保険契約は生命保険契約の1種ではなく傷害保険契約の1種と見るべきであるから，後者の規定を適用する解釈が妥当であるように思われる。

(2) 保険契約法上の定義

保険法は，傷害定額保険契約とは，「保険契約のうち保険者が人の傷害……に基づき一定の保険給付を行うことを約するもの」をいう（保2①・⑨）と定義し，他方，傷害損害保険契約とは「損害保険契約のうち，保険者が人の傷害……によって生ずることのある損害……をてん補することを約するもの」をいう（保2⑦）と定義するが，これらの規定によれば次の点において特色がみられる。

第1に，保険法は，傷害損害保険契約と傷害定額保険契約との2つに類型化されており，個々に傷害試案の考え方が引き継がれている点である。すなわち，前者は「損害保険契約のうち，保険者が人の傷害……によって生ずることのある損害……をてん補することを約するもの」，後者は「保険契約のうち保険者が人の傷害……に基づき一定の保険給付を行うことを約するもの」と規定されている。そもそも傷害保険契約は，支払われるべき保険金の額の

---

[14] 傷保法研・理由書31頁，133頁～134頁。生保法制研（2次）編・理由書144頁～147頁参照。

[15] 傷保法研・理由書31頁。

264 第5章 傷害保険契約

決定方式が定額給付方式か不定額給付方式かにかかわりなく，被保険者に発生する「傷害」をもって保険事故と定めるところにその固有性・独自性が認められること，保険の対象（保険事故発生の客体）を標準とする「物・財産保険契約」と「人保険契約」という分類では，傷害保険契約は，生命保険契約，疾病保険契約及び介護保険契約等とともに「人保険契約」の分野に位置づけられるという点にその特色が認められる。物保険契約ないし財産保険契約という固有の意味での「損害保険契約」でも，また，給付が定額給付に限られ，原則として不定額給付を行うことが許されないところの「生命保険契約」でもない。このように，傷害保険契約をその給付のあり方のみに着目して，一方を損害保険契約として，他方に傷害定額保険契約を定め独自の典型保険契約としての地位を認めることに合理性があるのかは疑問である。

第2に，保険法がすべての保険契約を損害保険契約と定額保険契約とに分けるという類型化をしている点である。この類型化は，理論的な正当性についてはいささかの問題もないが，概念として連続したものではないので，両者の間に谷間が生じることもあり得る。そのため，保険実務において，適用される法規整をめぐって若干のグレー・ゾーンが生じるおそれがあり，例えば，具体的事案について，保険給付の態様が損害てん補方式であるか定額給付方式であるかにより法令又は約款の適用を異にする場合，そのいずれにも該当しない事例については難しい判断を迫られることになる。保険給付の方式については，保険技術の進歩を期待すべき領域の問題として多様な方式が検討されてもよいのではなかろうか。

(3) 保険監督法上の定義

保険契約法におけると同様，保険監督法においても，従来は「傷害保険」ないし「傷害保険事業」に関する定義規定は存在しなかった。しかし，1996年（平成8年）4月1日から施行された保険業法は，長期にわたりいわゆる「第3分野の保険」の領域に属する「傷害保険，疾病保険」事業を，保険事業免許の新類型として認知した[16]。

---

[16] 傷害保険の募集については，保険業法により規制されている。詳細は，岡田豊基「傷害保険の販売」山野他編・傷害保険283頁以下参照。

I　傷害保険契約の概念　*265*

しかも，そこでは，「傷害を受けたことを直接の原因とする人の死亡」（保険
3Ⅳ②ハ），「傷害を受けたこと……を原因とする人の状態」（同3Ⅳ②ロ），「ロ
……に関し，治療……を受けたこと」（同3Ⅳ②ホ），「……に関し，一定額の保
険金を支払うこと又はこれらによって生ずることのある当該人の損害をてん
補することを約し，保険料を収受する保険」（同3Ⅳ②柱書）という表現で，傷
害保険契約の給付形態に「定額給付型」と「不定額給付型[17]」の双方が存在す
ることが前提とされている。

ところが，傷害試案においては，文言上傷害に関して契約で定めた給付を
するものである限り，その給付方式が何であるかを問うことなく，傷害保険
契約として傷害試案の規定が適用されることになる。保険法制定後は，傷害
定額保険契約については，傷害保険契約に関する諸規定が適用されることと
なるが，傷害損害保険契約については，損害保険契約の1類型とされており，
それに関する諸規定が適用されることになる。

なお，保険法の規定における定義と保険業法の規定における定義とは必ず
しも一致していないが，保険法は保険契約に関する法規であるのに対し，保
険業法は保険会社等に対する監督及び規制に関する法規であり，保険法にお
ける保険契約の分類及び定義が保険業法における免許及び定義に直接影響を
およぼすものではないとされる[18]。

(4)　普通保険約款上の定義

傷害定額保険の典型的内容を定め普及している約款は，一般に，損害保険
会社が販売する傷害保険普通保険約款[19]（以下「傷害保険標準約款」といい，括弧内
では「傷保標準約款」という）である。傷害保険標準約款1条1項の規定によれ
ば，傷害保険契約とは，傷害試案1条の傷害保険契約の定義規定と異なるが，
次のように定義し得る。すなわち，傷害保険契約とは，被保険者が急激かつ

---

[17]　傷害保険契約の給付方法は，定額給付方式と不定額給付方式の2つに大きく分類する
　　ことができ，後者は後述するように（本書272頁～275頁を参照）損害てん補方式と所
　　得補償保険契約の保険給付のような準損害てん補方式に分けることができる。

[18]　萩本修編著・保険法34頁註の(3)。

[19]　普通傷害保険については，損害保険料率算出機構が作成した傷害保険標準約款（2016
　　年3月版）の傷害保険普通保険約款（2002年）を使用する。

266　第5章　傷害保険契約

偶然な外来の事故によってその身体に被った傷害に対して，保険者が死亡保険金，後遺障害保険金，入院保険金，手術保険金又は通院保険金を支払う契約をいう[20,21]。

2　法源

⑴　保険法制定前

　保険法制定前において改正前商法をはじめとする関係法令中には，傷害保険契約に適用される法律レベルの規定がまったく存在していなかったので，傷害保険契約に関しては，法源として，まず各種の傷害保険約款及びこれに附帯する特約条項が適用されるべきことになっていた。

　約款規定が欠缺する場合には，最近特に集積の進んでいる判例法又は慣習法が適用されることになり，さらにこれらも存在しない場合には，事柄の性質に応じ，例えば，「他人（第三者）のためにする傷害保険契約」の場合には，商法の生命保険契約に関する諸規定及び判例法によって確立されている法原則を類推適用すべきであり，また，「損害防止義務」，「危険の著しい変更・増加」等の場合については，保険法の損害保険契約に関する諸規定ないし判例法によって確立されている法原則を類推適用するのが妥当であろう。なお，

---

[20]　生命保険会社の販売する傷害保険契約には，被保険者が不慮の事故（急激かつ偶発的な外来の事故のことをいう）により死亡又は高度障害状態になった場合に，災害死亡保険金又は災害高度障害保険金を支払うことを約する災害割増特約，被保険者が不慮の事故により入院した場合に，災害入院給付金を支払うことを約する新災害入院特約，被保険者が不慮の事故により死亡し又は身体障害の状態になった場合に，災害死亡保険金又は障害給付金を支払うことを約する新傷害特約，及び被保険者が不慮の事故による骨折，関節脱臼又は腱の断裂に対する治療を受けた場合に，特定損傷給付金を支払うことを約する特定損傷給付約款等があり，この約款は契約基本約款（例えば，終身保険契約基本約款）と合わせて普通保険約款になる（日本生命社・みらいのカタチ約款参照）。保険実務上，これらの特約を総称して災害関係特約ということがある。中西・法理46頁以下。生命保険会社の販売する傷害保険契約とは，不慮の事故による死亡，一定の身体障の状態が発生し又は入院した場合に，災害死亡保険金，高度障害保険金，障害保険金，災害入院保険金又は特定損傷給付金等を支払う契約をいう。

[21]　損害保険会社の約款に対し，生命保険会社の災害関係特約（災害割増特約，災害入院特約等）では，保険事故は，不慮の事故を直接の原因とする（180日以内で保険期間中の）死亡又は身体障害と定められ，かつ「不慮の事故」とは，「急激かつ偶発的な外来の事故」で昭和53年12月15日行政管理庁告示73号に定められた分類項目中の一定のものをいうと定義付けられているのが通例である。

傷害保険法研究会の傷害試案の各規定が，傷害保険約款改定の場合のガイドライン的役割を果たすこと，及び裁判例の中で「条理」の1つとして採り入れられることが期待されてきた。

(2) 保険法制定後

保険法の制定により，従来から改正前商法において実定法上の根拠規定を有していた損害保険契約及び生命保険契約以外に，新たに傷害保険契約及び疾病保険契約についての規定が新設された。したがって，傷害保険契約に関する法源として，まず各種の傷害保険約款及びこれに附帯する特約条項が適用されるべきことについては保険法の制定前と変わりはないが，約款規定が欠缺する場合には，保険法の規定が適用されることとなる。保険法の規定が欠缺する場合には，これまでと同様に判例法又は慣習法が適用されることになり，さらにこれらも存在しない場合には，事柄の性質に応じ，保険法の生命保険契約又は損害保険契約に関する諸規定及び判例法によって確立されている法原則を類推適用すべきである。

3 特色
(1) 人保険契約性

傷害保険契約は，人の傷害に関する保険契約であり，その意味で生命保険契約，疾病保険契約，及び介護保険契約などとともに人保険契約の1分野を構成し，物保険契約ないし財産保険契約と対立する。人保険契約である結果として，契約当事者である保険者と保険契約者のほかに，保険契約者側の関係者として，保険事故発生の客体としての被保険者，死亡保険金請求権者としての(死亡)保険金受取人という概念が認められ[22]，「他人の傷害の保険契約」及び「他人（第三者）のためにする傷害保険契約[23]」の存在が予定されている。これらをめぐる諸問題に関しては，生命保険契約の場合に準じた法則の適用が行われることになろう[24]。

(2) 保険事故

傷害保険契約における保険事故を「急激かつ偶然な外来の事故（出来事）に

268 第5章 傷害保険契約

よる身体の損傷」と解するのが多数説である[25]。急激[26]かつ偶然[27]な外来[28]の事故は身体の損傷，すなわち「傷害」[29,30]を導く原因事故であり，保険事故そのものではない。生命保険の保険事故である生死がその発生原因を問わない（これを「危険普遍の原則」という）のに対して，傷害保険契約の保険事故である傷害

---

[22] 　理論的には，後遺障害保険金，入院保険金，手術保険金及び通院保険金についても，それぞれ保険金受取人を定めることは可能である。しかし，傷害保険標準約款においては，後遺障害保険金，入院保険金，手術保険金及び通院保険金はすべて被保険者に支払うものと定められている（同約款6Ⅰ，7Ⅰ，8Ⅰ）。傷害保険約款が被保険者に保険金請求権を取得させているのは，被保険者（保険事故発生の客体）であるからではなく，保険事故発生の客体である者が被保険者であると同時に保険金受取人としての資格を有していることによる。すなわち，後遺障害保険金，入院保険金，手術保険金及び通院保険金は，後遺障害を負ったり入院及び手術を受けたり又は通院を余儀なくされたりした被保険者本人のために使用されるべきものであること，また，後遺障害等を負った被保険者本人以外の者に後遺障害保険金等の支払請求権を与えるとモラル・ハザードの誘発が懸念されることに鑑み，被保険者を保険金受取人として約定したものである。

[23] 　中西・法理9頁以下，梅津昭彦「傷害保険契約の成立」山野他・傷害保険の法理141頁以下。

[24] 　金澤・保険給付173頁。大森・研究93頁。

[25] 　主契約である生命保険契約に特約として附帯される災害関係特約のうち，傷害死亡保険契約の保険事故は，不慮の事故だけでなく，主契約の保険事故が死亡であるから，これと平仄を合わせるため，不慮の事故による傷害とその傷害の結果としての死亡までも保険事故に含める。古瀬政敏「生保の傷害特約における保険事故の概念をめぐる一考察」保学496号128頁，109頁〜110頁（1982年）。

[26] 　「急激」とは，事故から結果（傷害）の発生までに時間的間隔のないことをいう（山下（友）・保険法450頁）。漸次的衰弱を排除するための概念であり（江頭・商取引法〔7版〕525頁），したがって，有害物質を継続的に吸入したとか，キーパンチャーが腱鞘炎になった等は，保険事故に当たらない（山下丈「傷害保険契約における傷害概念（二）」民商75巻6号884頁（1977年））。

[27] 　「偶然」とは，被保険者が原因又は結果の発生を予知できないことであり，したがって被保険者の自殺（東京地判昭63・2・26判時1325・90）及び闘争行為による受傷（大阪高判昭62・4・30判時1243・120）は，偶然性の要件を充たさない。なお，判例は，偶然の事故であることの証明責任につき，保険者に対して保険金の支払を請求する者の側がその証明責任を負うものと解している（最1小判平13・4・20民集55・3・682（保険百選196頁），最2小判平13・4・20判時1751・71）。なお，萩本修＝坂本三郎＝富田寛＝嶋寺基＝仁科秀隆「保険法の解説(3)」NBL888号39頁（2008年）は，保険法上，被保険者が故意に給付事由を発生させたことの証明責任は保険者が負うこととなるが，保険者の免責規定は任意規定であるから，約款の定めによって保険法と異なる旨の免責事由が定められた場合は約款規定の解釈問題であるとする。また，竹濵修「生命保険契約および傷害疾病保険契約特有の事項」ジュリ1364号48頁（2008年）では，少なくとも法律上の枠組みとしては，保険者が被保険者による故意の事故招致であることの主張立証責任を負うが，約款で別の定めをすることにつき消費者契約法10条の見地から審査されるべきであるとする。

は，その発生原因が限定されている（これを「危険の個別化」という）。傷害を導く原因事故とその結果である傷害との間には因果関係が必要である。

傷害保険契約は，生命保険契約と同じく人保険契約の１種であるが，傷害保険契約における保険事故は，生命保険契約のそれと異なり，発生の時期のみでなく，発生自体及び態様や程度においても不確定であり，その意味ではむしろ損害保険契約における保険事故及びその結果発生した損害（例えば，自動車の車両保険における自動車衝突事故の発生→車両の損壊による損害の発生）に共通する面をそなえている。すなわち，傷害保険契約は，「急激かつ偶然な外来の事故（出来事）を原因とする身体の損傷」（≒損害保険契約における保険事故）によって惹起された「結果（被保険者の死亡，後遺障害，入院，通院等）」（≒損害保険契約における「損害」）に応じて保険者の給付義務が発生し，その範囲が決定される。このような構造上の特質ゆえに，傷害保険契約には損害保険契約に準ずる諸

---

[28] 「外来」とは，傷害の原因が被保険者の身体の外部から作用することをいい，身体の疾患等の内部的原因に基づくものを排除するための概念である（山下（友）・保険法454頁，潘阿憲「傷害保険契約における傷害事故の外来性要件について」都法46巻2号209頁（2007年））。重いものを持ち上げようとして背骨や腰を痛めた場合等でも外来性は認められるとされる（山下（友）・保険法454頁）。また，近年の判例は，吐物誤嚥の気道閉塞による窒息死は，嚥下物が気管に入ることによって惹き起こされるため，身体の外部からの作用であり，その吐物が被保険者の胃の内容物であっても同様であるとするものがある（最3小判平25・4・16判時2218・120）。被保険者の有する基礎疾患が原因となり，外部からの作用を生じた場合につき，疾病が直接の原因であるとして保険者を免責とした事例もあるが（福岡高判平8・4・25判時1577・126），疾患による発作の生じた場所が悪かったために外部からの作用が生じた場合には，保険金の支払を肯定すべきであるとする（名古屋高判金沢支判昭62・2・18判時1229・103，仙台地石巻支判平21・3・26判時2056・143）。

なお，判例は，外来であることの証明責任につき，保険金請求者は外部からの作用による事故と被保険者の傷害との間に相当因果関係があることを証明すれば足り，被保険者の傷害が同人の疾病を原因として生じたものでないことを証明する必要はないとする（最2小判平19・7・6民集61・5・1955〔保険百選198頁〕）。

[29] 「傷害」とは，「急激かつ偶然の外来の事故によって身体に損傷を被ること」といい，この全体を含む経過であって，原因事故だけでもまたその結果だけでもないのである。山下丈「傷害保険契約における傷害概念㈠──傷害保険法の基礎的研究(1)──」民商75巻5号770頁（1977年）。

[30] 「身体の損傷（傷害）」は，日常用語でいうケガよりも広い概念であり，外観上明らかな傷痕を残す必要はなく（ガス中毒死等も含まれる），また急激かつ偶然の外来の事故に基づくものであれば，疾病も含まれると解される。ただし，精神的障害はこれに含まれないものと解されており，頸部症候群（いわゆるむちうち症）又は腰痛で他覚症状のないものも，約款上は除外されている。

270　第5章　傷害保険契約

法則が適用される部分が少なからず存在するといえよう[31]。

(3)　保険給付

　傷害保険契約は，保険事故である傷害の直接の結果として，被保険者が死亡し，後遺障害を被り，又は平常の業務に従事すること又は平常の生活ができなくなり，かつ，入院・手術をした場合，若しくは平常の業務に従事すること又は平常の生活に支障が生じ，かつ，通院した場合に，保険者が保険金受取人（被保険者が死亡した場合）又は被保険者（後遺障害，入院・手術，通院等の場合）に対し，あらかじめ約定されている一定の金額を支払い，又は傷害による損害のてん補を行う契約である。

　それでは，傷害保険における各種の給付は，相互にどのような関係に立つのか。

　第1に，傷害保険契約は被保険者の傷害を保険事故の要素とするものであるから，その直接の結果としての死亡について死亡保険金のみを支払う保険契約も傷害保険契約と解されるし[32]，同様に，上記の後遺障害，入院・手術又は通院についてのみ保険金を支払う保険契約もそれぞれ独立の傷害保険契約と解される。

　第2に，上記の各傷害保険契約は，「傷害」を保険事故の要素としているという共通項で括れるから，傷害の直接の結果である「死亡」・「後遺障害」・「入院」・「手術」・「通院」等のすべての全部又は一部を一括して（1個の契約で）担保することが可能である（その場合は，給付相互間の調整規定を設ける必要がある）。傷害保険実務では，「死亡・後遺障害」の保険金額，「入院」・「通院」の保険金日額，「手術」の保険金額（入院保険金日額に手術の種類に応じて一定の倍率を乗じた額）等の設定について，消費者の需要に応じた各種の総合的な傷害保険商品が用意されている。

---

[31]　金澤・保険給付 174 頁，大森・研究 174 頁。
[32]　傷害保険契約の死亡保険金は生命保険契約の1種であると解する見解がある。倉澤・通論 133 頁注(1)，148 頁。

4　傷害保険契約の法体系上の地位

(1)　保険契約法上の地位

①保険法制定前

　商法は，保険契約を「損害保険契約」（商629）と「生命保険契約」（同673）とに2大別していた。傷害定額保険契約は，両者の要件のいずれをも充足することができないから，そのいずれの典型保険契約にも属さないという消極的な意味で，無名保険契約の1種であり，いわゆる「第3分野」の保険契約と呼ばれてきた[33]。このようなことが生じる直接の原因は，「損害保険契約」と「生命保険契約」に分けて定める改正前商法の分類が理論的に不正確であることに由来するのであって，傷害保険契約が保険契約法上のどこにも属さないことを意味するものではない。また，傷害保険契約を保険契約法上に位置づける際，その支払われるべき保険金の額の決定方法を標準として分類し，傷害定額保険契約は生命保険契約の諸法則が適用され，傷害損害保険契約は損害保険契約の諸法則が適用される[34]とするいわゆる2分法にしたがうことは，傷害保険契約の独自性を見失うものといえよう。

　支払われるべき保険金の額の決定方法を標準として，保険契約を「定額保険契約」と「不定額保険契約」とに分類した場合，傷害保険契約には，契約当事者に支払保険金の額の決定方法を定額給付方式と不定額給付方式のいずれをも契約により選択する途が拓かれているという，他の保険契約には見られない積極的な意味がある。すなわち，傷害保険契約は，支払われるべき保険

---

[33]　傷害保険契約は「第3分野」の保険契約であるといわれることがある。この意味は，傷害定額保険契約が保険契約法上典型契約である生命保険契約にも損害保険契約にも属さない無名保険契約であることを意味する（倉澤康一郎「生命保険の意義と種類」同編・新版生命保険の法律問題・金判増刊号1135号11頁（2002年））。傷害定額保険契約は，被保険者を保険事故発生の客体とするから，保険契約の1種であって，その点では生命保険契約と共通するが，「人ノ生死」を保険事故とするわけではないので，生命保険契約には属さない。危険率の測定等保険技術的な側面からみた場合は，傷害から生じた結果（後遺障害，入院，手術等）の範囲・程度を測定しなければならない点では，損害の範囲・程度を測定しなければならない損害保険契約と同じであるが，その支払保険金の額の決定方法は定額給付方式なので損害保険契約の1種ではないのである（金澤・保険給付174頁，西嶋・保険法376頁）。

[34]　いわゆる2分法によれば，傷害損害保険契約は，支払うべき保険金の額の決定方法によって分類すると，損害保険契約の1種に属するという。

金の額の決定方式が定額給付方式か不定額給付方式か（この方式の場合でも，損害てん補方式か又は所得補償保険の給付方式のような準損害てん補方式か）にかかわりなく，被保険者に発生する「傷害」をもって保険事故と定めるところにその固有性・独自性が認められるのである。さらに，保険事故発生の客体を標準とする「物・財産保険契約」と「人保険契約」という分類では，傷害保険契約は，生命保険契約，疾病保険契約及び介護保険契約等とともに「人保険契約」の分野で中心的な位置を占める。

このように考えると，傷害保険契約は，その給付方式にかかわりなく，物保険契約ないし財産保険契約という固有の意味での「損害保険契約」でも，また，給付形態が定額給付に限られ不定額給付を行うことが許されないところの「生命保険契約」でもなく，したがって，「第3分野」の保険契約でもなく，むしろ後述するとおり「第3種」の保険契約というべきものであろう[35]。

②保険法制定後

保険法は，保険契約の基本類型として，これまで改正前商法が採用してきた損害保険契約と生命保険契約とも異なり，また，諸外国の多数の立法例において採用されている物・財産保険契約と人保険契約という区分とも異なり，保険給付の態様（支払保険金額の決定方法）を基準とする損害（不定額）保険契約と定額保険契約という分類法を採用し[36]，そのいずれかに属すべきことを明らかにしている。その結果，定額保険契約群には，生命保険，傷害疾病定額保険（医療費用保険，介護費用保険等）が属し，損害保険契約群には，物保険（火災保険，地震保険，盗難保険等），物保険以外の財産保険（責任保険，保証保険，信用保険，権利保護保険等），傷害疾病損害保険（海外旅行傷害保険契約の治療費用保険金，自動車保険契約の人身傷害条項，無保険車傷害条項等）が属することになる[37]。したがって，すべての保険契約を損害保険契約と定額保険契約とに分けるという類型化は，両者の類型は概念として連続したものではないため，その間に適

---

[35]　山下友信「新保険業法の理論的諸問題〔2〕「第三分野」の保険」商事1435号9頁（1996年），肥塚肇雄「人身傷害補償保険契約と商法」香法23巻3＝4号24頁～25頁，33頁注(56)（2004年）参照。

[36]　金澤理「傷害保険契約の本質と保険法」金澤監修他編・保険契約法理（以下「前掲傷害保険論文」という）387頁～389頁。

[37]　金澤・前掲傷害保険論文400頁。

Ⅰ　傷害保険契約の概念　　*273*

用される法規整をめぐって谷間が生じることがあり得る。

　思うに，傷害保険契約は（疾病保険契約も同様），保険法の現行規定とは異なり，理論的には損害保険契約，生命保険契約と同列の典型保険契約として位置付けられるべきものと考える[38]。そのうえで，支払保険金の額の算定方法を基準として，傷害保険契約を分類すると，定額給付方式の「傷害定額保険契約」と不定額給付方式の「傷害不定額保険契約」の2類型に分類され，後者の中にはさらに損害てん補方式の「傷害損害保険契約」の存在と，必ずしも厳密ではない損害てん補方式（＝不定額給付方式）の「傷害準損害保険契約[39]」の存在を認めることができる（【表】）（本書281頁～282頁）。「傷害準損害保険契約」に対する損害保険契約に特有な諸法則の適用については，柔軟に考えることが可能であり新たな補償への途を拓くことになる[40]。

【表】支払保険金の額の算定方式を基準にした「傷害保険契約」の分類

```
┌─ 傷害定額保険契約
├─ 傷害不定額保険契約 ──┬─ 傷害損害保険契約
│                       └─ 傷害準損害保険契約
```

　次に，各傷害保険契約の給付方式は次のとおりである。

(ⅰ)　定額給付方式の傷害定額保険契約

　傷害保険約款（各種の団体傷害保険約款を含む），家族傷害保険約款，交通事故傷害保険約款及びファミリー交通傷害保険約款等，現行の傷害保険商品の大部分は，被保険者の傷害による死亡，後遺障害，入院・手術及び通院等について，被保険者が現実に被った損害額とは関係なく，それぞれ約定された保

---

[38]　金澤・前掲傷害保険論文404頁。

[39]　金澤・保険法下巻86頁。金澤・前掲傷害保険論文387頁以下，408頁。「傷害準損害保険契約」については，従来から，わたくしは，「中間型」と表記してきたが，「中間型」という表記ではその概念に曖昧さが残るため，「傷害準損害保険契約」という表記に改める。ただし，わたくしは，損害てん補型と準損害てん補型を併せて不定額給付型として統一的に捉えている。

[40]　本書の傷害保険契約に係る分類については，保険法の文理解釈を原則としているが，傷害定額保険契約と傷害損害保険契約との間の法規整の谷間を埋めるため，1歩踏み出して，傷害損害保険契約の接続領域を拡大する方式を採用している。

274　第5章　傷害保険契約

険金額，保険金額に一定の割合を乗じた金額，入院保険金日額に入院日数を乗じた額等及び通院保険金日額に通院日数を乗じた額を支払う旨を定めている。

(ii)　不定額給付方式の傷害不定額保険契約

[1]　損害てん補方式の傷害損害保険契約

　海外旅行傷害保険約款（海保旅標準約款）に付帯する傷害治療費用補償特約及び疾病治療補償費用特約は，被保険者が治療のため現実に支出した一定の治療費用（医師の診察費，処置費，手術費，薬剤費，職業看護師費，入院費等）を支払う。総合自動車保険約款等の特約として定められている無保険車傷害保険契約は，被保険者が無保険車事故による死亡又は後遺障害による損害につき，「損害賠償額」の算定基準から算出した額を保険金として支払う。家庭用総合自動車保険約款等の人身傷害保険契約は，「人身傷害条項損害額算定基準」（被害者の損害を傷害による損害，後遺障害による損害及び死亡による損害ごとに定められた算定基準）に基づいて算出した損害額を支払う。

[2]　準損害てん補方式の傷害準損害保険契約

　所得補償保険契約の保険給付方式は，保険金額に就業不能期間の月数を乗した金額が支払われるので，傷害定額保険契約にかなり近いが，しかし傷害損害保険契約であることを示すといわれている，保険者の請求権代位の規定が約款上定められている。

　このような傷害保険契約の本質は，私見によれば，「第3種」の契約である[41]ところに認められる。すなわち，傷害保険契約は，人保険契約性（この点から保険給付については，定額給付方式と不定額給付方式が認められ，後者の方式はさらに損害てん補方式と所得補償保険契約の保険給付方式のような準損害てん補方式（＝不定額給付方式）を選択する自由が認められ，請求権代位による権利の取得及び行使の放棄の自

---

[41]　傷害保険契約は，保険事故の客体という側面からみた場合には，人保険契約に属する生命保険契約と共通する場合が多く，また保険事故ないし危険の側面からみた場合には，物保険契約ないし財産保険契約という意味における損害保険契約と共通する点が少なくない。このように，傷害保険契約は，両者の要素をあわせもつ，いわば中間的な性格のものであって，両者のいずれをも充足することができないから，この点からも，そのいずれにも属さない「第3種の保険契約」であると解されるのである。金澤・前掲傷害保険論文403頁。

由，又は約定代位や債権譲渡の特約の認容等が導かれる）と事故保険性（生命保険契約，疾病保険契約と異なり，少なくとも保険事故については損害保険契約と共通する「偶然性」が必要とされる）を不可欠な性質を有するものであると考える。

(2) 保険業法上の地位

保険業法は，1997年（平成9年）改正において，保険事業免許の種類として，傷害保険及び疾病保険の引受けを行う事業という新類型を明文をもって認め，生命保険業免許又は損害保険業免許を受ける場合には，同時に傷害保険・疾病保険の引受けを行う事業免許を受けることを認めた（保業3Ⅳ・Ⅴ）。この意味において，傷害保険事業は，不完全ではあるが，その独立性を強めたということができよう。

Ⅱ　当事者及び関係者

1　当事者

(1)　保険者

保険法は，保険契約の当事者のうち，保険給付を行なう義務を負う者を保険者とする（保2②）。また，保険法2条1号の規定から，保険契約には共済契約も含まれるため，共済契約が同条1号の保険契約に該当する限りは，当該共済契約の当事者たる共済者が，保険法2条2号にいう保険者に該当することになる。なお，この定義規定は，生命保険契約，損害保険契約，傷害疾病保険契約に共通するものであって，傷害保険契約に固有の定義ではない。傷害保険契約における保険者の定義については，保険約款の規定を参照する必要があろう。傷害保険契約において保険者とは，被保険者が，「急激かつ偶然な外来の事故によって」（傷保標準約款2Ⅰ）その身体に「傷害」を被り，「その直接の結果として，……死亡し」（同約款5Ⅰ），「後遺障害が生じ」（同約款6Ⅰ），「入院」（同約款7Ⅰ①）・「手術」（同約款71Ⅴ）又は「通院」（同約款8Ⅰ）した場合に，保険金の支払をなすべき義務を負う者をいう。また，保険者は重大事由による解除権を有する（同約款9）。

ところで，保険業の免許の要件については，保険業法上，「保険業は，内閣

276 第5章 傷害保険契約

総理大臣の免許を受けた者でなければ，行うことができない」（保業3Ⅰ）。その免許の種類は「生命保険業免許」と「損害保険業免許」に限られており（保業3Ⅱ），傷害保険の引受けを行う事業は，それだけが独立して事業免許の対象とはならず，生命保険業免許又は損害保険業免許に附帯して与えられることになっている（保業3Ⅳ②Ⅴ②③）。

わが国において保険者として保険事業を行う者は，保険業法上「資本の額又は基金（……）の総額が政令で定める額以上の株式会社又は相互会社でなければなら」ず（同6Ⅰ），その「額は，十億円を下回ってはならない。」（同6Ⅱ）ものとされている。そして，保険業法施行令は，この金額を10億円とする旨を定めているので（保険令2の2），法律上は10億円で足りることになるが，保険事業免許の審査基準を定める保険業法5条1項1号の規定により，申請者には「保険会社の業務を健全かつ効率的に遂行するに足りる財産的基礎を有し，かつ，申請者の当該業務に係る収支の見込みが良好であること」が求められているので，数種の保険事業免許を取得する場合は，実際上資本の額についてより高いレベルの金額が要求されることになろう。

(2) 保険契約者

保険法では，保険契約の当事者のうち，保険料を支払う義務を負う者を保険契約者と定める（保2③）。また，保険法2条1号の規定から，保険契約には共済契約も含まれるため，共済契約が同条1号の保険契約に該当する限りは，当該共済契約の当事者たる共済契約者が，保険法2条2号にいう保険契約者に該当することになる。なお，この定義規定は，生命保険契約，損害保険契約，傷害疾病保険契約に共通するものであって，傷害保険契約に固有の定義ではない。傷害保険契約における保険契約者の定義については，保険約款の規定を参照する必要があろう。保険契約者が，保険料支払義務（傷保標準約款2Ⅲ参照），告知義務（同約款12），職業・職務の変更に関する通知義務（同約款13），保険契約者の住所変更に関する通知義務（同約款14），事故発生に関する通知義務（同約款26）等を負い，契約の解除（解約）権（同約款18, 21），無効・失効・解除の場合の保険料返還請求権（同約款22〜25）等を有することは，生命保険契約の場合と同様である。

II 当事者及び関係者　*277*

2　関係者

(1)　被保険者

　被保険者の定義については，損害保険契約における被保険者と定額保険契約における被保険者とでは意味が異なり，また同じ定額保険契約でも，生命保険契約と傷害疾病定額保険契約では，定義する文言が異なることから，3類型それぞれについて定義されている。傷害定額保険契約については，生命保険契約とパラレルに，傷害を被った者（傷害保険契約においても，生命保険契約の場合と同様に，被保険者は保険事故発生の客体）を当該保険契約の被保険者とするのが，従来からの理解である（保2④ハ）。他方，傷害損害保険契約は，損害保険契約の1種と位置づけられることから，当該契約によるてん補することとされる損害を受ける者をいう（保2④イ）。被保険者も，告知義務（傷保標準約款12），職業・職務に関する通知義務（同約款13），事故発生に関する通知義務（同約款26）等を負うが，同時に，保険契約の解除請求権（同約款20），後遺障害保険金，入院保険金・手術保険金及び通院保険金等の請求権を有する。

(2)　保険金受取人

　損害保険契約においては，被保険利益の帰属主体であって保険事故によって損害を被る者（損害保険契約における被保険者）が当然に保険給付を受け取る者となるため，保険契約において保険金受取人を別途定める必要はない[42]。これに対し，傷害定額保険契約においては，保険給付を受け取る者，すなわち保険金受取人が保険契約において定められることとなる（保2⑤）。

　傷害定額保険契約においては，死亡保険金は，保険契約者の指定する死亡

---

[42]　なお，保険法35条の傷害損害保険契約における読替え規定では，まず同法5条1項，14条，21条3項及び26条中「被保険者」とあるのは，「被保険者（被保険者の死亡によって生ずる損害をてん補する傷害疾病損害保険契約にあっては，その相続人）」と読み替えるものとしている。保険法2条7号の規定により傷害損害保険契約には損害保険契約に関する規定が適用されるから，傷害損害保険契約の「被保険者」は，「損害保険契約によりてん補することとされる損害を受ける者」であり，その意味では「被保険者」本人は第一義的には「保険事故の客体（保険事故により傷害を被る者）」であるが，読替えた後には第二義的に「損害てん補請求権者」，つまり，保険金請求権の帰属主体として扱われることになる。そして，被保険者が死亡したときは「被保険者の相続人」が自動的に法定の保険金請求権となるから，傷害定額保険契約の場合の「保険金受取人」（保2⑤）と同じ立場に立つことになる。金澤・前掲傷害保険論文405頁。

278 第5章 傷害保険契約

保険金受取人，もし死亡保険金受取人の指定がないときは，被保険者の法定
相続人に支払われる（同約款32）。指定された死亡保険金受取人（仮りにAとす
る）がすでに死亡しており，新たな死亡保険金受取人が指定されていないと
きは，Aの死亡時の法定相続人が死亡保険金受取人となる（同約款32Ⅷ）。

　なお，死亡保険金以外の，後遺障害保険金，入院保険金・手術保険金・通
院保険金は，すべて被保険者に支払われる（同約款61，71柱書・Ⅳ81）。

Ⅲ　被保険利益とモラル・ハザードの誘発の防止

1　傷害定額保険契約の場合

(1)　定額給付の許容性

　傷害保険契約も生命保険契約と同じく人保険契約の1種に属するものであ
るから，保険者は傷害保契約を締結する際，保険金の額の支払方法を定額給
付方式として約することができる。傷害保険契約も，被保険者が傷害を被っ
た場合に生じることのあるべき死亡，後遺障害，入院・手術又は通院による
経済的支出に備えて締結されるわけである。しかし，人の生命・身体そのも
のを通常理解されている意味において経済的に評価することは不可能であ
り，被保険者とその者自身の生命・身体との間には，損害保険契約における
被保険者と保険の対象との間に認められるのと同様の被保険利益を観念する
ことはできない[43]。このように，被保険者自身の生命・身体に着目するとき，
その損害額を事前に予測すること及び事後的に評価することは困難である
（技術的理由）。また，傷害保険契約の保険事故が被保険者の身体に生じれば，
それによって死亡，後遺障害などの重大な結果を生じる場合が少なくなく，
それを回避しようとする人間の本能が働くため，原則として，物保険契約な
いし財産保険契約において時折みられるような不法の賭博化，モラル・ハザー
ドを誘発するおそれも少ない（政策的理由）。このような理由から，傷害保険契

---

[43]　肥塚・前掲論文7頁。なお，物保険契約ではないので，被保険利益の額としての保険
　価額を必要とはしていない（保9）。被保険者を取り巻く経済的利益関係（親族関係によ
　る扶養関係を含む）を，定額給付の合法化のためのカッコ付きの「被保険利益」と考え
　ることも可能であろう（利益主義）。

約においては，「一定の条件」のもとに，定額給付を約することが許容されている。

(2) 被保険者の同意

「一定の条件」とは，被保険者の同意のあること（被保険者＝保険契約者の場合を含む）である。被保険者の自身の身体に関する自己決定権を保護するため，賭博保険とモラル・ハザードのリスクを被保険者に判断させるものであり，人格権侵害を不問とするものである[44]。具体的には，保険契約者以外の他人を被保険者とする傷害保険契約（「他人の傷害の保険契約」）[45]を締結する場合においては，その他人である被保険者の同意があることが契約の効力発生要件とされていることである。同意は，準法律行為かつ単独行為で不可分である。

この点に関し，保険法67条1項は，同意を得ないで他人を被保険者とする傷害定額保険契約を締結したときは，その保険契約は効力を生じないとする旨を定めている（保険法は，無効については「無効とする」と明示している）。すなわち，被保険者の同意が，法律による効力発生要件であることを明確化している。保険契約締結時に同意がなくとも契約は成立し，同意によって効力が発生することになる。これに加えて同条同項ただし書に，保険金受取人を被保険者（死亡保険金受取人は，被保険者又は相続人）とする場合を除外することを定めている。さらに，同条2項で，契約内容が死亡のみ担保である場合は，ただし書を排除して，同意がなければ効力を生じないこととし，保険法38条と平仄を合わせている。

保険法制定前は，同意がない場合は，公序良俗適合性が確保されないとされてきたので，契約時までに同意が得られなければ，当該契約は無効であり，無効行為は，後から追認しても有効とはならない（民119）ので，成立要件又

---

[44] 今井他・保険法は，被保険者の同意があれば，モラル・ハザードを未然に防止できるわけではなく，同意後にそれを撤回したい場合—保険法では，被保険者の離脱（保87）が規定されている—なども考えられるので，同意主義は必ずしも十分ではなく（同書223頁），したがって，被保険利益の有無を積極的に援用することが望ましいという（同書252頁）。また，傷害保険とモラル・ハザードについては，今井薫「傷害保険とモラル・ハザード」山野他編・傷害保険165頁以下に詳しい。

[45] 中西・法理7頁以下，57頁，梅津・前掲論文142頁以下。

280 第5章 傷害保険契約

は有効要件として考えられてきた。保険法によって，効力発生要件となったものである。同意を効力発生要件と考えるということは，他人の傷害の定額保険契約は，任意自動車保険契約における搭乗者傷害保険契約や企業等における団体傷害保険契約のように社会的に有用な保険契約であり，もともと反公序良俗性をもつものではないことになる（公序良俗に反する保険契約の場合は，民法90条による契約無効ないし保険法86条による重大事由解除の対象となる）。

　保険法における保険契約者以外の他人である被保険者の同意は，契約当事者でないために，自らを被保険者としながら契約及びその内容に関与できない，保護すべき第三者として，被保険者の自身の身体に関する自己決定権を保護しているものである。よって，自己決定であれば同意の時期はいつでもよく，同意があった時以降効力が発生する（同意の効力は遡及しないと考えるので，保険事故発生前までに同意がなければならない）。保険法87条の被保険者による解除請求（被保険者の離脱）も自己決定権の保護という意味では同趣旨である。たとえ既に同意していたとしても，解除請求ができる事由として，「被保険者の保険契約者又は保険金受取人に対する信頼を損ない，当該傷害疾病定額保険契約の存続を困難とする重大な事由」があったり，「被保険者が……同意をするに当たって基礎とした事情」の著しい変更があったりした場合が掲げられている。

　すなわち，被保険者の保険契約者又は保険金受取人に対する信頼を前提として，同意をする基礎となった事情があること，そして，それらを被保険者が認識して，同意されていなければならないのである。すると，団体傷害保険契約における集団的に行われる同意について，その基礎としてどのような説明がなされているのかが問題となる。最も重視されるのは，保険金受取人が雇用主である法人となっていて，同意する従業員への配分が社内規定として規定されていない場合，同意では防御できない賭博保険のリスクが顕現する。改正前商法による同意と保険法による同意は，その法的性格がまったく異なっており，説明・周知が図られていない場合の同意の擬制（集団的な同意）は許されない（効力が発生しない）。また，説明・周知内容と実際の団体傷害保険契約の内容が異なっている場合で，同意は説明・周知内容を基礎としており，それが同意するか否かの判断に重大な影響を及ぼすときは，同意はなかっ

たものとなる。

　保険法では，同意がないとしても，これまでの考え方のように公序良俗適
合性のない無効な契約ではない。同意がなかった場合，保険法 67 条 1 項ただ
し書により同意不要の状態で成立してから，十分な同意によって保険金受取
人が，被保険者（死亡保険金受取人は，被保険者又は相続人）ではない契約が有効と
なると考えることはできないだろうか。契約の解釈としては，契約者の意思
に反するもの（受領保険金を，保険契約者経由で，全額被保険者又は相続人に支払う保
険契約者の意思があった場合には，同意なしに有効となり，更に保険契約者側に被保険者・
相続人が損害賠償の請求をしてきた場合には，損害のてん補又は損益相殺を主張できると
考える）であり，採用できないが，保険者側からの契約条件，又は，約款・特
約により，十分な同意によって，保険金受取人が被保険者（死亡保険金受取人
は，被保険者又は相続人）ではない契約の効力が発生するまでは，被保険者（死亡
保険金受取人は，被保険者又は相続人）を保険金受取人とすることとして引き受け
ることは可能である。

2　傷害損害保険契約・傷害準損害保険契約の場合

(1)　保険法下における合法性

　保険法は，保険契約の基本の分類について，損害保険契約，生命保険契約
及び傷害疾病定額保険契約の 3 類型としている。さらに，損害保険契約の小
分類として，傷害疾病損害保険契約が定められ（保 2 ⑦），損害てん補方式の
傷害疾病保険の人保険としての特則が規定されている（保 34・35）。

　ところで，損害保険契約には，被保険利益がその合法化のために必要であ
る（保 3）。したがって，損害保険契約の 1 種である傷害損害保険契約につい
ても被保険利益を必要とすることとされている[46]。これに対し，傷害保険契
約については，被保険利益は必要ではなく（本書 278 頁），契約当事者間で任意
に保険金額を定めることができる。もっとも，被保険者が保険契約者以外の
第三者である場合，モラル・ハザードが誘発されやすいので，それを防止す
るため，第三者である当該被保険者の同意が必要とされ，その同意があれば

---

[46]　今井他・保険法 252 頁は，実損てん補方式の傷害保険については，その保険金は費用
　　損害が生じた者に支払われるべきなので，被保険利益の存在が必要と解している。

282 第5章 傷害保険契約

合法化される (保67 I)。

他方，保険金の支払については，必ずしも厳密には損害てん補方式ではない不定額給付を行う傷害準損害保険契約については，傷害損害保険と同様に，保険金支払の契機としての損害の発生を必要とするが，モラル・ハザード[47]の誘発を防止できれば，上記と同様に，その合法性が認められる。すなわち，傷害準損害保険契約は，契約で定められた尺度 (ものさし。支払保険金の額を算定する約定された基準。以下同じ) に基づき不定額給付を行う点において，傷害損害保険契約とは異なるものであるから，無理に傷害損害保険契約に位置づける必要はなく，必ずしも被保険利益が必要であるとはいえないと考える。傷害準損害保険契約は，上記の尺度により，実損てん補性の強いものから弱いものまでさまざま存在し得るが，それぞれの保険給付についての合法性は個別具体的に吟味しなければならない。

以上の通り保険法に規定のない傷害準損害保険契約については，被保険利益を必要としないことから，不定額給付を含む合法性の確保のため，傷害定額保険契約の合法性の要件と同様に，被保険者が保険契約者以外の第三者である場合は，当該被保険者の自己決定 (同意) が必要となるが，それに加え，モラル・ハザードの抑止について，どのような方針で臨み，どのような具体的方法を採用するかについて検討する必要がある。

(2) モラル・ハザード抑止の必要性

一般に，傷害保険契約は，同じく人保険契約に属する生命保険契約に比べて，(ア)加入時における被保険者の医的審査が省略されるため，加入が容易であり，(イ)傷害保険契約の保険事故の発生率は，超高齢者は別として年齢とは無関係であること，(ウ)死亡保険金額を例にとれば，傷害保険契約の保険料率が生命保険契約に比べて顕著に低いこと，(エ)保険事故である傷害の発生の偶然性等についての保険者の調査・立証がかならずしも容易でないこと等[48]か

---

[47] 保険契約におけるモラル・ハザードについては，山下 (友)・保険法 65 頁以下参照。その他，さしあたり堀田一吉・保険理論と保険政策 57 頁以下，同頁註(1) (東洋経済，2003 年)。

[48] 岡田・保険法 350 頁参照。

ら，モラル・ハザードの誘因性が高いとされている。

特に，傷害準損害保険においては，給付の前提として被保険者の傷害によって被る損害の発生が契機とされるから，モラル・ハザードの抑止[49]の観点からは，(a)支払保険金の額の算定の尺度に基づく保険給付額が被保険者等の被った損害額を超過する場合の処理[50]と，(b)保険金請求権の帰属主体が，傷害によって損害を被った被保険者本人，配偶者・子・親・兄弟姉妹等の近親者(このほか要扶養者・特別縁故者・里子等も考えられる)以外の第三者である場合を無条件で認めるべきかが問題となる。モラル・ハザードの誘因の程度においては，上記(a)よりも(b)の方がより深刻な検討課題であることは明らかである。

わたくしは，(a)については，経済的窮地に陥っている不慮の事故の被害者である被保険者の救済という傷害保険契約の制度目的に照らし，より柔軟な運用を目指すべきであると思う。これに対し，(b)については，傷害準損害保険契約が被保険者の被った損害を契機として給付を行うものであるという，被保険者の被った損害と尺度に基づく保険給付額との牽連関係の強さないしは緊密さからみて，保険金請求権の帰属主体，すなわち保険金請求権者の範囲の制限はより厳格であるべきものと考える。

(3) 保険金請求権者の範囲の制限

傷害定額保険契約では，被保険者を基準としたところの「被保険者を保険金受取人とする保険契約」，「被保険者以外の者を保険金受取人とする保険契約」という概念は存在する。しかし，これに相当する学術用語は存在しない。

被保険利益の存在が必須の傷害損害保険契約と異なり，被保険利益不要であって，合法性根拠を傷害定額保険契約の合法性(同意＝自己決定)に求める傷害準損害保険契約においては，「他人の傷害の保険契約」の効力発生要件としての同意が必要であると考える。すると，保険契約者に保険金請求権者の指

---

[49] モラル・ハザード誘発防止対策の詳細については，岡田・保険法 350 頁以下参照。

[50] 例えば，人身傷害保険契約においては，損害額算定基準について，契約当事者の合意により日弁連や東京 3 弁護士会の損害賠償額算定基準とは異なる独自の基準(被害者の過失相殺による損害賠償額の減額分を控除しない等)を定めて，保険給付を行うことが容認されている。金澤理「プラチナ自動車保険構想の提唱」損保 65 巻 3＝4 号 19 頁～29 頁 (2004 年)。

284 第5章 傷害保険契約

定・変更につき完全な自由を認め，被保険者以外の者を保険金請求権者に指定・変更することをも無制限に許容してよいか否かという問題がある。すなわち，同意さえあればだれを保険金請求権者に指定・変更してもさしつかえないのかという問題である。

なお，保険法2条7号は，傷害疾病損害保険契約の担保するものについて，「人の傷害疾病によって生ずることのある損害（当該傷害疾病が生じた者が受けるものに限る。）」としており，また，同法2条4号イは，損害保険契約全般に関する被保険者について「損害保険契約によりてん補することとされる損害を受ける者」としており，さらに損害保険契約は，「生ずることのある損害をてん補することを約するもの」（保2⑥）であるから，傷害損害保険契約においては，ケガをした本人＝被保険者についてに生じた損害について被保険者本人にてん補することになる。死亡の場合にも被保険者本人が受け取ることになるが，人保険契約なので，相続人が承継取得することになりそうである。しかし，人保険契約では死亡が予定されているのであり，相続人については，契約内容として死亡による損害保険金の保険金請求権者として指定することができる（保35）。この場合，保険金請求権者は，保険金を原始取得することになる。

さらに，保険法に規定のない傷害準損害保険契約の死亡による保険金について検討する。被保険者自身を死亡による保険金の保険金請求権者に指定・変更した場合は，保険金は相続人に相続される。これに対して，指定・変更された死亡による保険金の保険金請求権者が被保険者以外の第三者である場合に保険金請求権を帰属させることができるか否かは，慎重な検討を要する問題である。

傷害準損害保険契約の死亡による保険金の保険金請求権者が被保険者以外の第三者である場合は，モラル・ハザードの誘発を抑止するために，保険契約の有効要件として，契約締結前後のいずれかに，被保険者の同意を得なければならないが，人身傷害保険契約等における被保険自動車の搭乗者のように未知の被保険者となるべき者も想定されるので，被保険者の同意を求めることは実際的ではない。そのために，被保険者の同意に代わり得る装置を設定する必要がある。

よって，合法性の根拠として，傷害定額保険契約が許されていることと根拠を同じくする傷害準損害保険契約においては，傷害定額保険契約の同意不要の装置としての保険法 67 条 1 項ただし書を，保険法に規定のない傷害準損害保険についても積極的に類推適用して被保険者（被保険者死亡のときは，被保険者の相続人）が保険金請求権者である場合に限り同意は不要とし，また，このように死亡による保険金の保険金請求権者は，限定されるべきと考える。死亡による保険金の保険金請求権者を，約款であらかじめ定めておくことや，保険者の引受方針として定めておくことで，合法性を担保することができ，また，保険金請求権者は，保険金を原始取得することになる。

Ⅳ　保険者の支払責任

1　総説

傷害保険標準約款においては，保険者は，被保険者が急激かつ偶然な外来の事故によって，その身体に被った傷害に対して，保険給付を行う旨を定めている（同約款 2 Ⅰ）。すなわち，保険者の支払責任が発生するためには，原因事故による「傷害」の発生（保険事故の発生）が必要である。だが，これだけでは十分ではなく，さらに「傷害」の「直接の結果として」，被保険者が「死亡し」（同約款 51），「後遺障害が生じ」（同約款 6 Ⅰ），「入院」（同約款 7 Ⅰ）・「手術」（同約款 7 Ⅳ）又は「通院」（同約款 8 ⅠⅡ）する等の一定の事由が必要である。これら両者がそろって，はじめて十分条件を充たしたことになる。

なお，傷害保険契約における原因事故と「傷害」との関係は，因果関係上の問題として，損害保険契約における「保険事故」と「損害」との関係に対比されることが多い。しかし，損害保険契約，特に物保険契約においては，「火災による建物の焼失」というように両者が時間的に接続し，直接に結び付いているが，傷害保険契約では，「原因事故（例・自動車衝突事故）」による「傷害（例・上脚骨粉砕骨折）」，その後の「傷害の結果（後遺障害＜例・1 腕の用廃＞）」というように「原因事故」→「傷害」→「傷害の結果」の 3 つの段階が存在するため，それぞれの間に因果関係が認められるか否かの判断に困難を伴う場合がある。

286　第5章　傷害保険契約

2　原因事故——急激かつ偶然な外来の事故

⑴　「急激」性

「急激」とは，事故発生の態様が急速で突発的なことを意味し，結果の発生を回避することのできない状態をいう[51]。例えば，歩行による靴ずれ，ゴルフの練習による手の平や指のマメなどのように，傷害を発生させる事故がゆるやかに発生するときは，当然にその結果を回避することができるから，「急激」な事故にはあたらない。一般的には，傷害を生じる程度の事故はすべて「急激」なものということができよう。この要件は疾病に基づく身体への侵襲を不担保とする趣旨である（本章Ⅰ3⑵注26）。

⑵　「偶然」性

「偶然」とは，例えば，看板の落下による受傷，草野球の試合でデッドボールでケガをする場合のように，事故の原因の発生，結果の発生，又は原因及び結果の発生のいずれもが，被保険者にとって予知できないものであることをいう[52]。したがって，偶然でない原因，すなわち既知の原因から発生する当然の結果は，傷害保険によっては担保されない。また，「偶然」には，「被保険者の意思によらない」という意味が含まれており，被保険者の故意[53]又は意識的な行為は，偶然性を有しないものとして，担保から除外されている。しかし，被保険者の故意又は意識的な行為が，第三者からの加害行為（導因）に対する正当防衛・緊急避難，又は他人の人命救助等の行為にあたる場合が問題となる。これらの場合，被保険者自身が傷害を被ることが未必的に予想されていたとしても，これらの行為の導因が偶然である場合には，保険の社

---

[51]　「急激」性については，山下典孝「保険事故—急激性」山野他・傷害保険23頁以下。

[52]　「偶然」性については，山野嘉朗「保険事故—偶然性」山野他・傷害保険101頁以下。

[53]　保険契約者，保険金受取人及び被保険者自身の故意による傷害について，保険者は保険金支払義務を免れる（傷保約款3Ⅰ①②）。前2者の故意による傷害と，被保険者自身による傷害とは，若干性質を異にする。しかし，いずれも生命保険契約に関する法定免責事由を定めていた改正前商法680条1項1号ないし3号（保51①～③）に対応するものであり，傷害保険の契約関係者による，傷害保険契約が存するがゆえに誘発される人の生命・身体という貴重な法益に対する傷害を未然に阻止するための必要な手当であるといえよう。なお，傷害保険契約の免責事由については，甘利公人「保険者免責」山野他・傷害保険251頁以下を参照。

会的使命の見地からして，「偶然」性を排除しないと解するのが妥当であろう。

「偶然」性の要件の主張・立証責任は保険金請求者側が負うのか，それとも保険者側が負うのかが議論されてきた。被保険者の故意による事故招致は「偶然」性と表裏の関係にあるから，故意による事故招致ついては故意免責条項が約款に定められていること及び故意でないことの立証は困難であることを考慮すると，保険者側に故意による事故であることの主張・立証責任を負わせるのが妥当であると思われる。しかし，判例は，「偶然」性の主張・立証責任を保険金請求者側に負わせないとすれば，不正請求が容易となり保険制度の健全性を害するおそれがあることを懸念し，保険金請求者側が事故の「偶然」性を主張すべきであると判示する[54,55,56]（本章 I 3⑵注 27）。

⑶ 「外来」性[57]

「外来」とは，「内在」に対立する概念であり，傷害を発生させる事故が外部から被保険者の身体におよぶことが必要である。すなわち，傷害が内因的な疾病を原因とする場合を排除するための要件であって，事故の原因が被保険者の身体に内在するものでなければよい。もっとも，傷害それ自体は身体

---

[54]　最 2 小判平 13・4・20 民集 55・3・682（生命保険会社の傷害保険）（保険百選 196 頁以下），最 2 小判平 13・4・20 判時 1751・171（損害保険会社の普通傷害保険）。

[55]　一般論として故意によらないことを保険金請求者側で立証することは容易ではないし，不正請求のおそれがあるということが立証責任の所在を決定する理由になるかは疑問があるが，故意の事故招致免責の認定のあり方との関連で考える必要があるとの指摘をするものとして，山下（友）・保険法 381 頁～382 頁，452 頁，454 頁がある。なお，火災保険契約における保険事故と偶然性の主張・立証責任について，名古屋高判平 15・10・28 判タ 1152・262，金判 1194・30，名古屋地判平 15・1・29 判タ 1133・232，金判 1175・39 参照。

[56]　イラクで武装勢力に襲撃され死亡したフリージャーナリストの遺族が海外旅行傷害保険契約の死亡保険金を請求した事案において，本件保険事故に「偶然」性（同約款傷害死亡保険金支払特約 2 I）が認められるか否か，及び免責事由である「武装反乱」によって生じた傷害（同約款同特約 3 ⑨）に該当するか否かの 2 点が争われた。東京地裁は，①被保険者が反米武装勢力による本件襲撃を予知しながら行動したとは認められず，偶然性の要件は充たしてはいるが（主張・立証責任は，一応原告側に課せられている），②本件保険事故は本約款の免責事由にいう「武装反乱」によって生じたものであると認定し，原告の請求を棄却した（東京地判平 17・8・23 LEX/DB 28131318）。海外旅行傷害保険約款の解釈に関する裁判例である。

[57]　「外来」性については，加瀬幸喜「保険事故─外来性」山野他・傷害保険 45 頁以下。

288　第5章　傷害保険契約

の外部に発生することは必要ではなく，自動車の衝突による内臓の損傷やスキーで転倒した結果生じた関節の挫傷等，身体の内部に生じたものであっても，原因が「外来」のものであればこの保険によって担保される。この要件も疾病に基づく傷害を不担保とする趣旨である（269頁注28参照）。

3　身体の傷害（損傷）[58]

　身体の「傷害」とは，一般に身体に生じた異常な状態（病理現象）のうち「病気」以外の場合を指すが，いわゆる「ケガ」よりも広義であり，外観上，創傷（傷痕）や挫傷等，傷害の痕跡がなくてもさしつかえない。また，「ケガ」の介在しない即死，例えば，溺死，煙やガスによる窒息死，高所からの墜落死，凍死等も傷害による死亡にあたる。つまり，打撲や物理的に呼吸できない状態も，この保険における「傷害」にあたる。身体の内部疾患であっても，脱腸，肺炎，内臓や頭部の内出血，筋肉や腱の損傷等が偶然の事故によるものであるときは，やはり「傷害」となる。また，外傷によって強度かつ継続的なてんかん発作がおこったような場合，被保険者にてんかんの既往症がなければ，当然に後遺障害保険金が支払われる。しかし，単なる精神的苦痛[59]は傷害ではない。

---

[58]　傷害保険契約は，身体の損傷のうち，一定の条件を備えた原因に基づくもの（「急激かつ偶然な外来の事故（出来事）を原因とする身体の損傷」＝損害保険契約における保険事故）のみについて，それについて惹起された結果（被保険者の死亡，後遺障害，入院，通院等＝損害保険契約における「損害」）に応じて保険者の給付義務が発生し，その範囲が決定される。傷害保険契約のこのような構造上の特質ゆえに，損害保険契約に準ずる諸法則が適用される部分は少なからず存在するといえる。金澤・前掲傷害保険論文402頁。

[59]　自賠責保険（共済）においては，2001年（平成13年）1月から，現・損害保険料率算出機構（当時・自動車保険料率算定会）内に「高次脳機能障害審査会」が設置されて以来，脳外傷による高次脳機能障害の認定が行なわれている。高次脳機能障害の認定基準は，後遺障害等級表（自賠令2．別表1．同2）の「神経系統の機能又は精神の障害」の系統における各等級の認定基準を補足するかたちで作成されており，高次脳機能障害は後遺障害の1種として認定されることが予定されている。これに対して，任意保険契約においては，高次脳機能障害担保特約を附帯させ定額給付を行う旨の条項のある自動車保険約款及びこども保険約款を定めた損害保険会社があるが，これを除けば，現在のところ，傷害保険契約でも自動車保険契約でも，約款上，高次機能機能障害に対し保険給付は行なわれていないようである。

4 急性中毒

傷害保険標準約款2条2項は、「傷害には、身体外部から有毒ガスまたは有毒物質を偶然かつ一時に吸入、吸収または摂取した場合に急激に生ずる中毒症状（注）を含みます。ただし、細菌性食物中毒およびウイルス性食中毒は含みません。（注）継続的に吸入、吸収または摂取した結果生ずる中毒症状を除きます」と規定する。

具体的には、建物の火災時において逃げおくれた被保険者が一酸化炭素中毒にかかった場合、大規模な屋内駐車場で発生する火災の消火用設備に設置されている有毒な窒素化合物の放出により、火災発生後に消火点検のため場内に立ち入った消防団員が中毒した場合等は有責となる。これに対し、排気ガスによる環境汚染の結果生じた瑞息（ぜんそく）等は無責である。

5 疾病又は内的要因との競合

(1) 問題の所在

傷害保険標準約款において、疾病を原因とする傷害を保険者免責とする（同約款3Ⅰ⑤）趣旨は、当然の原因から生じた自然的結果については保険保護を与えないという点にあり、偶然な事故により傷害を被った当然の結果として生じた疾病をも免責とすることまで意味するものではない。しかし、人間の身体は、本人の自覚症状の有無にかかわらず病気に侵されている可能性があるから、傷害と疾病がからみあって、死亡、後遺障害、又は傷病の悪化等の結果を生じる場合があり、保険者の免責との関係でトラブルを招くことが少なくない[60]。

(2) 保険事故発生以前から既に疾病が存在する場合

例えば、高血圧症の被保険者が航空機墜落事故で死亡した場合のように、保険事故と既存の疾病との間に因果関係が存在しない場合は、死亡保険金受取人（多くは被保険者の相続人である）は当然に保険給付を受けることができる。

例えば、胃がんの治療を受けほとんど治癒している被保険者が交通事故で

---

[60] 中西・法理31頁以下参照。

290   第5章　傷害保険契約

大腿骨折し，救急医がそれを知らずに血栓溶解剤を使用したために胃壁からの出血多量で死亡した場合のように，保険事故が既存の疾病とは無関係に発生したが，疾病のために傷害の結果が加重されたときは，疾病と傷害とが別個独立に発生していても両者が協働して作用したため，個別に作用した場合よりも重大な結果を招いたのであるから，その影響がなかった場合に相当する金額が給付される（同約款10 I）。

　例えば，歩道の端に立っていた被保険者がてんかんの発作で車道上に倒れ自動車に轢かれた場合のように，疾病が保険事故の原因となっているときは，免責事由として定められている「被保険者の脳疾患，疾病または心神喪失」により生じた傷害に該当し保険者は免責とされるので（同約款3 I ⑤），被保険者は保険給付を受けることができない。

　被保険者が自動車運転中に急性の（内因性）脳梗塞を起こしそのためハンドル・アクセルなどの操作の自由を失って他車に追突する事故により負傷し救急病院に搬送され治療を受けたが，その後，肺炎を併発して死亡した事例についても，保険者無責と解される[61]。

(3)　保険事故が疾病より先に発生した場合

　例えば，脱腸による死亡が傷害の直接の結果である場合のように，疾病の発生が保険事故である傷害によるものであるとき，また，例えば，犬に嚙まれ狂犬病にかかって死亡した場合や，サッカーグランドで転倒しその傷口から破傷風菌が侵入し創傷性伝染病にかかった場合のように，疾病が保険事故である傷害の自然的結果であるときは，当然に保険給付を受けることができる。

　例えば，保険事故である傷害を被り咀しゃく及び言語の機能に著しい障害を残した被保険者[62]が，その後，下顎部ガンにかかり手術した結果，咀しゃく又は言語の機能をまったく奪われた場合，保険事故である傷害と後発の疾病

---

[61]　高松高判平7・9・25判タ897・179，交民集28・5・1275参照。

[62]　保険事故である傷害を被り，その直接の結果として後遺障害が生じたときは，保険金額に別表2の各等級各号に掲げる割合を乗じた額を後遺障害保険金として被保険者に支払う（6 I）。「咀しゃくおよび言語の機能に著しい障害を残すとき」は別表2・4級(2)号に定める後遺障害に該当するので，保険金額の35％が支払われる。

との間に因果関係が認められ疾病の発生が保険事故である傷害を悪化させたと認められるときは，保険金額の100％が支払われる[63]が，両者の間に因果関係が認められず疾病の発生が保険事故である傷害を悪化させたと認められないときは，その影響がなかったときに相当する金額が給付されることになる（同約款10Ⅰ）。

V　保険給付の内容

1　傷害定額保険契約の保険給付

(1)　保険給付の種類

　傷害保険標準約款（2016年3月版）の1つである傷害保険普通保険約款によれば，傷害保険契約の最も基本的な給付内容は次のとおりである。すなわち，給付の種類は，死亡保険金，後遺障害保険金，入院保険金・手術保険金及び通院保険金である。

①死亡保険金

　被保険者が傷害を被り，その直接の結果として，原因事故の日から，180日以内に死亡したときは，保険証券記載の金額（死亡保険金の額と後遺障害 保険金の額〔最高限度額〕とは同額。以下保険金額という）の全額が，死亡保険金として死亡保険金受取人（指定のないときは，被保険者の法定相続人となる〔傷保標準約款32Ⅰ〕）に支払われる（同約款5Ⅰ）。

②後遺障害保険金

　被保険者が傷害を被り，その直接の結果として，事故の日から，180日以内に後遺障害が生じたときには，保険金額に「別表2 後遺障害等級表」の各等級に掲げる保険金支払割合を乗じた額が，後遺障害保険金として被保険者に支払われる（同約款6Ⅰ）。「別表2 後遺障害等級表」の中から例をあげると，第1級＝両眼が失明したとき：100％，第5級＝1上肢を手関節以上で失ったもの[64]：59％，第9級＝1耳の聴力を全く失ったもの：26％と定められている。これを，同じく傷害保険の分野に属する自動車保険標準約款の搭乗者傷害条

---

[63]　後遺障害の程度が「咀しゃくまたは言語の機能を全廃したもの」は「別表2 後遺障害等級表」の定めにより，保険金額の100％が支払われる。

項の「別表 1 後遺障害等級表」の各等級と比較すると，両眼失明は介護を要しない後遺障害第 1 級に該当し 100％で同一であり，1 上肢を手関節以上で失った場合は同第 5 級に当り 59％で同じであって，さらに，1 耳の聴力を全く失った場合は同第 9 級に該当し 26％で同一であり，差が認められない。

保険料率は 1998 年 (平成 10 年) 7 月から自由化された[65]ので，各種の傷害保険約款ごとに，当該保険契約の趣旨・目的に対応するかたちで，保険金額に乗じる割合を変える（ウエイトをつける）ことはさしつかえないと考えられる。

③入院保険金・手術保険金

被保険者が傷害を被り，その直接の結果として，1 日につき，保険証券記載の入院保険金日額が入院保険金として被保険者に支払われる（同約款 7 Ⅰ）。また，被保険者が原因事故の日からその日を含めて 180 日以内に病院又は診療所において，傷害の治療を直接の目的として手術を受けた場合，入院保険金日額に，入院中（入院中とは，傷害を被り，その直接の結果として入院している間をいう）に受けた手術の場合は，10 倍，入院中以外の手術の場合は，5 倍の倍率を乗じた額が手術保険金として被保険者に支払われる（同約款 7 Ⅳ）。ただし，1 原因事故に基づく傷害については，1 回の手術に限られる（同約款 7 Ⅳただし書）。

④通院保険金

被保険者が傷害を被り，その直接の結果として，通院した場合は，その通院日数（なお，被保険者が通院をしない場合においても，骨折，脱臼，靭帯損傷等の傷害を被った「別表 3 に掲げる部位」[66]を固定するために被保険者以外の意思の指示によりギプス等を常時装着したときは，その日数も，通院日数に加算される〔同約款 8 Ⅱ〕）に対し，

---

[64]　わが国の傷害保険約款では，利き腕であるか否かによって保険金額に乗じる割合に差をつける例はないが，フランスの傷害保険では，1 腕（肩から肘まで）または 1 手（肘から手首まで）の喪失（Perte d'un bras ou d'une main）につき，右手の場合は死亡保険金額の 60％，左手の場合は 50％の給付を約するのが通例である。ただし，被保険者が左利きである場合には，左右の給付割合は逆転する。東京海上ヨーロッパ社の傷害保険約款（仏文・1997 年版）。SIS Group Sprinks 社約款も同文。

[65]　損害保険料率算出団体に関する法律が 1998 年（平成 10 年）7 月 1 日に施行され当時の損害保険料率算定会等算定会加盟保険会社に対する算定会料率の使用義務（同法 10 の 7）が廃止されたことにより，加盟保険会社は現在の損害保険料率算出機構が提供した参考料率を参考にして，独自の営業保険料を算出することが許されるようになった。現在の損害保険料率算出機構は，損害保険料率算定会と自動車保険料率算定会とが統合されて，2002 年（平成 14 年）7 月 1 日から，新たに業務を開始したものである。

90日を限度として，1日につき，保険証券記載の通院保険金日額が通院保険金として被保険者に支払われる（同約款8Ⅰ）。ただし，事故の日からその日を含めて180日を経過した後の通院に対しては，保険金は支払われない（同約款8Ⅰ注意書ただし書）。

(2) 給付相互の関係

①死亡保険金と後遺傷害保険金

後遺障害保険金が支払われた後に，被保険者が同一の原因事故から生じた傷害の直接の結果として，原因事故の日から180日以内に死亡したときは，保険証券記載の保険金額から，既に支払われた後遺障害保険金を控除した残額が死亡保険金として支払われる（同約款5Ⅰ注意書）。ただし，後遺障害保険金を支払った契約の保険期間が終了し，新たな契約の保険期間が開始した後の事故による死亡であれば，それ以前の契約に基づいて同一被保険者に支払われた後遺障害保険金が控除されないことはもちろんである。

②後遺障害保険金相互間

同一の原因事故により保険期間内に，2種以上の後遺障害が生じた場合には，それぞれの後遺障害保険金を合計した額が支払われる（同約款6Ⅳ）。しかし，支払われるべき後遺障害保険金の額は，保険期間を通じ，保険証券記載の保険金額をもって限度とする（同約款6Ⅵ）。

③死亡・後遺障害保険金と入院・通院保険金

死亡・後遺障害保険金と入院・通院保険金とは別計算であり，前者の支払にあたり後者が控除されることはない。ただし，入院保険金が支払われるべき期間中は，重ねて通院保険金が支払われることはない（同約款8Ⅲ）。

2 傷害不定額保険契約の保険給付

(1) 傷害損害保険契約の保険給付

傷害損害保険契約には，海外旅行傷害保険約款に付帯する傷害治療費用補

---

66 「別表3に掲げる部位」とは，長管骨又は脊柱，長管骨に接続する上肢又は下肢の3大間接部分（ただし，長管骨を含めギプス等〔ギプス，ギプスシーネ，ギプスシャーレ，シーネその他これらに類するものをいう〕を装着した場合に限る）の部位である。

294　第5章　傷害保険契約

償特約及び疾病治療費用補償特約，任意自動車保険約款に付帯する無保険車傷害特約及び人身傷害保険契約が挙げられる。これらの保険契約に基づく保険給付の法的性質は損害てん補である。

　まず，傷害治療費用補償特約及び疾病医療費用補償特約では，被保険者に急激かつ偶然な外来の事故によって傷害を被りその直接の結果として治療を要した場合，又は，疾病を直接の原因として治療を開始した場合，被保険者が現実に支出した医師の診察費・処置費及び手術費並びに薬剤費，治療材料費，医療機器使用料，職業看護師費及び入院費等が支払われる（海旅保標準約款傷害治療補償費用特約2Ⅰ，同約款疾病治療費用補償特約2Ⅲ）。加えて，請求権代位の規定が定められており（同約款傷害治療費用補償約款12，同約款疾病治療費用補償特約12），被保険者が治療等を受け費用が発生したことにより被保険者又はその法定代理人が損害賠償請求権等の債権を取得した場合，保険会社がその費用に対し保険金を支払ったときは，その債権は保険会社に移転する。

　次に，無保険車傷害保険は任意自動車保険の担保種目の1つである。無保険車傷害保険契約では，無保険車事故（加害自動車が無保険車に適用される任意対人賠償保険契約がない場合又は加害自動車が不明である場合等加害者の対人賠償保険契約が被害者に適用されない事故）によって被保険者が死亡又は後遺障害を被ったとき，被保険者又はその父母，配偶者若しくは子（これらの者は「保険金請求権者」となる）が被る損害に対して保険金が支払われる（自保標準約款無保険車傷害条項1, 2）。そして，保険金を支払うべき損害の額は，賠償義務者が保険金請求権者の被った損害に対して法律上負担すべきものと認められる損害賠償責任の額によって定められる（同約款同条項8Ⅰ）。請求権代位の規定も約款上定められており，保険金請求権者が他人に損害賠償請求をすることができる場合，保険会社は保険金を支払ったとき，当該損害賠償請求権は保険会社に移転する（同約款同条項13，基本条項29）。

　さらに，人身傷害保険も任意自動車保険の担保種目の1つであり，総合自動車保険約款等に組み込まれている。人身傷害保険契約では，人身傷害事故（自動車の使用中等に急激かつ偶然な外来の事故による被保険者の身体に傷害を被ること）により被保険者又はその父母，配偶者若しくは子（これらの者が「保険金請求権者」となる）に生じた損害に対して保険金を支払うと定める（人傷条項1）。保険

金を支払うべき損害の額は，被保険者が人身傷害事故の直接の結果として，傷害，後遺障害又は死亡に該当した場合に，それぞれの区分ごとに，「人身傷害条項損害額算定基準」により算定された額の合計額であると定める（同条項4）。そして，上記「基準」によれば，傷害による損害（傷害が治癒又は症状固定するまでの間の被保険者が被った積極損害，休業損害及び精神的損害），後遺障害による損害（逸失利益，精神的損害，将来の介護料及びその他の損害）及び死亡による損害（葬祭費，逸失利益，精神的損害及びその他の損害）ごとに算定基準が定められている[67]。人身傷害保険契約にも，無保険車傷害保険契約と同様に請求権代位が適用される。

(2) 傷害準損害保険契約の保険給付

所得補償保険契約[68]は，被保険者が身体障害を被り，その直接の結果として修業不能（当該身体障害のため入院し治療を受ける等し業務に全く従事できない状態）になった場合に，次の計算式により算出された保険金を支払う（ここにいう身体障害とは，傷害と疾病をいう）。したがって，この保険契約では疾病による損失を担保されるが，この点は，純粋の「傷害保険契約」とはいえない。支払うべき保険金の額の計算式は，原則として，「保険金額×就業不能期間の月数」（就業不能機関が1か月に満たない場合又は1か月未満の端日数が生じた場合は，1か月を30日とした日割計算により保険金の額が決定される）が支払保険金の額となる（所得補償保険普通保険約款5Ⅰ）。ただし，「平均月間所得額＜保険金額」の場合は，「平均月額所得額×就業不能期間の月数」を計算式として支払保険金の額が決定される（同約款5Ⅱ）。

このような所得補償保険契約の保険給付方式は，原則として保険証券記載の保険金額を基礎として就業不能期間の月数によって求められるから，傷害定額保険契約にかなり近い。しかし，損害保険契約の1種であることを示す請求権代位の規定が約款上定められている（同約款32。かつては，請求権代位の規

---

[67] 山野＝山田・30講117頁［志田惣一執筆］。人身傷害補償保険のてん補すべき額を算定する基準（人身傷害条項損害額基準）が約款に定められているが，この基準は損害額を定額化するものであって，この保険が単純に定額保険化されたとみるべきではない（肥塚・前掲論文16頁）。

[68] 損害保険ジャパン日本興亜社の所得補償保険普通保険約款による。

定は約款上定められていなかったし，また，損害保険実務上求償権が行使されることもなかったので，この保険契約の法的性質は曖昧であった）。これらの点から，所得補償保険契約の法的性質は，支払保険金の額の算定方法を基準に分類すれば，傷害定額保険契約と傷害損害保険契約との間に位置する「傷害準損害保険契約」というべきものである[69]（これに対し，実損てん補的と捉える学説[70]も有力に主張されていた[71]）。

なお，生命保険会社は，損害をてん補する性質をもたない就業不能補償保険を販売している（その約款には保険者の請求権代位の規定は定められていない）。

VI 保険者の請求権代位

1 問題の所在

傷害保険契約のうち，傷害損害保険契約は，傷害疾病損害保険契約として損害保険契約の小分類とされており（保2），請求権代位を定める保険法25条が適用になる。同様に，傷害定額保険契約は，傷害疾病定額保険契約として大分類の典型保険契約となっており，生命保険契約と同様に，請求権代位に関する規定はなく，保険法25条が損害保険契約のみに適用される条項になっている（保険法は，「準用」を止め，典型保険契約ごとに完結する条文構成となっている）ことから，傷害定額保険契約には請求権代位の規定の適用はない。

このような準用や類推適用を排除する構成の保険法において，片面的強行規定である請求権代位規定（保25）は，「傷害により損害が発生し，契約で定められた，保険金の額を算定する尺度に基づき不定額給付を行う，保険法に規定のない傷害準損害保険契約」において，約款上に適用する旨を明示せずとも，適用あるいは類推適用されるのであろうか。片面的強行規定の趣旨は，

---

[69] 山下（友）・保険法551頁は，所得補償保険について，定額保険と損害保険の中間的な保険として位置づけられるという。

[70] 西鶴・保険法68頁，309頁，387頁，田辺・273頁。なお，石田・保険法341頁参照。

[71] 最高裁は，所得補償保険金が休業損害の損害額からの控除の対象となるかが争われた事案において肯定した（最1小判平元・1・19判時1302・144，判タ690・116〔保険百選48頁以下〕）。

保険契約者・被保険者・保険金請求権者にとって法規定よりも不利になる約款規定を排除するものである。また，法規定よりも保険契約者・被保険者・保険金請求権者にとって有利にすることは許容される。すると，請求権代位の法規定がまったく適用されないことが，最も有利であり，約款に規定されていないのであれば，保険者自らが適用しないこととしたことになる。よって，保険法に規定のない傷害準損害保険契約においては，請求権代位を適用するのであれば，約款上に規定する必要がある。

では，さらに，約款上に規定すれば，傷害準損害保険契約において請求権代位を行っても問題とならないのであろうか。傷害準損害保険契約の典型例と考えられてきた所得補償保険契約については，約款が請求権代位の適否についての明文の規定をおいていなかったために，解釈上問題となった[72]が，既に請求権代位の規定が普通保険約款に導入されている。これは，最高裁が判示するように所得補償保険契約が傷害損害保険契約であることを宣言したものと考えるか，傷害準損害保険契約であるが請求権代位の適用があることを宣言したものと考えるかが問題となる。

2　法理論

保険法の規定にかかわらず，法理論的には，傷害保険契約は被保険者に傷害という保険事故が発生するところにその特色が認められるのであり，他方において，一般的に請求権代位制度の根拠とされている「利得禁止の原則」だけではなく，保険事故発生の客体が物・財産か人かによってモラル・ハザードの誘因の程度が異なるのだから，むしろこれらの点も十分に考慮して，請求権代位の適用の有無を合理的に判断すべきであろう。つまり，約款を作成する際に，傷害準損害保険契約に請求権代位を認めるべきか否かの判断は，（根拠たり得るのであれば）利得禁止の原則及びモラル・ハザードの誘因の程度を合理的に考慮して導かれるべきものである。人間は自己又は他人に対して生命及び身体の完全性を保持する存在であるから，モラル・ハザードの誘因の程度は物・財産保険契約に比べて低いと考えられるので，利得禁止の原則は，

---

[72]　最1小判平1・1・19民集156・55（保険百選48頁）。

298 第5章 傷害保険契約

任意法規的に適用され[73]，したがって，傷害準損害保険契約への請求権代位の適用の有無の基礎を，契約当事者の合理的意思に求めるのが合理的である。

ここで注意すべきは，請求権代位は，片面的強行規定とされているため，保険者があらかじめ放棄することは可能（保26）であり，放棄されると損害賠償請求権は被保険者（その相続人）にそのまま留保されるということである。しかし，人保険契約については，傷害定額保険契約が，人の生命・身体そのものを通常理解されている意味において経済的に評価することは不可能であるために合法化されていることから，請求権代位が放棄されている場合，傷害損害保険契約や傷害準損害保険契約の保険給付とともに損害賠償金が支払われ，被保険者の被った損害額を超過しても，二重利得と非難される必要はない（衡平の観点から加害者側の保険料負担の場合を除く）。もちろん，請求権代位が放棄されていても，傷害損害保険契約や傷害準損害保険契約の保険給付額の計算に関する約款規定で，支払が確保された損害賠償額を差し引くこと自体は問題はない。また，人保険性よりも二重利得性を認めないことを優先させれば，被害者側の保険料負担である場合を含めて，傷害損害保険契約や傷害準損害保険契約の保険給付（支払）額の全額又は加害者過失分相当額を損害賠償額から除くこともあり得る。

Ⅶ 傷害保険給付と損害賠償

1 傷害定額保険契約の保険金の受領と損益相殺等

交通事故等の他人の不法行為によって傷害を被り，その直接の結果として

---

[73] 傷害準損害保険契約を，人保険契約と捉え，モラル・ハザードの誘因の程度の観点から物・財産保険契約と比較すると，人保険契約のほうがその程度は低いといえよう。すなわち第1に，傷害準損害保険契約は，自己の傷害の保険契約である場合には，人は自らの生命・身体の完全性を保全しようとする本能に根ざした意思をもっているからであり，第2に，他人の傷害の保険契約である場合には，原則として「被保険者（他人）の同意」がその契約の効力発生要件とされる（保67〔類推〕）からである。このように考えると，請求権代位の根拠とされる「利得禁止の原則」は傷害準損害保険契約に任意法規的に適用されると解されるので，傷害準損害保険契約に請求権代位の特約が設けられていない場合は，約款に日本法準拠が定められていても，理論的には請求権代位の規定を適用する必要はないことになる。洲崎博史「保険代位と利得禁止の原則㈡．完」論叢129巻3号1頁以下，特に30頁（1991年）等参照。

死亡し又は後遺傷害等を受けた被害者が，同時に傷害定額保険契約の被保険者であった場合，被害者又はその相続人は，加害者に対して損害賠償を請求するにあたり，その請求金額からすでに受領した傷害保険金を控除しなければならないのだろうか。保険料を負担していた者が賠償義務者になった場合，損害賠償額が対人賠償保険契約の保険金額を超過するとき，その者の立場からすれば，傷害保険金について損害賠償額から控除されることを期待するのが通常である。この場合，控除する黙示の合意を認め，控除を肯定するという考え方[74]もあり得るが，そのような合意を認めることは困難である[75]ともされている。

判例は，同乗中の交通事故被害者に対し，加害者の締結していた任意自動車保険契約の搭乗者傷害保険契約から死亡保険金が支払われた場合につき，その給付の定額性を理由に非控除説の立場を正当と判示しており[76]，学説においても非控除説が通説として承認されている。生命保険契約の例ではあるが，支払保険金は保険契約に基づく保険料の対価として支払われるので，損益相殺の対象にはならないからである[77]ともされている。しかし，この判決の文脈は，「生命保険契約に基づいて給付される保険金は，（被害者側が）既に払い込んだ保険料の対価の性質を有し」と読むべきで，だれが保険料を負担したかを問わず，保険金が保険料の対価であるから非控除とするものではない。「既に払い込んだ保険料」の払込みの主体が被害者側であるから，その対価としての抽象的保険金請求権が具体化した保険金が非控除であることは，加害者にとって衡平ではないといえないのは当然である。

そして，搭乗者傷害保険契約についての判決は，約款に請求権代位をしないことが定められていることと，「（搭乗者傷害）条項は，保険契約者及びその家族，知人等が被保険自動車に搭乗する機会が多いことにかんがみ，右の搭乗者又はその相続人に定額の保険金を給付することによって，これらの者を

---

[74] 洲崎博史「定額保険と損益相殺」龍田節＝森本滋編・商法・経済法の諸問題 361 頁，371 頁（1994 年）。

[75] 山下（友）・生命・傷害保険 281 頁は，「意思解釈の問題としては完全な決め手はない」という。

[76] 最 2 小判平 7・1・30 民集 49・1・211（交通事故百選〔5 版〕148 頁，保険百選 82 頁）。

[77] 最 2 小判昭 39・9・25 民集 18・7・1528（保険百選 180 頁）。

300　第5章　傷害保険契約

保護しようとするものと解するのが相当」と搭乗者傷害保険契約の性質を整理し，共同不法行為の加害自動車のうちの1台に搭乗していた被保険者が，保険契約者の身近な人物であることの多い搭乗者であることから，積極的な保護を目的としたものであるとして損害てん補性を否定したものである。

　もともと損益相殺又は損益相殺的な調整[78]は，法律上の明文の根拠をもたないものであり，公平（正確には「衡平」）の見地から，不法行為の結果としての損害賠償の機能である原状回復（損害てん補）における二重利得の禁止から導かれるものである。

　しかし，傷害定額保険契約の保険金については，損益相殺又は損益相殺的な調整の余地は全くないのであろうか。また，傷害損害保険契約と傷害準損害保険契約について，約款上請求権代位が規定されていて，保険金が支払われると，損害がてん補されたとされ，損害賠償請求権が保険者に移り（保険者が実際に代位求償をするか否かは，賠償義務者が免責されるか否かの問題である），損益相殺又は損益相殺的な調整と同様の結果を生じる。すると結論的には，傷害定額保険契約か否かで「二重利得」（何をもって二重利得というかは此処では論じない）が認められるか否かが決定されることになるのであろうか。

　損益相殺又は損益相殺的な調整の適用は，約款に定められた請求権代位の有無（損益相殺又は損益相殺的な調整と請求権代位は同一事故にはどちらか一方しか適用されない），契約された傷害保険契約の機能と目的，保険料負担者，責任保険契約による補償を総合的に勘案する必要がある。例えば，任意自動車保険契約では，自損事故及び事故形態により対人賠償責任保険契約で親族間免責が働くため，保険契約者自ら（又は自らの家族）の経済的利益のためには，人身傷害保険契約ができるまで，自賠責保険契約（自損事故保険契約も）の上乗せ補償としては，保険金額を自ら設定できる搭乗者傷害保険契約を用意するしかなかった。このため，傷害保険契約一般よりも高額の保険金額で引き受けられていた。すなわち，人身傷害保険契約に近い機能をもっていたものである。保険金の支払方法は，入通院に対応した医療保険金と死亡・後遺障害保険金に分かれており，医療と死亡・後遺障害のそれぞれの当座資金の確保という

---

[78]　最大判平5・3・24民集47・4・3039（交通事故百選〔5版〕146頁）。

VII 傷害保険給付と損害賠償　*301*

迅速な一時金支払ニーズに対応してきた。特に，医療保険金については人身傷害保険契約が販売されて以降，迅速な支払が強化されてきており，次第に変化している。対人賠償責任保険契約は，内払等の制度はあるものの，原則として「損害額」「賠償責任の有無並びに過失及びその程度」が示談又は裁判によって決着するまでは支払われないためである。よって，保険契約者（又はその家族）以外の被保険者は，賠償義務者側の保険料負担で，社会儀礼と照らし合わせてみれば，（異常に）高額な見舞金（香典）を，賠償の話合いに入る前に（保険料負担をしていないにもかかわらず，搭乗者傷害保険金として）受け取ることになる。そして，自賠責保険契約を含む対人賠償責任保険契約から，損害賠償額を受け取ることにもなる。もし，賠償義務者側が社会儀礼と照らし合わせて高額な見舞金（香典）を，賠償の話合いに入る前に借り入れる等して自ら支払った場合には，社会儀礼を超える額について，損害賠償の先履行認定又は損益相殺的な調整の適用が行われるであろう。判例の衡平の見地からは，任意自動車保険契約の保険契約者（又はその家族）以外の被保険者については，総合的に勘案し，それが傷害定額保険契約であっても，（保険金の全部又は一部について）損益相殺又は損益相殺的な調整を，医療と死亡・後遺障害の区分で適用すべきと考える。

　このように，傷害定額保険契約については，機能を一律に理解するのではなく，機能する場面において，他の担保等との実質的な調整や保険契約（約款）に現れた複数の機能を包含するものとして理解すべきである。このような考え方は，改正前商法 667 条において，物保険契約による責任保険代替を規定していることからも理解できよう。

　なお，事故後に，被害者側が，賠償義務者側の付保した搭乗者傷害保険契約に基づく保険金の受領にあたり，損害賠償金として受領することは可能であろう。被害者側の熟慮による債権の一部放棄のためである。しかし，事故発生前に，損害賠償金に充当する旨の保険利益享受合意・約款によることは，想定される被害者側の熟慮の機会の有無，その熟慮には他の担保（特に賠償責任保険契約）による補完関係の有無等が含まれること等を考慮して初めて可能となるであろう。あくまで個別のケースについての総合的判断によることになる。

302   第5章　傷害保険契約

　傷害準損害保険契約では，約款に請求権代位規定がない場合にも，契約された傷害保険契約の機能と目的，保険料負担者を総合的に勘案して損益相殺又は損益相殺的な調整を図ることになろう。

2　傷害保険金の受領と慰謝料斟酌

　現在までの裁判例では，損益相殺又は損益相殺的な調整を，医療と死亡・後遺障害の区分で適用することとはなっていない。傷害定額保険契約に基づき傷害保険金を受領した被保険者又はその相続人は，原則として加害者に対する損害賠償請求権の行使を妨げられず，被った損害額の全額につき賠償を受け得るものとされている。

　しかし，近時の裁判例の中には，傷害保険金受領の事実及びその金額を，被害者に対して許容されるべき慰謝料額の算定にあたり，軽減理由として斟酌することを肯定する傾向が強まっており，注目するに値する。例えば，「保険料を加害者側が負担している通常の場合には，その給付が見舞金としての機能を果たし，被害者の精神的苦痛の一部を償う効果を有するものであるから，実質的に被害者の救済になるものであ」る，として裁判例中にも被害者が搭乗者傷害保険金を受領している場合につき，慰謝料斟酌事由の1つとして認める例が増加している[79]。

　傷害保険契約一般において，その保険給付方式を問わず，約款上請求権代位の規定が明記されなかった場合，合理的な損害額を算定するにあたっては，傷害保険金受領の事実及びその金額を，被害者に対して許容されるべき慰謝料額の算定にあたり，個別ケースにおける総合的判断の結果としての軽減理由として斟酌するのが当面妥当であろう[80]。

---

[79]　近年のものとして，神戸地判平9・6・25交民集30・3・880，岡山地判平9・8・21交民集30・4・1156，神戸地判平9・10・7交民集30・5・1478，大阪地判平10・1・27交民集31・1・87など。

[80]　金澤理・責任保険148頁，同・保険給付40頁，同・補償743頁以下，特に26頁〜27頁，29頁註㉞など。山下（友）・生命・傷害保険281頁参照。

著者紹介

金 澤　理（かなざわ・おさむ）

　　1928年　東京都生まれ
　　1951年　早稲田大学法学部卒業
　　1962年　同大学法学部助教授
　　1967年　法学博士（早稲田大学）
　　同　年　早稲田大学法学部教授
　　1998年　早稲田大学名誉教授

主要著書

『保険と民事責任の法理』（1966年・成文堂）
『交通事故と責任保険』（1974年・成文堂）
『交通事故と保険給付』（1981年・成文堂）
『保険と補償の法理』（1998年・成文堂）

保 険 法

2018年10月1日　初版第1刷発行

著　　者　金　澤　　　理
発　行　者　阿　部　成　一

〒162-0041　東京都新宿区早稲田鶴巻町514番地
発　行　所　株式会社　成　文　堂

電話 03(3203)9201　FAX 03(3203)9206
http://www.seibundoh.co.jp

製版・印刷　三報社印刷　　　　　　　　　製本　弘伸製本
©2018　O. Kanazawa　　　　Printed in Japan
☆落丁・乱丁本はお取り替えいたします☆
ISBN978-4-7923-2722-4 C3032　検印省略
定価（本体2700円＋税）